SENSE

 三思后，发先声

先聲文叢

乡村是我们永远的家园
我们走得太远
以至于忘记了为何出发

To Make Better Villages

治村

贺雪峰 著

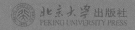
北京大学出版社
PEKING UNIVERSITY PRESS

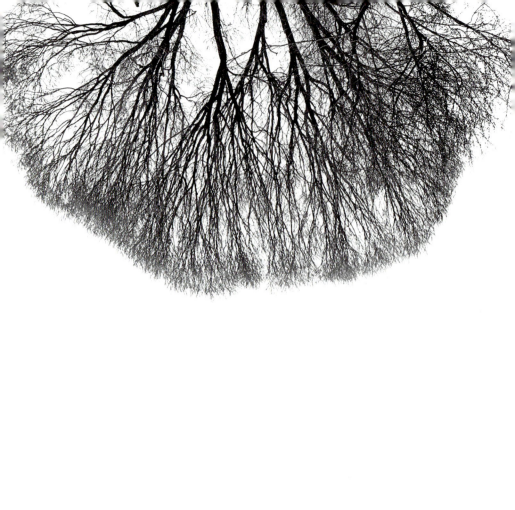

目 录

一 谁当村干部？能人、狠人与富人 001

富人治村与村政的开放性　　003
富人代表人民　　009
鲁中的富人治村　　012
发达地区的贿选　　018
苏南村干部的由土变流　　032
陕西眉县的富人治村　　037
赣南村干部的收入　　045
村干部收入与职业化　　050
村医村教与村治　　060
负担不重的人成为中西部村治的中坚　　065
农业型地区村干部的演变　　073

二 村庄政治与农民参与 079

无公德的个人　　081
为什么会出现刁民　　086

	讲理与讲狠	096
	维稳不能回避矛盾	102
	鲁中土地调整与村庄善治	108
	开会形成村民共识	112

三　资源下乡与农民参与 ... 117

	以工代赈的问题	119
	土地整理中的农民参与	123
	转移支付应注重农民参与	130
	财政资源应该如何下乡	135
	清远农村的资金整合	141
	村级债务是村治的溃疡	145
	无核的乡村，转移支付无法激生活力	152

四　村治的制度探索 ... 159

	小政府与便民服务平台的悖论	161
	小概率事件与基层治理的困境	166
	利益越多，乡村治理的制度就越复杂	174
	中西部农村基层治理中的监督机制	181
	幸福村落建设的秘诀	191
	基层治理必须简约低成本	198
	苏南的能人治村与中国村治的几种类型	204
	上海的乡村治理：在西部与东部之外的村庄类型	218

五 村治的社会基础：阶层、派性、宗族 231

农民分化如何影响村治　　　　　　　　　　233

从乡村利益共同体到分利秩序　　　　　　　240

征地拆迁催生派性政治　　　　　　　　　　248

贫穷的村集体不能承担村治之责　　　　　　253

赣南的宗族力量与村治　　　　　　　　　　263

清远农村的自治下移　　　　　　　　　　　276

鲁中的小亲族与村庄政治　　　　　　　　　286

六 村治的动力 293

中国村治模式必须多样化　　　　　　　　　295

内生与外生：两种乡村治理的动力机制　　　303

上级与下级：责权利不对称分配问题　　　　310

基层创新造就中国奇迹　　　　　　　　　　317

一

谁当村干部？

能人、狼人与富人

To Make
Better
Villages

富人治村与村政的开放性

一

沿海发达地区，经济发展带来经济分化，社会分层，村庄熟人社会越来越分化为三个群体，一是办厂经商致富的老板群体，其个人资产可能在数百万乃至数千万元，这个群体人不多，影响大；二是主要靠劳动来获得收入的务工务农群体，这个群体人数最多，影响有限；三是家庭缺少劳动力，或者有身体智力残疾的低收入群体，这个群体的人数不多，是村庄边缘人，几乎没有影响。

沿海发达地区村庄内形成如上分层与改革开放以后这些地区发展乡村工业有关。尤其是1990年代，沿海发达地区农村"村村点火、户户冒烟"，在农村有土地使用自主权的情况下面，乡村工业快速发展，几乎所有村庄都办有集体或个体的第二第三产业，到1990年代后期，集体企业改制为私人企业，村庄一些人成为熟人社会中的老板群体。这些人是在村庄中办厂经商致富的，他们至今仍然生活在村庄中，是村庄的当然成员。

村庄绝大多数村民缺少办厂经商的机会，其中一些人是办厂经商失败，家庭主要收入来自劳动。因为受到村庄富人群体强大的消费示范，村庄中依靠劳动收入、占村民绝大多数的群体，经济上压力很大,他们要勤扒苦做、精打细算,以跟上村庄消费潮流。

村庄缺少劳动力或身体智力有残疾的极少数低收入群体,人数不多,已经无力跟从村庄消费潮流,也无力参加村庄中的人情往来,成为村庄边缘群体。

此外,村庄中往往还有相当数量的外来务工群体,这些务工群体基本上不参与当地村民的生活,没有选举权,对村庄治理影响很小。

沿海发达地区的村庄,不仅村庄经济比较发达,而且往往由于处在沿海城市带的位置,而使村集体土地具有了较强的财产属性,典型是农村宅基地具有很高价值,私人交易的话,一块宅基地可能值50万元甚至100万元。在1990年代发展乡镇工业时,村社集体将大量农地用于办厂,几乎每个村庄都有大量集体经营性建设用地,这些集体经营性建设用地每年可以获得不菲的租金收入。

因为村社集体有资源,村委会选举受到高度关注,村庄老板群体因为办有企业或者经商,这些企业可能就办在本村,本村土地上还有大量办有工厂的老板,村干部有机会与这些在本村租地租房办厂的老板建立密切关系。而且,办厂经商的富人村干部可以利用村干部的名分与地方政府建立密切联系,这有利于富人村干部的经营活动。且村干部身份可以提高这些富人的信用。总之,对于本村办厂经商的老板群体来说,他们愿意当村干部,他们当村干部的重点不是要有误工补贴,而是可以利用村干部身份来更好地实现办厂经商的利益,这个利益比当村干部的收入多得多了。实际上,当前沿海发达地区,村干部的报酬往往还不够他们的香烟消费。

对于老板群体来说,村干部职位可以实现比较大的利益,而对于一般村民,村干部职位只有有限的误工补贴。因此,老板群体就有着较一般村民更大的意愿来竞争村干部职位。老板群体对村干部职位的竞争形成了村干部职位的价格,这个价格远远不是一个普通村民可以支付得起的。当前沿海发达地区村委会选举中普遍存在激烈的村委会竞选包括贿选。

因为沿海发达地区集体有资源,村庄中的一些狠人也可能希望借机选上村干部来捞取好处。尤其是村庄中有各种建设机会,若当村干部,借这些建设机会承包工程也算正常。在有征地拆迁任务的村庄,一般老板村干部很难对付征地拆迁中利益博弈产生出来的钉子户,一些有黑社会背景的狠人借此机会进入到村干部队伍中来,一手对付钉子户,一手搞村庄内的建设工程承包,几年下来就可能因为承包村庄建设项目的土方工程而成了富人。

二

在沿海发达地区,富人当村干部具有必然性,甚至可以说富人治村是不可逆的。这种不可逆还不只是表现在富人当村干部上,而且有更多表现。

在沿海发达地区的农村,村庄一般都会形成激烈竞选,这种竞选不是老板群体与一般劳动收入群体之间展开,而是不同的老板展开竞争。以两个出面竞选的富人老板为台面人物,村民分成两派,在一些竞争特别激烈的村庄,就形成了激烈的派性政治。这种激烈竞争在某种意义上就将村庄政治向所有村民开放了,村民在村庄事务中就相对有了发言权。

还有另外一些发达地区的农村,为了防止贿选,县乡有意限制激烈的村委会选举,这有很大的合理性。村干部主要以上级选拔的形式产生。由上级选拔为主产生的村干部也一般只能是富人,因为富人有能力和意愿来当这个村干部,及当好村干部。

上级选拔村干部主要是希望村干部有能力搞好村庄治理，包括完成上级任务。富人有强烈当村干部的意愿，前面已述，不再多说。有能力的原因是，他们比一般村民掌握着多得多的资源，这种资源就是能力。比如，富人当村干部，他们更有能力通过自己的关系网络来找到对付钉子户的办法，因为他们不仅"讲得过而且打得过"那些不服的人，所谓"讲得过"，是讲道理讲政策，所谓"打得过"，是村支书总可以找到这个钉子户的关系户，然后通过关系户来劝说或者威胁。比如，钉子户不给村支书的面子，而正好钉子户的儿媳妇在支书厂里当会计或在支书朋友的公司当出纳，支书就可以通过钉子户的媳妇来做工作，这样做工作几乎没有做不通的。除非是村庄中与所有人缺少联系的边缘人，否则，富人村支书都有办法来对付。

三

2015年暑假到浙江绍兴调研发现，地方政府为了增强基层治理的活力而进行治理创新，绍兴地区倡导推动了各种民间组织的建立，以提高乡村治理的社会资本。其中，2011年绍兴市开始推动成立村级商会，具体就是村庄内具有一定规模的企业家联合起来自发成立的企业家联盟。绍兴市农村，几乎所有村庄都占用村集体土地办有企业，其中相当部分已经成为规模以上企业。在政府号召、村干部动员下，商会很快就成立并活动起来。一般一个村规模以上企业的企业家都会参加商会。会长由企业规模大且办厂经商比较早、辈分比较高、人缘好、威信高的企业家担任。会费自愿，一般每年至少一万元会费，这样，商会很轻松就可以有每年超过百万元的会费。商会还有专门的办公室，常年有人值班，商会会员经常聚在办公室一起喝茶聊天。

总体来讲，在村级治理方面，商会至少有四个方面的作用，一是为村庄公共品供给提供资金；二是调解纠纷，村中绝大多数村民都在村中企业上班，发生纠纷，纠纷双方的老板出面调解，效果远比村干部调解要好；三是扶贫济困，尤其是发起对村中特困户或遇到天灾人祸村民家庭的捐款；四是对待边缘人群，比如上访户或钉子户，以及赖皮户。尤其是村庄中有些游手好闲者不择手段捞取好处，比如本来村里做公共工程，他们却通过当钉子户来要求高价赔偿。村里不能给这个钱，因为一旦给了，其他村民也会要。这个时候就由商会出钱摆平，将之前公的关系变成私的关系。

正是因此，绍兴市的村干部很欢迎一个活跃的有所作为的商会。且村支书一般也是企业家，也是商会一员。

商会经常活动，对村庄内的企业家来讲，就比过去只有私下朋友聚会有了一个更为正规的交流场所，这样的交流既可以联络感情，又可以交换商业情报，还可以融资。商会在村级治理方面发挥作用，就使得商会成员可以更加正式地在涉及政府部门、银行、职工方面的事务上找村干部协调帮忙。按一个村支书的说法就是，"商会给村里的支持很大，村里给商会企业家的帮助也很多。村里有什么事情搞不定，就请商会出面，商会的企业家有什么困难，只要村里能帮得上忙的，村里就一定会帮"。

中国的土地是公有制，当前沿海发达地区的村办工商企业的用地绝大多数是租用的村社集体土地，并按年支付租金。这个意义上，在村集体土地上办厂经商的老板就不可能不与村干部打交道。而村庄中的绝大多数农户都与这些办在村里的工商业有联系，最普遍的就是就业。这样，在村级治理中，村干部就可能通过工商企业老板来做一般农户的工作，而工商企业在用地、税收、工商、银行等等方面求助村干部，商会的成立就进一步将之前自发形成的老板群体与村干部之间的联系合作渠道正规化与制度化了，或者说，村级治理中，钱权结合在一起了。这种结合使得村干部在完成诸如美丽乡村建设、对付边缘群体、解决村庄公共供给方面更有能力。当然也就可能存在因为钱权结合而造成的村庄政治排斥：一般村民更加缺少表达意见的机会，村庄治理更为围绕强势群体的诉求在进行，村民在各个方面都被进一步边缘化。

绍兴商会建设无疑增加了农村社会资本，在乡村治理中是发挥了正面积极作用的，这是好事。只是当资本从来都是强势时，通过商会组织起来的资本又与村级权力结合起来，村民就可能更加缺乏了对村庄政治的干预能力。村庄政治因为政商的紧密联系，而将一般村民的表达机会也剥夺了，村民的怨气与不满就无处发泄，他们因此在任何涉及集体的事情上都表现消极。村集体为了建设美丽乡村而栽种的名贵苗木就总是有人将树剥皮弄死，村庄中形成了富人群体与一般村民之间的对立，村庄中弥漫着一种奇怪的紧张。当资本从来都是强势时，通过商会组织起来的资本又与村级权力结合起来，就可能会造成压制性的力量，造成村级权力运行的社会基础的失衡。这种失衡在我们调研的沿海发达地区个别村庄已经有所显现，因此值得警惕。

如何让村庄政治具有开放性，让一般村民有表达其愿望的制度空间，对于当前沿海发达地区的农村来说，是很重要的事情。必须在富人治村与基层政治的开放性之间取得平衡。

富人代表人民

在沿海一个乡镇调研，发现县人大代表选举竞争十分激烈，不仅普遍出现了组织安排候选人未选上的情况（即将组织安排作为替补者选上去了，体现组织意图的候选人却落选了），而且经常出现没有列为正式候选人却在另选他人栏得票当选的情况。最激烈时，全镇甚至有1/3的体现组织意图的候选人没有选上人大代表。有了这样的惨痛教训，在以后的人大代表选举中，乡镇在推荐正式候选人上就十分谨慎。

激烈竞争人大代表是否意味着农民政治意识突然觉醒了，组织起来表达自己的权利？显然不是，而是当地的富人希望能当上人大代表，以获得一个好听的名义，以及有与富人身份相匹配的政治地位。全镇最近一届县人大代表有14人，其中县乡干部2人，一个是放在本镇选举的县委副书记，一个是时任镇人大主席。村社书记主任5人，社区干部1人，全镇最大企业的出纳1人，企业家5人。企业家当然是富人，当选人大代表的5个村社书记主任无一不是企业家，因此，全镇14个人大代表，有10个是办厂经商的企业家，或者就是老板。

该镇本届政协委员有13人，政协委员是不用选举而是按界别推荐的。除镇委副书记和宣传委员是列席政协会议的委员以外，另外

11个政协委员，无论是通过经济界推荐上去，还是农林界推荐上去，当上政协委员的几乎都是企业家，是老板，是富人群体。当然，其中最多的是既当老板又当村支书或村委会主任者。

在一个更发达的乡镇调研，也问到县人大代表和政协委员的构成。让人意外的是，从全镇10个人大代表到县政协委员竟无一个村干部。倒是有几位村支书是县党代表。问及原因，是这个镇为工业强镇，镇里规模以上企业（年销售额超过5000万元）有200多家，县人大代表和政协委员以这些企业家为主。本来村干部也大都是办厂经商的富人，只是村干部往往只是中等规模企业的老板，还达不到县人大代表、政协委员所需经济规模的级别。

既然由乡镇产生的县人大代表和政协委员主要是办厂经商的老板，可以想见全体县人大代表和政协委员构成中富人所占比例肯定是极高的。

人大代表和政协委员首先是一种身份，其次是一种荣誉，最为重要的，人大代表和政协委员还是一种权力。无论是全国还是地方，每年"两会"都是政治生活中的大事。县政府每年要向县人大报告工作；县人大有权力监督政府部办委局；人大、政协的提案，政府部门必须认真对待；人大、政协还可以对政府工作进行满意度的打分；当然，政府官员还要由人大选举；政府任命的部门负责人要由人大批准；人大代表可以对政府部门进行质询，等等。

当县政府要向两会报告工作时，当两会代表的提案政府必须答复时，当政府负责人必须由人大代表选举时，当政府部办委局必须要由人大进行是否满意投票时，以及两会代表可以质询政府官员时，基本上是由企业家等富人群体构成的两会成员就会对政府报告和政府行为产生压倒性的影响，政府报告和政府行为必须要反映这些企业家的预期，满足这些企业家的感情，代表这些企业家的利益，这样一来，地方政府的施政就会变成对企业家利益的回应，这就从某种意义上，真正占人口大多数的一般群众的利益无人代表，所以就无法被政府工作所回应，人民的政府也因此面临变质的危险。

有时候，有些人会说人民代表大会在政治生活中作用没那么大。但是，在沿海发达地区，富人希望借担任人大代表和政协委员来获得政治地位，扩张人脉关系，占据更加有利的与地方政府打交道的位置，从而想方设法乃至通过贿选来当上人大代表和政协委员，而最终地方人大和政协几乎都是由办厂经商的富人组成时，这个人大和政协就可能对地方政治悄悄地发生巨大的改变。我们如果继续无视这种人大代表和政协委员构成上的巨大改变，而只是在体制框架下面加强人大、政协的权力，中国政治的走向就可能出现问题。

鲁中的富人治村

一

鲁中属于比较发达的地区，这样的发达不仅表现在人均GDP相对比较高，而且地方经济有产业支撑。产业支撑不仅为当地农民提供了本地就业机会，而且为村庄能人提供了各种第二、第三产业获利机会，从而在农村产生了一个数量不大却十分重要的经济精英群体，这个经济精英群体现在已经成为鲁中农村主职村干部的主要人选。或者说，鲁中农村已普遍是"富人治村"了。我们2016年5月到鲁中的淄博市马桥镇调查，结合过去同样是鲁中潍坊青州市调查的经验，我可以在此讨论鲁中农村的富人治村现象。

我们调研的淄博市马桥镇有大约5万人口，52个行政村。马桥镇的主要支撑产业是两家大型化工厂，共吸纳了大约3万人就业。与一般制造业不同，化工厂对地方配套的要求比较少，产业带动能力不强，不过，正是两家大型化工厂吸纳大量就业，让本地农民不用外出就可以进厂务工获得收入，从而在本地创造出了巨大的第二、第三产业服务需求。围绕两家化工厂形成的各种服务中最典型也最普遍的是槽车运输，家庭经济条件好的农户买二、三台槽车搞运输，一年收入超过50万元并不难。除运输以外，旅店、餐饮、商业服务也很发达，马桥镇本地第二第三产业还有一些小型服装加工厂、木门加工厂和建设工程队。其中建设工程队要多说几句,一是马桥镇所在的桓台县早在1980年代就是全国知名的建筑之乡,因此有很多建筑包工头。二是两家大化工厂一直在扩展,这些扩展工程大都承包给了本地工程队。三是马桥镇正快速推进城市化,全镇一半以上村庄正在"农民上楼",这些农民上楼的工程也都承包给本地工程队。

从马桥全镇来看,有大约5%年收入超过50万元的农户,除少数为两家大型化工企业中层以上管理白领以外,大多为办工厂或搞运输、包工程、开饭店者。平均到每个村大约有10户这样的高收入家庭。这些高收入家庭一般都在县城买房了,住在县城,买了高档汽车,不再从事农业生产,长期脱离村庄生活。这是马桥镇的经济精英阶层,或富人阶层。

马桥镇本地农民,50岁以下都比较容易获得进厂务工机会。两家化工厂务工收入平均可以达到一年5万元。一个农民家庭,父母加上已婚子女,再加一个孙子,是比较标准的家庭模式,如果父母还不是太老(未超过50岁),子女又已成人,一个家庭就可以有三个劳力进厂务工,婆婆专职带孩子。这样的农民家庭,一年收入15万元不难。

一般农户家庭,一家五口,父母年龄超过50岁,工厂就不大愿意再要了,家庭收入就主要来自儿子媳妇的工资收入。超过50岁仍然年富力强,一是可以种田,从事农业生产;二是当地有各种临时就业机会,镇上还有一个劳务市场,主要面向50岁以上当地农民就业。因此,超过50岁的当地农民一年有2~3万元收入也是不难的。这样的农民家庭,一年收入10万元比较轻松。

如果家庭只有一个强壮劳动力,其他都只能起辅助作用,这样的家庭收入5~6万元应不困难。

全村80%的农户家庭收入集中在5～15万元之间。因为农村消费不是太高，这个收入可以生活得比较舒服。

村庄有一些农户因为疾病或身体残疾，或一些特殊家庭没有劳动力，收入很低，这样的家庭在村庄占比很低，一般一个村只有上十户真正的低收入户，这些低收入户一般都被安排了低保。不过，若按严格标准，当地很少有农户家庭人均收入达到低保标准。

二

无论如何，因为地方经济发达，鲁中农村普遍存在着村庄能人主要依靠当地获利机会而致富。或者办厂，或者经商，或者当建筑包工头。这些办厂经商致富的村庄能人并不一定就是在本村，而可能将工厂办在镇上，或者就在镇上经商。他们可能住在县城，开车在城乡之间往返。他们的活动范围远的跨省甚至跨国，近的就在本地。本地发达的经济提供了大量获利机会，正是这个获利机会为本地能人提供了办厂经商致富发财的主战场。

地方获利机会来自各种可能，其中最为重要的是地方政府官员、村干部、大型化工企业的老总、主管、各种老板。他们相互之间的联系网络中富含获利机会，在由各类地方精英组成的网络中占据何种位置，对于能否获利及获利多少十分关键。当然，进入到这个网络本身就很重要。

因为获利机会在本地产生，地方本身就很重要，村庄正是这样一个有着产生利益能力的热土。乡村干部则是这片热土上的关键人物，或者说，乡村干部是参与到网络中不可或缺的成员，并且可以在网络中占据优势位置。直白地说，村干部（主职村干部）是比较容易实现个人利益的，这个利益当然不是指他们通过贪污村社集体的钱财,事实上当地村社集体大多没有集体收入,而是村干部身份有利于办厂经商。

利用村干部这个平台或身份,办厂经商的富人更容易实现自己的利益,且也只有富人才容易当得上村干部。这样一来,在鲁中农村,村主职干部几乎就清一色是富人了。并且这些富人村干部往往之前从来没有当过村干部,他们不是从一般村干部开始逐步当到主职村干部,而是一步到位,通过选举直接当上村委会主任,而马桥镇推行支书主任一肩挑,因此也就直接担任了村支书。

富人当村干部和村干部变富人是完全不同的逻辑。村干部变富人,村干部就是利用身份来获利,这在两家化工厂占了附近几个村社集体大量土地的村庄是有可能的,因为村干部会为化工厂占地等等提供方便,化工厂也就会投桃报李,仅仅给一个工程做做就有巨大利益。马桥镇富人村干部主要逻辑不是当村干部来致富,而是富人当村干部。所有农民都渴望致富,但只有那些精明强干且运气好的农村能人才能脱颖而出成为富人。在成为富人的路上,市场会淘汰其中的大多数,留下来的大都经过了历练,因此不仅有能力而且有威望。在市场上站稳脚跟就有了竞选村干部的资本,而竞选村干部后就有了更多从本地市场获利的机会。

三

鲁中地区属于我们所说北方小亲族村庄,每个村庄都有十多个分离的小亲族集团,这些小亲族集团大多是五服范围血缘关系组织起来的本家。不同小亲族之间的竞争与合作塑造了村庄治理的基本格局。

鲁中地区的小亲族也就是五服范围的血缘共同体,是一种实践中的宗族制度,其最重要的特征是对内合作及在此基础上形成自己人意识。对内合作主要表现在红白事上的合作和年节互动。红白事方面，红事中五服内血缘关系必须作为自己人参加招待客人，白事上晚辈必须披麻戴孝，磕头哭丧。年节尤其是春节，五服内血缘本家，晚辈要给长辈磕头拜年。红白事合作和年节互动构造出了五服内血缘群体的自我认同以及在此基础上的一致对外行动能力。这样的五服范围的血缘群体，大的有三四十户，可达150人，小的只有七八户，三四十人。但五服关系并非僵硬的五服，而是实践中的，有的本家人太多，就会较早分化，有的本家人太少，就会较晚分开，而到六服、七服。鲁中农村一般是在自然村基础上建制行政村，一个行政村就是一个自然村，或一个自然村就是一个行政村，行政村平均规模在1000人左右，一般都有十个或更多活跃的五服范围形成的血缘共同体，即小亲族集团。

村庄内的政治，尤其是通过村委会选举所产生的村庄政治，主要是村庄内比较大规模的小亲族之间的竞争。人数较少的小亲族很难有机会通过选举当上主职村干部。村庄也没有一个小亲族的人数多到足以占到全村的多数，因此，村庄内不同小亲族之间的联合就非常重要。村庄中一般都会形成若干较大小亲族各自联合其他小亲族来展开竞争，通常是两派竞争。一派上台了，另外一派成为台上一派的对立面，对立面随时抓住台上一派工作中出现的纰漏，随时可能分化台上一派形成的联盟，而在下一次选举中甚至还未到选举时间，就将台上一派掀下来（通过选举或上访）。村庄政治因此有着复杂的合纵连横。只有永恒的利益，没有永远的朋友。

小亲族内部一般都会有一个德高望重的管事操心人，这个人热心肠，会说话，能办事，且公正，威望高。每家有大的事情都会来征求他的意见，办红白事他总在现场拿主意做决定。

除这样一个在族内合作中起重要作用的德高望重的人以外，每个小亲族在外经营发财致富的能人，因为其发财致富，而有了在外解决问题、提供信息的能力，有了在本家出现经济困难时进行帮助的能力，以及有了帮本家人在外推荐就业谋利机会的能力，这样的人就自然成为小亲族内崛起的新权威和新代表。

这样一个在经济上成功的能人，在小亲族内部获得支持，他就可以凭借小亲族力量参与到村干部的竞选中。每个小亲族都有若干具有代表本族能力的精英，这些精英之间相互联系，形成默契，就可能决定村庄治理的格局。不是经济能人根本就不可能被本家作为代表推出来参与村庄政治的竞争，不可能代表本族与其他小亲族代表进行协商合作，合纵连横。一般村民即使有当主职村干部的意愿也没有可能当上。而富裕的能人不仅有当主职村干部以扩大自己获利机会的强烈愿望，而且可以借助小亲族的支持来实现这个愿望。他们很可能成功，且他们的成功是从富人直接成为主职村干部，而不是经由一般村干部到主职村干部。当然，他们当上主职村干部之后随时面临对立面的反对，对立面随时在分化重组村庄内的结构性力量。当上村干部的富人因此就要继续保持高度的警惕性，继续在村庄政治舞台上使用政治手腕。村庄富人因此有了强烈的政治性及策略性，而不可能如浙江富人村干部"不仅说得过你，而且打得过你"的蛮横。

浙江富人治村与鲁中最大的差异是，浙江富人所面对的是原子化的村民，村庄缺少小亲族一类的结构性力量。浙江村庄派性斗争往往是富人通过私人关系纠结起来的力量的斗争，而鲁中村庄派性斗争背后是小亲族力量在起基础作用。

发达地区的贿选

虽然之前的调研中一再遇到村委会选举中的贿选案例，也听说了很多关于贿选的信息，到沿海 H 省南溪镇调研，看到贿选之普遍，还是相当吃惊。

一 千万村官

据南溪镇的同志讲，南溪镇 1995 年出现贿选苗头，2005 年贿选即已十分普遍，那时南溪镇的行政村还没有合并，每个村的规模只有几百人，贿选金额一般只有几万、十几万元，额度比较小，且只限于村委会选举。2008 年，南溪镇行政村合并，一般行政村都是由过去两到三个村并为一个，人口规模大都在一千多人。这一年全镇村委会选举中开始普遍出现大规模、正规化的贿选，贿选金额也上升到百万元。不仅村委会选举中出现了贿选，而且村支部选举中也开始出现贿选。到了 2011 年，贿选变得十分疯狂，小小南溪镇，竟然有三个村的单人贿选金额超过千万元，村支部选举中贿选已经普遍和常规化了，甚至人大代表、村民组长和村民代表选举中也普遍出现了贿选。

以下列举一些典型的贿选案例。

1. 2008 年的村委会选举：以卢革村为中心的叙述

卢革村卢建新办了一个年销售额数千万元的五金商店，他 2005 年当选村委会主任，2008 年当然要竞选连任。卢有一个弟弟在出生后即与江东村一叶姓家的女儿换养，卢的弟弟因此变成江东村的叶姓村民，叫叶均法。叶均法也是头脑精明之人，办厂有一定规模，算是一个不大不小的老板，叶也想竞选村委会主任。但叶姓在江东村是独姓，张姓才是江东村最大的姓。叶均法为了更有把握选上村委会主任，打电话让在北京做生意的铁哥们儿张某回来帮忙竞选。张某回到南溪镇上，发现卢建新竞选村主任的对手是自己干妈的儿子孙某，张某因此提出一个建议：请卢建新退出村委会选举，自己则全力辅助卢的弟弟叶竞选村主任。张某的提议显然是不妥当的，是不够朋友不讲义气的，也无依据。卢建新为了让弟弟当选，决定退选，并在选举前两天贴出公告表明自己要退出本次村委会选举，希望村民支持孙某竞选村主任。因为卢本人过去当三年村主任，威信比较高，本来有 100% 把握当选村主任，现在退选，也有可能在背后搞小动作，让村民在另选他人栏选他。张某为了让自己的干兄弟孙某有 100% 把握当选，于是在选举前一天，将叶、卢和另外一些朋友召集到一起，要求卢拿出 50 万元保证金保证孙某可以当选为村主任，同时张某出 50 万元保证金保证叶选上村主任。

在村委会选举前一天下午六点，卢革村突然有一石姓年轻人决定参选村委会主任，然后找人分头动员拉票。当时动员的口号有两句，一句是"选石就是选卢"，另一句是"每票 1000 元，选不选得上都给钱"。孙某开始以为卢建新已经退出村委会竞选，自己稳操胜券，没有想到突然会杀出一匹黑马，措手不及，再找人活动已来不及，结果，石某在第二天的村委会选举中当选村委会主任。石某为此次当选花费大约 100 万元。

江东村的选举,因为张某大力支持,卢建新的弟弟叶某顺利当选。为选举,叶也拿出数十万元买票。

押在中间人那里的保证金,因为孙落选,卢的保证金就给了张某。而因为叶当选,张某的保证金得以退还。卢是为叶而出的 50 万元保证金,这个损失就不应由卢来承担,因此叶给了卢建新 50 万元。叶为当选村委会主任,花费也超过百万元。

以上卢革村和江东村 2008 年的村委会选举,虽然故事曲折一点,但贿选在这一年的南溪镇所有村很普遍。即使没有竞选对手,可以肯定能当上村委会主任的候选人,也必须拿出几十万元来向村民选举自己表示感谢,一票少则 100 元,多则 1000 元。

2. 2011 年的村委会选举

2011 年村委会选举,南溪镇各个行政村的选举白热化。卢革村和江东村这一年的竞选激烈程度是比较低的,但村委会主任竞选花费都在百万元以上。2011 年卢革村村委会选举,上一届当选村主任的石某当然要继续选(不选就没有面子,且因为家里办厂,拿一二百万元竞选村主任还是拿得出来的),有一个在成都做生意的村民也想选村主任,他来咨询卢建新,卢说,你们要想竞选村主任,拿 100 万元肯定是不够的,200 万元也不保险,有 300 万元应该没有问题了。为什么?因为石某已当村主任,在没有竞争对手的情况下就给每个选民 1000 元,你们来竞选,他也会提高每票的金额,你们要竞选得过他,就不能只出与他一样多的钱,而要出得高才行。这个村民听了卢建新的分析,知难而退。

南溪镇朱家村是 2011 年村委会选举竞争最惨烈的村。参与村委会主任竞选的徐某志在必得,另外一派也不甘示弱,双方竞相许诺每票价值由 1000 元到 1500 元,又升到 2000 元,直到 5000 元,不甘示弱的另外一派终于退出,徐某顺利当选村主任。朱家村是一个大村,有 2000 人,选民就有 1000 多人。这次选举,徐某一个人即出 800 万元,另外亲友团帮助弄了 400 万元,共计 1200 万元买票,创造了南溪镇村委会选举的历史。

三江村 2011 年选举也白热化了,两边竞选团队激烈竞选,精确算票。到了选举当天凌晨,一方算来算去,仍然感到没有胜选把握,决定再从对方铁票中买几票,给一家三口打电话,从一张票 1 万元,到三张票 5 万元,再到 10 万元,终于买定,最后在当天选举中险胜。为选举付出资金也超过千万元。

中里村 2011 年选举,竞选双方感觉激烈竞选会两败俱伤,不划算,因此,一方给竞争对手 100 万元,让后者退出。但在选举当天,村民都不愿意投票,因为其他村的选举都给钱了。没有办法,参选方只好再拿出 100 万元分发给村民,让村民投票。

因为几乎无村不贿选,且都是支付现金,在选举期间,据说市银行现金全被提空,而从省城紧急调运现金过来。而且,村委会选举期间,镇上所有中华烟都被买光,因为除了送钱外,一条一条地送中华烟也是选举的一个部分。

3. 2011 年村支部选举

2011 年,卢建新计划冲击一下卢革村村支书,全村有 50 多个党员,卢建新花了 50 多万元,以每票 2 万元买了 30 票,但最终只得 26 票,未能当选支委,更不可能当选村支书。卢建新说,看来 2 万元一票少了点,若出 5 万元一票,应该还是比较有希望当上村支书的。因为卢建新的冲击,老支书也拿出几十万元买票,最后,老支书得到 38 票。另外两个当选支委分别得到 32 票和 28 票。

老支书之所以继续当选，除老支书也出了钱以外，毕竟很多党员都是老支书发展起来的。有一个党员，卢建新托人送去4万元，上午送去，下午退回来，直接对卢建新说，你的钱我不要，我也不选你。卢建新选票中，有30人收了钱，有4个人收钱却未投票，其中三个人事后退还了所收2万元，一人既未投票又未退钱。

南溪镇社区支书也是一个老书记，威信很高，没有人与他竞选。但在2011年，其他村支部选举都因为拉票而让党员有收入，自己不出钱就不好意思，因此自愿拿出几十万元给每个党员分点，意思意思。

4. 村民代表选举

在推选村民代表时，主持选举的人干脆讲：这样明说吧，谁愿当村民代表，自愿报价，出钱多者当代表。结果有3个村民出2万元而竞得本村民组的村民代表资格。

因为贿选过于普遍，地方政府根本无法查处，只能对贿选睁一只眼闭一只眼。虽然在公开场所，镇政府领导都在讲，村委会选举要公开公正公平，但在小范围内，镇领导的态度十分鲜明：镇里只重选举结果，不重过程。村庄选举中出现的贿选、拉帮结派，镇里一概不管。倒是在选举现场，因都是武警到场，没有人会在选举现场打架、砸票箱。否则，就会以破坏选举直接抓起来。

在南溪镇的村委会选举中，还有很多有趣的规律。比如，几乎所有选举都是在两派之间展开，而不会出现三派、四派之间的竞争，原因很简单：村委会主任最终候选人是两个人，得票过半数当选。虽然各派内部也有不同意见，也会分化，但最终结果仍然要合为两派对垒，虽然下一次对垒的阵营可能发生根本性变化。

因为选举所涉及金钱数目巨大，竞选的动员能量也十分巨大。首先，每一派都会组成一个庞大且高效的竞选班子，在选举前一个月甚至更早就开始策划活动，其次，竞选团队会对全村所有选民进行精确分析，包括经济状况、社会关系、个人倾向、利益偏好，然后定向收买。一般来讲，在两派竞选中，村民可以分成两个部分，一部分是双方的铁票，比如兄弟姐妹亲戚朋友，一部分是中间票，即两边都没有特殊关系或两边都有点特殊关系的。选举拉票主要就是拉中间票。给了中间票好处，也一定要给自己铁票同样好处，不然就说不过去。问题是对方铁票能否收买？想方设法打入对方铁票仓中，不惜高价收买，这样的收买对于改变竞选均势意义重大。一旦收买对方铁票，选举必然会白热化。从2011年村委会选举来看，各竞选班子一般都可以把本派得票精确到个位数。

再次，因为竞选双方投入资源多，动员范围广，再加上南溪镇经济本来就发达，就使得选举时，可以将各种关系复活，血缘的、宗族的、亲友的、同学的、拟亲的、生意的等等血缘、地缘、业缘、趣缘、义缘关系都被深度动员，彻底开发，所有这些关系又都要面对巨额贿选利益的考验，由此产生巨大的动员能量。这种一种巨大动员能量在选举中爆发出来，会造成严重的破坏性后果。每次一次选举都是对已有各种关系的拷打，就有各种关系被破坏掉。选举过后，村庄变成人情的荒漠。

因为贿选，当选者选上村干部，自然也会认为自己是用钱买来的干部，就没有为人民服务的必要。贿选上来，若能通过当村干部再捞回来当然是最好了。捞不回来也不要紧，因为本来就有钱，出钱选干部也算风光了一把。当然，贿选上来的村干部，要说村干部的荣耀有多大，也是谁也不再相信的神话了。因此，村干部也是人，也要讲利益，也不可能什么事情都按上面的原则办。因此，在村两委班子会上讨论问题进行决策时，不再如过去有按上级要求和村庄发展愿景来讨论决策，有按为人民服务来指导工作的说法，也没有人再以公正公平为诉求，而是按在选举中谁出钱多谁就有资格在村两委决策中说话算数的"两党分肥"的萌芽，村两委决策变成了村支书和村主任说了算。

激烈竞选还有后遗症，即之后的两派斗争。朱家村主任花1000多万元当上村主任，自然要争村庄决策主导权，村支书不让，两边冲突，政府无法免去主任职务，只能免掉支书，新支书上去仍然不合，就再换，连换三任支书都搞不好。镇里不能免村主任，对立一派可以上访告村主任违建等等，上级来查处，拆掉村主任价值数百万元的住宅，等等。刘皋村主任也被举报，价值300万元的住宅也被拆掉了。还有若干选上村主任后陷入村庄持续冲突，以至于自己所办工厂垮掉的例子。

二 贿选的动机

为什么南溪镇乃至整个H省农村都普遍存在严重的贿选呢？

南溪镇有大大小小数千家企业，由此可见在南溪镇这块土地上所聚集的经济密度。这种经济密度可以表现在五个方面：一是财富本身，二是经济发达带动地方土地与房产升值，三是经济体的高度关联，四是经济密度附着在意义生产的方面，五是经济密度与政府部门的联系。简单地说，高度发达的经济会将其价值附着在各个方面。贿选的发生大都与以上各方面有一定关系。

（一）

南溪镇经济发达，工厂众多，这些工厂大都是在家庭作坊基础上发展起来的，且至今绝大多数企业仍然是家庭作坊，譬如说在刚办厂时，农民买一台机床即在自家房屋内开始生产，随着生产规模的扩大,逐渐在宅基地上扩建厂房,这样的扩建可以达到很离谱的程度。又因为经济发达,外来务工人员很多,即使不办厂,也可以通过出租住房获利。因此,在南溪镇,宅基地是稀缺资源,村民对宅基地指标的要求很强烈,宅基地指标如何分配基本上由村干部说了算。

经济发展带来土地非农使用的需求,土地非农使用可以产生巨额利益。无论是征地,还是非法使用农地用于建设,村干部都可以在其中起到作用。

这个意义上讲,贿选当上村干部后,通过运作土地资源掌握土地资源分配来谋取利益,是发生贿选的重要原因。2011年贿选最严重的朱家村和三江村恰恰是征地最快的两个村,政府征地离不开村干部的积极配合,而村干部积极配合,政府一般会有给予村干部回报的默契,最常见的回报方式为为村干部特批一块建设用地,这块建设用地所具有的价值可以高达百万元也不奇怪。且征地过程中,因为土地转变用途和改变所有权性质,而具有大量利益空间,具体操作征地工作的村干部也就有谋利空间。

也就是说,贿选首先与村干部谋利的空间有关。村集体资源越多,产权界定越模糊,村干部越可能从中捞取好处,村庄贿选就会越严重。

村集体资源主要表现为资金、资源、资产,统称"三资"。针对当前农村普遍存在的"三资"管理混乱问题,H省也开始加大"三资"清理和管理力量,南溪村镇两级一致公认,这两年,南溪镇村级"三资"管理规范程度极大地提高了,村干部再想借集体资源产权模糊来捞好处的可能性降低了。这个意义上看,村干部手中权力的含金量降低了。也是因此,南溪镇的乡村两级干部都认为,2014年村级选举不再可能出现2011年选举中过千万元贿选的情况。事实上,

2014年，H省对贿选采取了零容忍的断然措施，南溪镇2014年村级选举中没有发生贿选。

无论"三资"管理规范与否，经济发展一定要征用村集体所有农业用地为国有建设用地，政府征地一定离不开村干部的协助，而村干部协助政府征地，政府必在其他方面给予回报，这是一种默契。也就是说，在征地比较多的村，村干部可以获得更多利益，因此，征地多的村，贿选要比一般村更为严重。

以上可归纳为两点：集体资源管理越不规范，贿选越严重；集体资源越有变现机会，贿选越严重。

（二）

除了要当村干部捞好处而贿选以外，贿选的发生还有更多理由。不然就无法解释，在南溪镇，几乎所有通过贿选当上村干部者在任上都未能捞回用于选举的投入（但这并不影响前面所述村干部越是能捞钱，贿选就会越严重的判断），但几乎所有通过贿选上去的村干部都要在下一轮继续参选，并继续花钱选举。

第二个理解贿选的理由是，只有富人、有钱人、企业家，才有能力贿选当村干部，而当上村干部可能对自己办企业有好处。也就是说，虽然从村庄中无法收回投入，却可以借村干部这一身份从其他方面收回投入。

南溪镇的企业大都是从家庭作坊开始，因此都是很不规范的，这种不规范主要表现在两个方面，一是企业用地大都是未批先建，违法建设；二是普遍存在偷税漏税，当了村干部，就可能更方便与政府各种部门打交道，更好地与政府部门互动，从而可以降低被政府部门查办的机会。

从调研来看，这方面的情况确实存在。不过，相反的情况也存在，比如朱家村和刘皋村村主任通过选举上来，却因为得罪了人，被村民举报而遭到政府部门查处，其经济损失都在几百万元。相反，其他大量没有当村干部的企业家却平安无事。或者说，至少在南溪镇，企业家还没有担心政府查处自己违建和偷税到一定要通过贿选来当上村干部以自我保护的地步。试想用上千万元贿选，这本身是多么高调啊！

因此就有第三个理解贿选的理由，即在南溪镇这个经济密度、产业关联度高、商业机会无限的地区，通过当选村干部来获得比一般单纯企业家更多的政治资本、社会声誉，从而可以助企业经营以一臂之力。

这个很可能是最重要的理由。当村干部的活动面更加广大，结交面更加广大。在南溪镇这个企业家密集的地方，一般规模的企业家是被无视的，而若有村干部的头衔，其知名度、美誉度就可以轻松超过一般企业家，就可以在南溪镇这块热土上较一般企业家获得更多的生意机会。以南溪村村支书为例，他当书记，将企业交给夫人打理，夫人只有小学文化，但企业仍然打理得好。为什么仍然打理得好？一方面当然是妇女能顶半边天，一方面又是村支书所具有的巨大号召力和知名度。他儿子结婚竟然办了200多桌酒席。南溪镇企业之间的关联性是极高的，村支书这样的号召力和知名度，他的企业为其他更大集团公司搞点加工，是易如反掌的。

（三）

除以上经济利益的考虑以外，南溪镇的贿选还有别样理由。

南溪镇经济发达，富人很多。在这样一个富人聚集的地方，一个人要想活得有价值，被人瞧得起，具有美誉度，有面子，有趣，仅仅有钱是不够的。若能当上村干部,也算是一种自我实现:自己可以与一般只是有钱的人不同,还多少有点权,还可以在公众场所抛头露面,还可以进入到政经一体、官商一体的更核心的南溪镇名人圈中。大家越有钱,通过钱来实现自己有意义的人生、展现自己独特价值就不难了。因此,通过参加选举来寻找人生的刺激,来获得更加丰富的人生意义,就是题中应有之义了。

例如卢革村卢建新,他一直维持自己五金配件商店目前的规模,没有任何扩大的愿望,当然也比较容易维持得下去。他每年有几百万利润已经足够了。他说自己生了两个女儿,今后再多财产也无人继承。他在2011年拿出几十万元竞选村支书失败,无所谓。他说,拿个百八十万选村干部还是拿得起的,他当然也没有准备通过当村干部捞回来。他是想通过选举来证明自己其实还是当地有影响受欢迎的名人,通过当村干部可以实现比仅仅有钱更多更丰富的人生价值。

这个意义上讲,排除所有利益的考虑,越是经济发达地区,有钱的人越是可能通过竞争社区内的诸如村干部职位这样的游戏来表现自己的存在和价值。价值密集产生了意义密集,意义密集通过竞争村干部职位等等所有具有稀缺性的资源表现出来。除了村干部竞争激烈以外,2011年,南溪镇搞过一个评选"健康宝宝"的网上投票活动,结果,所有参加"健康宝宝"活动的200位家长全力动员自己亲朋好友参与投票,甚至有家长雇请专人在网吧投票,以至于最终网上投票系统因投票人太多而瘫痪。当地其他文化活动也颇活跃,也是这个道理。

这样看来,南溪镇乃至全国农村出现村庄贿选,不能只归结为经济利益,更不能说就是要当村干部来贪污。

三　村民认同富人治村

那么，地方政府和村民如何看待贿选呢？

南溪镇的经济密集，必然表现为事务众多，各种政务、村务，各种利益矛盾，各种经济的、社会的、政治的、文化的事务必然密集。也就是说，在南溪镇这样一块具有极强经济活力的地方，消极政府是不可能的，村民利益也时时面临调整。这个意义上，要在南溪镇这块土地上当一个消极无为的村干部是很难的，一个没有工作能力的人在南溪镇也是当不成村干部的。

举例来说，经济快速发展，政府就要搞规划搞建设，就要征地拆迁，就要面对巨大利益调整与分配，就一定会有钉子户出来。如果没有得力村干部配合政府，政府任何事情都办不好。因此，政府必然要求有强势的有能力的人来当村干部。

经济快速发展，当地村民就要抓住机会来获得利益，就要在这个过程中做出各种尝试并因此引发各种矛盾纠纷。村民之间有了矛盾纠纷，就尤其需要强有力的村干部来帮助解决。

什么人才有能力来当这个强势的村干部？在南溪镇，只有有钱人、富人、财大气粗的人，才能当强势村干部，村干部本身与政府部门有极大的不同，就是政府部门有执法权，有国家暴力在背后作支持。因此，政府部门不需要以财大气粗来作为自己行使权力的基础，而是以国家垄断的合法暴力。村干部则不同，村干部背后没有国家暴力的支持，且村干部所做工作都是细小琐碎规范性低、很难讲得清楚边界，因此难以精确使用暴力的地带，村干部就要靠国家权力以外的力量来表现自己的强势。

在取消农业税前，在中西部地区，村干部为了收取农业税费和完成计划生育任务,一个办法是使用身体暴力,这样就有黑恶势力进入村干部队伍中来。南溪镇现在要有强势村干部,当然可以不用黑恶势力,而可以用财大气粗的富人。富人当村干部,有头脑、有经济实力,在村级治理中,面对不讲道理的钉子户,他们可以说"我不仅说得过你,而且打得过你",这个"打得过",并不是真正打架,而是钉子户如果硬要胡搅蛮缠,富人村干部就可能通过自己结交的广泛关系来形成对钉子户全方位的打压,甚至可以动员在自己工厂当中层干部的钉子户的兄弟与钉子户绝交。富人村干部中的"富人"含义是具有极大的资源量,这种资源量是一种能力,也是一种权力。资源就是让自己办成难办事情的能力。

这样,在经济快速发展的南溪镇,政府需要有能力的强势村干部,富人正是这样的理想村干部人选。而从村民来讲,因为富人村干部有能力解决自己可能面对的各种冲突,富人村干部更有气势压服钉子户从而更有能力建设村庄公共工程和公共服务体系,维持村庄治理的有序,村民也欢迎富人村干部。

这样一来,在南溪镇的地域上,不是富人也就根本不要想当村干部这个事情了。既然必然是富人当村干部,村民就会认为,贿选让自己得点钱又有什么不好?

由此出现了富人治村不可逆和村庄无政治的两个后果。

四 财富与权力接管村庄

富人当村干部,是否会出现为富不仁以及富人村干部对抗政府的情况呢?

从南溪镇调研来看,虽然政府是欢迎富人当村干部以及默许贿选,富人村干部也早已替代了传统的村干部,甚至这些年当选为各个村村支书者，基本上都是前些年通过贿选当上村主任，然后入党再来当选村支书的。但从目前来看，南溪镇的富人村干部远还没有达到敢与政府对抗的地步，南溪镇甚至有大量富人村干部畏镇委书记如虎的例子，比如前面以一千多万元贿选当上村主任的朱家村主任见到镇委书记时，竟紧张得连话都说不出来。

为什么富人村干部会如此惧怕政府？因为政府掌握公权力，而富人村干部几乎人人办有企业，企业对政府有极大的依赖，除正面依赖以外，南溪镇几乎没有企业不存在违法占地、偷税漏税和污染环境等等问题。任何一项问题查起来，企业都几乎是吃不了兜着走。这个意义上讲，政府最有控制财大气粗富人村干部的能力。

正是因此，在南溪镇这样的经济发达地区，出现了一个强势的富人阶层与一个强势的地方政府之间的"契合"。这个"契合"的结果之一是南溪镇地区最多数的一般村民却被排斥了出去。村民自治制度及其选举制度以与我们过去的和通常的想象相当不同的方式开辟了自己的道路。

苏南村干部的由土变流

一

2016年暑假到苏州望亭镇调研，我发现一个有意思的现象，就是本来应当在本村产生的村干部竟然变成了"流官"，在全镇范围调动使用，而且这种情况绝非个别而是普遍情况。为什么苏州的村干部会由土变流，这是一个值得讨论的问题。

按照规定，中国在村一级实行村民自治，村委会由具有选举资格的本村村民选举产生，村委会委员候选人应具有本村选民资格。因此，村委会干部应当是本村村民担任。不过村支部委员可以由上级任免，因此就有由上级下派村支部第一书记的做法。望亭镇村干部安排充分利用了村支委可以由上级任免的制度。

2003年，望亭镇将全镇18个村居合并为7个村居，这样就多出来很多能力很强的村干部，镇里为了安抚也为了利用干部，就将一些年富力强的主职村干部安排到其他村任职，比如安排新杭村主任许春兴到四旺村当副书记，等等。2009年再调许春兴到鹤溪社区当主任兼书记，2014年再调回何家角村当书记。之所以说是调回，因为何家角村就是由许春兴当时当村主任的余杭村合并而来的。

2003年由镇里安排调任村干部的先例一开，很快便成为惯例，村干部不仅在村与村之间调配，而且在镇村之间也统筹打通使用。调研期间正是望亭镇村干部换届期间，主要是村支委换届，村主任选举则要稍后。何家角村的村主任被调任到迎湖村担任书记，鹤溪社区书记被调到项路村担任书记，镇民政办主任调任宅基村书记，项路村主任调到镇综治办当主任，镇党政办大学生村官调迎湖村当副书记，镇劳动管理所干部调到宅基村担任支委委员。几乎每个村都有由镇政府及站所干部交流担任村干部的。宅基村共有9个村两委干部，其中支委7人，村委7人，交叉任职5人，即同时有5人既担任支委又担任村委。除村两委干部以外，还有由上级任命的条线干部，多数条线干部由村两委成员兼任。近年来，村条线干部主要由镇里统一招聘，镇里因此基本上掌控了村干部的产生，这与上海村干部的产生是完全一致的。按望亭镇的规定，村主职干部到了58岁就不再连任，或者担任虚职，或者调派到镇站所或企业当负责人，60岁就退休，退休了享受镇招聘干部的退休待遇。新梗村书记58岁，调到农业产业园当书记，两年后退休，拿全镇书记平均工资。

也就是说，从望亭镇的调研来看，苏州村级治理中不仅村干部已经由土变流，而且村干部的任免调配已由乡镇全面掌控，村委会选举不过是走个过场，办一个确认合法的手续。为什么苏州村干部会由土变流呢？

二

苏州村干部之所以可以流官化，其中主要原因在于苏州农民逐步割断了与具体土地的联系。中国土地制度安排中在农村实行集体所有制，且集体土地是"三级所有、队为基础"，生产队即当前农村的村民小组。苏州是经济发达地区，1980年代乡镇企业快速发展，农民洗脚上田，离土不离乡，逐步脱离了土地，基本上不再种地，村集体也因此逐渐将农民的土地统筹起来。进入21世纪，苏州农民基本上不再种地，土地早已交由村社集体统筹，甚至一度苏州农民都被称为"失地农民"，凡是年龄达到60岁的农民，每月可以领取810元的"城保"，远高于新农保。或者说，农民用土地换得了"城保"，土地承包经营权交还给集体了。

当前苏州不同村庄的集体收入差距很大，不过，仔细观察就会发现，村集体收入的差距只与这个村出租了多少土地用于建厂房办企业有关，或只与这个村有多少集体经营性建设用地有关。在2008年国家严格进行土地用途管制前，苏州各个行政村招商引资，只要有项目就可以租地让项目落地，从而获得租地收入。这样一种收入与农民的劳动投入无关，与村干部的能力也关系不大，算是浮财，村民因此对其有无不是十分关心。这也是为什么2003年望亭镇合村时，依据相邻原则和肥瘦搭配原则，有意将租地收入少的村（也就是集体经营性建设用地比较少同时又是耕地比较多的村）和租地收入较多的村（也就是耕地比较少的村）合并，村民几乎没有反对的原因。

而且，村集体租地收入过去几乎是不分红的。即使这几年镇里要求各村给村民分红，每个村用于分红的资金最多也只有5%，人平均100~200元。村集体收入只能按上级规定使用才是合法的，几乎所有村集体收入都主要用于上级安排的各种达标升级任务上面，虽然这些达标升级极大地改善了农民的生产生活环境条件，说实在的，农民很难将这种改变与自己切身利益联系起来，更无法与村集体收入的多少联系起来。而且，村集体收入太少的村，上级会用各种财政项目资金进行补贴，收入多的村则被要求用自身的财力，因为村集体有多少钱，不仅镇里知道而且一直都是由镇里代管的。

而且，村民一点都不反对上级对村级财务的监管以及对村干部的监管，因为村级收支比较复杂且数量比较大，一般村民已经缺少监督的能力，上级严格的制度规定和管理要求可以防止村干部胡作非为。

正是村民与土地以及土地上的集体收入的薄弱联系，使得苏州乡镇一级可以有更大的调配村干部的权能，苏州村干部逐步流官化了。进一步，苏州的农民逐步从村庄中脱离出来，直接面对着国家基层政权，包括由国家支付工资的条线干部下到村里，为村民办理各种事务，这个时候，村干部就逐步变得类似城市社区工作人员，因此，由谁来当村干部，村民就不是特别关心，而乡镇当然也要从制度上对村干部进行有效的管理。

三

村干部的流官化就使当前村民自治的逻辑转向了行政化的逻辑。在苏州，这样一种行政化对自治的替代是与苏州市一再强调的城乡一体化和乡村一体化相一致的。简单地说，在苏州经济发展的过程中，地方政府逐步为苏州城乡提供了全覆盖的基础设施和公共服务，而过去土地集体所有制及集体经营性建设用地的集体收入并不是用来加剧村与村之间分红以及基础设施差异的手段，而只是地方政府建设美丽苏州的一种必要的资源补充。这样一来，苏州市的发展中，之前的村社集体所有制就不是变成对抗基层政权的土围子，而是可以被基层政权调整使用的既有资源。

四

当前城市化进城中，在东部沿海发达地区，农民已经不再从事农业，乡村社会早已完成了工业化，苏州市也早已提出城乡一体化，这个时候，再强调动员农民调动农民积极性和主动性来进行自我教育、自我管理、自我监督、自我服务的村民自治，以及主要通过民主来表达村民公共品需求偏好并因此动员村庄资源来满足村民公共品需求，就显得与苏州这样的地区实际不相符合了。反过来，如果村民以土地集体所有制为基础来提出利益诉求，形成食利集团，这样就可能形成各种各样的影响城乡一体化与政治社会发展的土围子，这样的土围子在城市城中村和珠三角农村已经普遍存在。

这个意义上讲，苏州村干部流官化，村级治理由自治向行政方向转变，对于发达地区的乡村治理乃至地方治理，具有重大的启发意义，是正确的方向。

苏州的集体经济没有转化为村社集体的自主行动能力，没有形成村庄主体性、独立性，没有形成对基层政权的对抗性，从而没有产生出与基层政权相对抗的力量，没有形成土皇帝和土围子，既与苏州农民与土地相对疏离有关，又与基层政权在乡村一体化的语境下将村级治理行政化包括村干部的流官化的策略有关。

从土地制度上讲，苏南的土地制度是集体所有制，苏南农民没有人认为集体土地资源是私人所有的，而珠三角农民逐步认为集体土地都是可以量化到个人的土地，尤其是经过目前理论界所论证并开始实践的股份合作制、股权量化、政经分离，使珠三角农民产生了土地私有的误会，从而必然出现各种土围子的情况。苏南目前名义上也在搞股份合作制，但这里是名义上的，实质则是公有制性质，集体所有制。这也是苏州基层政权有能力让村干部流官化的制度基础。

陕西眉县的富人治村

一

2016年5月在陕西眉县横渠镇做短期调研，先后访谈过横渠镇六个村的村支书。其中村支书的经济收入与村庄治理的关系值得讨论。

横渠镇位于秦岭脚下，渭河南岸，水利条件相当好，气候也比较润湿，适宜苗木生长，当前横渠镇主导产业是猕猴桃、苗木，全镇24个村，5.8万人，8.6万亩耕地中猕猴桃面积占到2/3，苗木面积也有上万亩。猕猴桃和苗木都算是经济作物，投入比较大，风险比较高，尤其是市场价格波动比较剧烈，但平均收益要远高于种植粮食作物。横渠镇人均耕地1.5亩，耕地又大多种植高收益的经济作物，当地农民从土地上获得的收益就相对比较多。

眉县仍然是一个较为典型的中西部农业型乡镇，县城内较少第二、第三产业就业与获利机会。不过，由于猕猴桃和苗木都具有相对较高的附加值，以及相对昂贵的前期投入与后期销售，使得围绕猕猴桃和苗木生产而有了各种获利机会。这些获利机会就滋养出一批从村庄获得较高收入的富人。

在眉县农村大致可以有五种不同收入的农民。

第一层次是在村外办有产业的富人，其产业或大或小，主要收入来自村庄以外，甚至县外省外，家庭年收入数十万元甚至上千万元不等。这样的富裕农户不多，每个村有七八户、上十户。

第二层次是在村内办有产业，或为农户提供产前、产后服务，或是猕猴桃、苗木种植大户，或开绿化公司，等等，这部分农民数量也不多，占到农户总数的 5% 左右，年收入数十万元甚至上百万元不等。

第三层次是半工半耕户，即年轻子女进城务工经商，年龄较大父母留村种经济作物的农户，因为经济作物收入也不错，务工收入也不错，家庭年收入可以轻松达到七八万元。这是当地主流农户，占到全部农户的 70%。

第四层次是只有务工收入或只有务农收入的农户，家庭年收入在 5 万元左右，这样的家庭占比约为 15%。

第五层次是家庭缺少劳动力，无论是务工收入还是务农收入都比较少，家庭年收入只有两三万元甚至只有一两万元，主要原因是家庭主要劳动力生病不能劳动，从而导致家庭贫困。这部分农户占比约为 5%，比例不大，其中大部分已经纳入扶贫救助。

二

本次访谈的六个村支书有五人办有产业，分别是：

1. 古家堡村村支书。1961 年生，年收入大约 50 万元，建有五个收储猕猴桃的冷库，一个冷库投入 13 万元，每年每个冷库的毛收入在 10 万元左右。另外入股若干冷库。曾在青海办材料厂，家庭积储数百万元。村庄最富裕的农户之一。2008 年当村支书，2014 年转为国家干部（事业编），但仍然担任村支书。

2. 古城村村支书。1962 年生，2006 年当村干部，2014 年当村支书。1994 年开始种植苗木，现在承包了 55 亩苗木，年收入超过 20

万元。古城村村支书说，全镇 24 个村的村支书，年收入低于 10 万元的几乎没有。村支书经济条件不好的，群众不服他。

3. 横渠村村支书。1960 年生，1997 年当村干部，2012 年当村支书。种 4 亩黑李，2 亩猕猴桃。另外在镇上有门面房售卖农资。年收入 10 万元。

4. 凤池村村支书。1957 年生，办有一个小型密封件厂，雇三五个工人，目前经营越来越困难，家庭年收入 10 万元左右。

5. 孙家园村村支书。种 10 亩苗木，7 亩猕猴桃，7 亩李子，有一个绿化工程队，工程队年收入不稳定，2015 年工程队有 50～60 万元纯收入。2009 年开始到外承包工程，现在主要由儿子负责工程队。

6. 石马李村支书。1970 年生，2001 年当村干部，2011 年当村支书。2004 年前主要种辣椒，2008 年开始种苗木，现在种有 13 亩苗木，年收入 8～10 万元。

显然，六位村支书收入都已超过当地平均收入，其中部分收入远超过农民的平均收入。称这些村支书为富人也是完全可以的。

当然，与沿海发达地区相比，眉县农村的富人村干部还只是稍微比一般村民富一点，而不是如沿海发达地区村干部普遍办有企业，雇佣工人，每年收入都在数百万甚至上千万元。眉县农村也有村民到外地办厂成了大老板，不过，这些成为了大老板的村民一般都不再会回村来当村干部了。

三

为什么是富人当村干部？有两个原因，一是富人当得起村干部，二是富人当村干部才说得起话办得成事管得住人。

2015 年，眉县进一步提高村干部报酬，将主职村干部每年 1.6

万元的报酬提高到 2.6 万元，每月有 2200 元报酬。副职村干部报酬由每年 1.3 万元提高到 1.5 万元。之所以提高报酬，是因为眉县与全国一样，强调村干部必须按时上下班，要坐班，要职业化。以前一年 1.6 万元报酬，每月才 1000 多元一点，相比外出务工经商，这个报酬太低。村干部一般都是农村的能人，外出务工经商的收入肯定不会低于一般村民。在未严格要求村干部坐班时，村干部是不脱产干部，那些在村庄有产业、有获利空间的能人就可以一边从村庄中获利，一边不脱产当村干部。现在上级要求村干部必须坐班，村干部不再能兼职，理论上讲，他们就不仅不能进城务工经商，而且无法获得村庄内的各种收入机会。因此，每年 1.6 万元的报酬就太低了，现在主职村干部涨到每年 2.6 万元，村干部也说还是太低了，因为外出务工经商一年获得三四万元收入是不难的事情。

之所以是富人当村干部，首先是只有富人当得起村干部。村干部必然是年富力强的能人，这些能人必须有当村干部报酬以外的收入，且这个收入不能低于当地农民外出务工经商的收入。否则，村干部就成为村庄收入最低的农户。只有那些在村庄有获利机会，且这个获利不低于外出务工收入时，村庄能人才愿意在可以兼顾村庄获利机会的情况下担任村干部。从以上访谈六个村支书情况看，他们几乎无一例外地拥有村庄内的获利机会，且这个获利机会的获利水平要远远高于种自家承包地的收入水平，而具有较高的市场性、规模性和产业性。

因为是不脱产干部，是兼职村干部，村干部的获利与当村干部可以兼容，更重要的是，村干部在村庄获利也许与村干部位置之间不只是兼容，而且，也许借村干部职位可以更好地经营村庄内的获利机会。无论是规模种植还是第二、第三产业，一旦经营进入正轨，这些获利机会就可以交由妻子或儿子来管理，村干部则利用其广泛的社会交际来寻找市场、联系业务、疏通关系,从而更好地实现在村庄的获利。又正因为当村干部与村庄获利之间不仅不冲突,而且相得益彰,村干部就必然由这些可以当得起、当村干部有好处(注意,这个好处不是指村干部谋私,贪污)的人担任,而在村干部与村庄有产业、有获利机会的富人之间建立起了选择性亲和关系。

有能力从村庄获利的能人愿当村干部,这些有能力的富人当村干部也更有能力来解决村庄的问题。古城村支书说,"农村中能当上书记主任的都是能人,这些能人说一句还是能顶一句的,一般群众也不愿得罪村干部。群众也是势利眼,书记主任没有本事,自己都穷得很,去做群众工作根本就没有人听"。

这样一来,在农村,当村干部就必须要有村庄内的其他获利机会,而不可能只靠村干部报酬来养活自己与家庭。没有村庄内的其他收入来源就当不成村干部。不是富人就当不成村支部书记。结果就是只有富人才当得起书记,也只有富人书记才说得起话办得成事管得住人了。

四

富人村干部,主要是指主职村干部是富人,主职村干部就是村支书和村委会主任。2016年5月在鲁中农村调研发现,鲁中农村主职村干部也都是富人,当然,浙江绝大部分农村主职村干部也是富人。鲁中、浙江都可以算是东部发达地区,地方上具有较多获利机会,浙江农村发达的民营经济为村干部提供了收入来源,而我们调研的鲁中马桥镇也有大量第二、第三产业获利机会。浙江、鲁中农村这些从第二、第三产业获利的富人,收入相对较高,甚至要比眉县村干部高一个数量级,这些较高收入的富人很少会通过当一般村干部再逐步当到村主职干部上来，而往往是在第二、第三产业获利后，再通过竞选村委会主任，直接由一般村民（也可以说是富人、精英）当上主职村干部。眉县主职村干部则大都是由一般村干部升任上来的，在担任村支书之前一般都有一个较长的当村干部的履历。这与眉县村干部本身一般并非大老板有关，这些当主职村干部的能人只是村庄中经济条件相对较好的人，是可以从村庄中找到获利机会的人，眉县繁荣的经济作物种植为村干部提供了各种获利机会，包括销售农资、冷库服务、产中环节服务、运销果品苗木等等的获利机会。

鲁中主职村干部一般是富人，且一般当主职村干部的富人之前较少有当一般村干部的履历。富人村干部不关心村干部报酬的多少，他们只是要利用村干部这个平台来进一步增加自己产业上的获利机会。而因为村干部报酬较少，缺少其他收入来源的村民一般不愿意也当不起村干部。村庄中一些年龄比较大或可以兼顾农业的村民因此被选中为一般村干部。马桥镇西史村，每天坐班的村文书和妇女主任，一个年龄比较大，不再是家庭主要劳动力，一个是村医，本来就要坐诊，当妇女主任坐班与当村医坐诊不矛盾。

眉县主职村干部是富人，一般村干部则可能只是种自家责任田的普通村民。只有那些从村庄拓展了获利机会并且家庭经济收入超出村庄平均水平的普通村干部才能升任到主职村干部。其他一般村干部则一方面种自家承包地，一方面不脱产地兼职当村干部，他们收入不高，也不低。这些一般村干部往往不能是年轻人，因为年轻人到城市务工经商的收入要远远超过一般村干部的收入。现在要求村干部坐班，不再可以兼职，这就进一步排斥了年轻人当村干部的可能，而村干部就越来越在那些基本上没有外出务工经商机会甚至已经从农业生产中退出来的村民中选择。

五

一般的从事粮食生产的中西部农业型地区,往往不仅缺少沿海发达地区的第二、第三产业获利机会,而且缺少如眉县农村种植经济作物所具有的各种产业服务配套所具有的机会,村庄因此缺少可以在村庄内获利的富人,而那些进城务工经商发了财的富人根本就不愿回来当村干部。在主要种植大宗农产品尤其是种植粮食的中西部农业型地区,有能力当村干部的主要是那些仍然可以在村庄找到获利机会的"中农",比如通过流入土地形成适度规模经营的农户,再比如通过农机服务来获利的农户。中农收入不高,远远算不上富人,但他们在农村中的获利机会也许不低于进城务工经商的收入,这个中农群体经济收入在村庄、社会关系在村庄,又年富力强,就成为最佳的村干部人选。当然,这些中农村干部是很难脱产当村干部的。要坐班当村干部,这些中农就当不成村干部了,因为村干部的报酬几乎不太可能高于外出务工收入。

六

陕西眉县繁荣的经济作物种植(猕猴桃、苗木、李子)及其提供的服务配套机会,在村庄中形成了一个富裕的从村庄获利的群体,这个群体成为村干部的最佳人选,由此构造出十分具有当地特征的富人治村格局。

2014年下半年开始,眉县推进越来越严格的村干部坐班制,村干部由之前的兼职不脱产到脱产化正规化,之前较低的村干部报酬肯定就不够了,眉县因此在2015年将主职村干部报酬由每年1.6万上涨到2.6万。但这个涨幅仍然不足以弥补村干部脱产所损失的村庄中的其他获利机会。严格的坐班制将使富人村干部无法当得下去。而一般村干部也基本上不可能仅仅凭借村干部报酬来养活家人。这样严格坐班下去的结果就只有两种可能，一是村干部报酬不高时，由那些边缘劳动力来当村干部；二是村干部报酬足够高，吸引村庄能人来当脱产的专职村干部，问题是国家出得起如此高的村干部报酬以及有这个必要吗？

赣南村干部的收入

一

在赣南 L 镇调研，碰到镇农机站站长，60 岁了，即将退休。据他说，他是全镇工资最高的人，所有收入加起来一年接近 5 万元，每月有大概 4000 元，比镇委书记和镇长工资都要高。一般乡镇干部每月工资是 2000～3000 元，村支书的报酬为每月 1300 元，另外还有 500 元绩效工资，一般村干部的报酬较村支书要少 200 元，即为每月 1600 元左右。显然，相对于乡镇干部每月 2000～3000 元工资，村支书每月 1800 元报酬，收入也不能算太低。相对乡镇干部，村干部最担忧的不是报酬太低，而是养老没有保障。乡镇干部有"五险一金"，退休后是有退休金可拿的，村干部则没有"五险一金"，也就没有退休一说。而且，赣南乡镇干部工资也的确太少了，甚至还没有农民外出务工的收入高。

一般来讲，村干部都是当地农村的精英，尤其是村支书，一定是有能力有威信的人，在当前市场经济条件下，村干部必须获得与他们投入相一致的报酬。传统时期，村干部是不脱产的，即他们平常从事农业生产和家庭经营，兼职当村干部处理村庄发生的各种事务，村干部因此获得误工补贴。在当前全国绝大多数农村，农民的主要收入来自进城务工经商，村干部从农业中所获收入有限，而当村干部的误工补贴更加有限，村干部就必须在既有收入之外开辟新的收入空间。因为当村干部不可能离开村庄进城去，村干部获取收入的主要空间就是寻找各种可能的农村获利机会。或者反过来说，只有在农村找到了获利机会的农村精英才能当得成村干部。

二

赣南调研共访问四个村，四个村支书的收入情况很有典型性，列举如下：

Y村村支书，52岁。1984年开始担任村干部，1995年担任村支书至今，是调研镇资格最老的村支书了。他的收入情况如下：50亩脐橙园，外包，每年7万元租金；经销水泥二十多年，每年收入10万元以上；与妹夫合伙购买运输车，每年分成数万元，主要是运输水泥；与人合伙购买挖掘机三台，每年分红10多万元；小砖厂；小超市，妻子经营，每年纯收入2万元；儿媳妇在镇上开文印照相店；儿子在杭州开网店。也就是说，Y村书记每年收入接近50万元。

L村村支书，1981年出生，已当十年村干部，当两年村支书。前任村支书因为受到村民强烈反对而下台。L村书记的经营及收入如下：种两亩白莲，一年收入7000～8000元；一亩水稻，自己吃；与人合买一台挖掘机，一年5～6万元分成；与人合伙在广东办模具厂，投资30万元，每年分红数万元；养猪十多年，每年出栏100多头；养蛇，一年亏损关闭；养鱼，一年，没赚钱；办香厂；叔叔办化肥农药经销。以上各项收入合计，每年收入应在20万元以上，当然大部分收入都要靠劳动力，尤其是养猪投入劳动力很多，当了村支书后，再也腾不出时间养猪而关闭了猪场。

P村村支书，1964年出生，1987年当村干部，1996年当村支书，是调研镇资格第二老的村支书。

P村书记主要收入来自脐橙种植。他是全村乃至全镇最大的脐橙种植户，目前种有接近100亩脐橙，纯收入超过50万元/年；与人合买四台挖掘机，2016年生意不太好，卖掉一台还剩三台；经营钢筋水泥，年收入超过10万元；妻子开小卖部。两个儿子都在县城，一个开矿山机械配件商店，一个搞汽车维修，年收入都超过30万元/年。不计入两个儿子的收入，P村书记每年收入接近100万元，可以算全村首富。

S村村支书，1985年出生，复员军人，2010年进入村委会，2015年当村支书。

S村村支书退伍回来做过一年保险代理，没有收入就退出了；在镇上开一家移动通讯营业厅，刚开始每年有接近10万元的收入，很快就因为竞争激烈而不赚钱，2015年只能将营业厅低价转让出去；家里承包地主要靠父母耕种，只能解决温饱问题；现在老婆没有收入，儿子开始要上学，又希望能接受较好教育，收入又相当有限，日子就很不好过。S村书记2010年在赣州市郊与人合买一块地皮建房，总共花费50万元，直到现在还欠33万元外债。仅靠每月1800元的收入，S村书记显然无法维持得下去。他现在很苦恼，一方面很年轻，有机会通过考试成为国家事业编人员；一方面现在家里就已经揭不开锅了，要靠借贷度日。无论如何，在找到合适的收入机会之前，S村书记的村支书之路会十分艰难。

三

从以上四个村支书的情况来看，有以下几点很重要：

第一，村支书一般都是当地的精英，如果没有足够的收入，支书是当不下去的。调研乡镇的 16 个村居，有 13 个村居书记买了汽车。如果没有小车，简直都不好意思当书记。而这是在赣南山区的农村。

第二，没有获得村干部收入以外收入来源的村支书，除非子女已经参加工作并可以赚取收入，自己已半退出家庭主要劳动力，否则这样的书记就很难当得下去。

第三，村支书主要收入只可能来自农村，因为村干部不可能进城务工经商。他们利用自己工作之余的时间进行各种经营。几乎所有可能的获利机会他们都去争取。

第四，在农村获得了稳定收入机会的村干部，他们不仅当得起村干部，而且因为经济条件比较好而具有一般村民没有的资源优势而可以当得体面。村里最穷的人当村干部，村民也看不起。

第五，因为在农村有了获利机会而当得成并当得好村干部，同时，当了村干部也有更多机会来获取农村的各种获利机会。比如，多数支书都经营挖掘机，这与赣南是革命老区，最近几年革命老区建设投入比较大、工程比较多有关，村支书往往有较为广泛的人脉资源，从而可以为挖掘机找到事情做，也就可以赚钱。也与老区建设有关，最近数年赣南推进土坯房改造，农村兴起建楼潮，水泥钢筋经营收益可观。村支书人脉关系广，他们经营水泥钢筋，上可对接厂方，下可对接农户，并因此可以获利。

第六，农村具有获利机会，一些农村精英捕获这些获利机会，而成为不用进城务工经营的农村经济精英或中农。正是这些在农村有获利能力的经济精英成为村干部的最佳人选，或村干部只有通过个人努力成了有能力在本地获利的经济精英，他们才当得下去村干部。

第七，最近几年村干部工作要求越来越规范，村干部有越来越职业化的趋势，L镇最近几年开始要求村干部周一到周六坐班，且县纪检组织部门不间断地进行抽查，某种程度上也是实行一票否决。正是因此，村干部越来越难以有时间、精力和空间来获取其他收入。比如L村书记因此不得不放弃养猪。甚至因为必须上班，村干部根本就没有寻找其他农村获利空间的尝试机会。

第八，村干部的正规化，结果就是农村经济精英的退出，之前村干部与"中农"之间的亲和关系到此结束。

第九，这样一来，村干部的正规化就会导致那些半退养状态的人来当村干部，比如缺少外出务工能力甚至身体有残疾者当村干部（非智力有残疾）。或那些在学校毕业后暂时不愿外出打工的年轻人回来当村干部作为过渡。这对村级治理绝对不是好事。

第十，再一个办法就提高村干部工资到乡镇干部水平。但即使如此，村干部仍然没有未来养老保障。而若将村干部直接纳入国家干部序列，这显然不现实。一方面，国家不可能一下子增加如此之多的干部编制，另一方面，村干部本身的非正规化正是由村庄处在国家与农民对接的中间地位有关，正是非正式编制的村干部为国家与农民关系提供了缓冲地带。灵活的村干部的选免，是中国未来很长一个时期的重要制度基础。

讲以上这些，意思只有一个，就是当前村级治理中保持村级治理的半正规状态很重要。试图通过提高村干部工资并同时让村干部正规化的努力是错误的方向。

村干部收入与职业化

一

2015年暑假到浙江绍兴柯桥区调研,发现柯桥区村主职干部工资竟然达到了8万元。注意,我这里讲的是村干部工资,而不是误工补贴,因为柯桥区正在推行村干部的正规化、职业化,要求村干部坐班,按时上下班。与柯桥不同的是,绍兴市的诸暨、嵊州、新昌村干部仍然是拿误工补贴,每个月的误工补贴只有1000多元。之前到宁波宁海县调研,发现宁海村干部同样是拿误工补贴,尤其是未担任主职的村干部,包括选举上来的村委和村支部委员,按每个误工补贴100元计算,每年拿到手的误工补贴可能只有二三千元。宁海县桃源街道村干部中,误工补贴最高的村支书和村委会主任,一年全部误工补贴加上街道下发完成任务奖金也只有两万多元。诸暨市店口镇是诸暨经济最发达的乡镇,村干部收入相对较高,一般村书记和村委会主任可以达到3万元,但店口镇并未要求书记主任脱产,要求脱产坐班的是村文书,村文书每年的误工补贴也是3万元左右。

从历史上看,村干部从来就不是职业化的,也是不脱产的。1949年前的传统时期不用说了,1949年后,人民公社制度下面,三级所有、队为基础,队是指生产队,上面还有生产大队,也就是现在行政村一级。生产大队和生产队的干部都是不脱产的,其收入与社员一样来自工分。人民公社解体以后,行政村设村支部和村委会干部,村支部和村委会成员统称村干部,有些地方还有村级经济合作组织(村经联社),绝大多数地方,村干部主要是村支部和村委会成员,村经联社主任由村支书或村主任兼任。村干部同样不脱产,分有责任田,根据工作需要按误工来计算补贴,一般村干部的误工补贴要远低于其从责任田中获得的收入。在一般农业型地区,在农民大规模进城务工经商之前,农民家庭主要收入来自责任田的务农收入,村干部家庭有务农收入,同时比一般农户还要多一笔当村干部的误工补贴,村干部的家庭收入在村庄中就一般属于中上水平,村干部就是村庄中办得成事、说得起话的人。

进入1990年代,随着中国经济的快速发展,大量农业劳动力转入第二、第三产业。在沿海发达地区,其典型表现是乡村工业化,农业劳动力就地转入工商业,其中一部分农民通过办厂经商带头致富。在广大的中西部地区,农村青壮年劳动力大量外出务工经商的收入要远高于务农收入。由此,在沿海发达地区和中西部农村就发生了村干部职业的不同效应。

二

在中西部农村,因为农村青壮年进城务工经商可以获得远高于务农的收入,同时,他们之前的承包地由年龄较大的父母继续耕种,他们因此可以同时获得务农收入和务工收入,其收入水平远高于之前的务农收入。而中西部地区的村干部因为在职,无法离开村庄外出务工,收入就继续来自务农收入加村干部误工补贴,一般来讲,村干部误工补贴要远低于外出务工的收入,因此,在村庄青壮年劳动力普遍外出务工经商的情况下面,一般农民的家庭的收入就要高于村干部家庭的收入,村干部成为村庄贫困家庭,成为村庄中办不成事和说不起话的人。能当村干部的村民,本来都是村庄中能说会道、办事能力强的青壮年精英,结果却是,这些青壮年精英因为当了村干部而无法外出务工经商,而成为了村庄中贫困户。这种情况显然是不可持续的。

因此会发生改变。有两种改变的模式,一是村干部想方设法在农村获取其他收入机会,如将外出务工农户的承包地流入以扩大经营规模,搞专业化种植和养殖,开农资商店,当保险代理,做经纪人,经营客货运输,等等。凡是农村中存在的各种可能的获利机会他们都会去争取。他们可以在当村干部的同时,既种好责任田,又可以从农村获取其他收入来源,从而获取不低于外出务工农民家庭收入,他们因此可以当得起及当得成这个村干部。

如果村干部无法从农村获取其他来源的收入,他们又正年富力强的话,他们就很难继续当得成村干部,村干部职位就会自然而然转到那些有能力在农村获取收入的其他年富力强者。

2014年8月在湖北罗田县调查,顺便调查了村干部收入的问题。

我们调查的罗田县大河岸镇属于大别山区,经济不发达,按目前的村干部报酬,主职村干部如村支书和村委会主任,一般每年有1万元左右,一般村干部8000元左右,平均起来,村干部报酬(含全部的奖励)每月不足1000元,这与当地公务员每月大约3000元工资有很大差距,甚至远低于大学生村官每月2000元的工资。

正是因为工资比较低,村干部就必须还有其他生产和经营性收入。首先,村干部一般都有承包地,自己耕种,面积不大,收入有限,但确是收入的补充。村干部年富力强,又是村庄权威人物,就可能将外出务工经商而不再种地农户的承包地低价流入,从而扩大种植规模,形成适度规模经营。

其次,作为村庄精英,村干部在村庄有众多良好关系,这些关系使村干部可能成为农资经销的基层代理人,是小作坊主,是小店主,是农技社会化服务的提供者,是农机手,是农村保险代理人,是金融代理人,是农产品收储贩卖人,总之,他们通过为农民提供社会化服务获得收入。

再次,他们还可能利用各种机会来获利,比如承包集体水库鱼塘养鱼,承包山林种果树,发展养殖业,等等。

村干部还有机会利用自上而下的转移资源来充当农村科技示范户,推广新型农业技术,借此获取收入,等等。

举例来说,罗田县大河岸镇石缸山村村支书陈长明担任了三十年村支书,最近几年,他在当村支书的同时还做了以下几件事件:一是自己种茶,是全村第一家种茶的,每年茶叶纯收入约有2万元;也是全村第一个养羊的,现在养有36只羊,每年收入也有大约2万元;在山上种树。一般农户种树,前期管理不到位,树苗很快被杂草荒死,陈书记通过精心管理,在10多亩自留山上种出了繁茂的树林;陈书记还是当地人寿保险的代理人;开过拖拉机,办过养猪场,甚至搞过客运。因为陈书记所在石缸山村是山区村庄,他利用山区资源优势获得了每年远高于村支书报酬的收入,年收入也比外出务工收入要高。

罗田县大河岸镇月山庙村支书许书记,种自家责任田,是养猪专业户,办过水泥制品厂。

汪家咀村支书张亚国,种田、种板栗、养猪、开收割机等等,弥补村干部报酬的不足。他说,村干部必须要搞副业,只靠当村干部的万把元收入是过不下去日子的。

以上都是一些老村干部，当村干部十几年甚至几十年。他们刚当村干部时，农村劳动力还未大规模外出务工经商，他们当村干部的报酬再加上务农收入就比一般只从农业中获取收入的农户要高，他们就是农村中有较高经济收入、有较广社会关系、有一定政治地位从而有面子、有威望的人。一旦农村劳动力普遍外出务工经商了，而且外出务工经商可以带回大量现金，可以建新房，可以提高农村人情的金额时，这些老村干部，除非他们子女已经成年且有较好就业（村干部子女考上大学或在外正式工作的机会高于一般农户），若没有副业收入，他们就会落入到村庄贫困人群中。他们必须自救，因此就必须在农村寻找各种获利机会，也因此，他们必须要从农村仍然未被资本完成产业一体化的各个环节获取可能利益。他们如果找不到这样的获利点，他们就很可能不再当得成及当得起这个村干部了。

此外，还有一部分我们所称"中坚农民"的群体，就是年富力强的农民，在农村找到了除自家承包地以外的获利机会，包括租种他人耕地以达到适度经营规模，规模养殖，手工艺活，开拖拉机，农资、保险代理，贩卖贩买，等等，这些年富力强的农村留守人员就成为村干部的最好人选。正是这样一些可以留守村庄并获得不低于外出务工收入且家庭生活完整的年富力强的中坚农民为村干部提供了最佳后备人选。这些人既然留守村庄，并有来自村庄的稳定收入，他们也当然愿意当村干部，以扩大社会关系网络，获得政治资源，获取当村干部的误工补贴。

无论如何，当前农村中，村干部与留守农村的中坚农民之间形成了亲和关系，包括村干部在内的村庄中坚农民成为村庄治理中的骨干力量，是农村秩序得以维系的关键。滋养壮健中坚农民的又是当前农村中仍然存有的获利机会。一旦资本完成农业产业纵向一体化，获利机会就会失去，中坚农民也就失去了存在空间，从而也使农村精英最后可能留守的空间消灭了。

三

在沿海发达的农村地区，村庄一般分化为三大群体，一是办厂经商的老板群体，其资产大都在数百万上千万元，人数不多，能量极大；二是一般务工群体，主要靠进厂务工包括中层管理和做技术来获取收入，家庭年收入在 10 万元左右；三是少数缺少劳动力的家庭，或者存在身体智力残疾成员的家庭，年收入不到 5 万元，仅能解决温饱问题。

在沿海发达地区的农村，村干部工作并不一定很繁杂，但当了村干部一般很难再进工厂，严格按八小时制上班。若村干部只能拿误工补贴，一年收入只有 1~2 万元，一般农户当村干部就会影响其进厂务工获得收入，因此，在村干部误工补贴比较少的情况下，沿海发达地区，一般农户家庭年富力强者当不起村干部。相对来讲，村庄经济条件比较好的富人，他们经商办厂，要与外面交往，若当上村干部，他们就多了一个与外面打交道的政治身份，就可能凭借村干部的身份来助力自己办厂经商。绍兴柯桥的一个村支书说，"我的工资收入每年只有 8.8 万元，我的面子（村支书）在外面值 88 万元还不止。"凭借村支书的名分，可以在外面（上级政府、商界）获得办厂经商的极大便利，因此，富人当村干部，他们根本不关心误工补贴的多少，而是希望借村干部的政治身份来实现自己办厂经商的利益。这个意义上讲，在沿海发达地区，村干部位置非富人莫属。

发达地区的村干部除了可以利用村干部身份来谋取个人办厂经商的利益以外，因为发达地区经济发展，集体土地具有了较强的财产属性，甚至在村庄中有越来越多的项目落地。项目落地就要搞"三通一平"的建设，村干部就可能凭借其优势位置来获取这些"三通一平"的土方工程。一个土方工程可以有几十万元的利润，这个利润就会刺激村庄一些虽然不是老板但比较狠甚至与黑社会有说不清道不明关系的人来竞争村干部，他们试图通过贿选当上村干部，再在村干部位置上通过承揽村庄项目落地的土方建设工程找回利益。

也就是说，在沿海发达地区的农村，村干部误工补贴最多只有1～2万元，完全不足以让村庄年富力强的村民来当这个村干部，除非当村干部不影响他"上班""做生意""办厂"，或者当村干部可以为村民上班、办厂经商乃至当包工头提供便利。这样一来，村干部职位的竞争者就变成了要么指望当村干部来为自己办厂经商提供便利的老板，要么是指望当村干部来包工程赚钱的包工头。这些老板和包工头都是富人，一般村民既当不起也没有当上村干部的机会，因为他们没有时间来当村干部，以及缺少竞选村干部所需投入的资源（贿选）。也是因此，在沿海发达地区，富人治村不可逆。

尽管如此，发达地区的村干部仍然要分两个层次，一是作为具有政治地位和主要代表的村支书和村委会主任，书记、主任是主职村干部，具有政治地位，具有决策权，富人要当的村干部主要是主职村干部。主职村干部以外还有非主职的村干部，包括主要是办理村庄日常事务的村文书等人，这些非主职的村干部要么由年龄比较大的村民担任，要么有其他兼业收入。若每年只有1～2万元误工补贴，年富力强的村民是难以当事务繁杂的非主职村干部的。

绍兴柯桥为村干部提供不同于误工补贴的工资，其工资水平大致相当于乡镇公务员的一半多一点，比当地村民平均务工收入要高，应该说，这样一个村干部的工资水平对吸引村庄中年富力强者当非主职村干部是有效果的。有了这样的工资收入，村干部的职业化是有可能的。

即使如此，在柯桥，村支书和村委会主任也大都仍然是由富人老板来当，因为富人当村主职干部有政治上的收益，虽然一般村庄精英当专职村干部（包括书记主任）也因为有了较高的工资收入而当得下去。本来按照柯桥区的要求，拿了工资的村干部包括主职村干部必须要按时上下班，要正规化、职业化，实际上，一些老板当了村支书，不可能放下工厂的事情不管天天来上班，他们因此放弃工资，而雇人在村里上班，或由他信任的人当副书记，代理书记日常工作。或者说，虽然柯桥区为村干部提供了可观的工资收入而让一般村民可以当得起村干部，村主职干部却由于富人的竞争而大多仍然由富人来当，一般村民很少有机会当上主职村干部。

沿海发达地区农村经济发展水平高，村庄事务比较繁杂，因此有了村级组织正规化、村干部职业化的要求，发达地区的村庄中逐渐有了一个越来越职业化由非主职村干部所构成的为村民提供日常性服务的脱产干部队伍，地方财政也为他们提供与其职业相匹配的收入。随着经济的进一步发展，农村工作的进一步繁杂和日常化，沿海发达地区就可能出现一支越来越正规化、职业化的脱产干部队伍群体。也许，这个脱产的职业干部群体可以改变之前沿海发达地区富人治村不可逆的趋势。典型的如上海和苏南农村，村干部的职业化、正规化，已经到了很高的程度，与浙江农村相比，甚至已经完全不可同日而语了。

四

对于广大的中西部地区来说，农村人口持续外流，村庄出现了空心化，村集体经济空壳化，无论是地方财政还是村集体资源都难以养活一个庞大的职业化、正规化的村干部群体，村庄中的事务也没有繁杂到非得有正规脱产村干部来处理的地步。当前中西部地区农村，村干部所拿误工补贴一般在5000元到1万元，部分地区村干部的误工补贴可以达到1万多元。这样一个水平的误工补贴显然是无法与外出务工一年可能有3万～5万元收入相比的。因此，中西部地区，无论是村干部还是地方政府官员都认为村干部报酬太低，认为应当提高村干部报酬，给村干部更好的保障，以调动村干部的工作积极性。然而即使将村干部报酬提高一倍，达到每年两万元，村干部的收入仍然低于外出务工的收入。提高村干部报酬同时要求村干部职业化，村干部仍然不能满意。湖北潜江市积玉口村村支书说："上级若给我2～3万元工资让我当脱产干部，我就不搞了，因为养不活家庭"。他还说："当村干部，重要的是要有副业。"湖北监利县黄歇口村村支书说："村干部都是有副业的，不然他们吃什么？"他还说："一个村支书一年必须要有5万元收入，不然村里的人情都赶不起，他还当什么书记。"

五

将村干部职业化甚至有人提议应当公务员化，就将本来是流动性很强的村干部职位固定化。这样一种固定化不仅与村民自治相悖，而且使村级治理丧失了灵活性。村干部既是国家管理农村的代理人，又是农民向国家反映情况的当家人，相对灵活的村干部职位使村级组织在上联国家、下联村民方面具有了巨大优势。正规化的村干部队伍历史上没有过，在未来很长时期也不是基层组织的发展方向。

就当前农村情况来说，沿海发达地区农村开始出现村干部职业化有其合理性，而从全国来说尤其是中西部农村来讲，村干部作为不脱产干部拿误工补贴的状况具有长期合理性，千万不要贸然改变。至于有人觉得自己当不起村干部，强烈要求上级增加工资，其中原因在于，这些人本来就缺少当村干部的条件：他们没有积极创造条件利用不脱产的时间去获取其他收入来源，指望只靠误工补贴来维持村干部在村庄体面的中上层生活是不可能的。村干部或者创造其他的农村收入机会，或者由已在农村获得收入机会的年富力强者来当这个不脱产的村干部。

国家所要做的事情就是，要在农村保留各式各样的获利机会，千万不要支持资本下乡搞纵向产业一体化，将所有农村获利机会都集中到了少数工商资本，而让农村"中坚农民"缺少了生长的土壤与空间。

村医村教与村治

一

2014年到湖北恩施土家族苗族自治州调研，发现了恩施不少好的基层治理经验，尤其是恩施"农民办事不出村"和"村医村教进班子"的实践，让人印象深刻。

恩施是典型的山区，山大人稀，交通不便。同时，与全国农村一样，恩施农村青壮年劳动力大量进城务工经商，留在农村的多为老弱病残，传统的基层治理难以维系，农民到政府办事，既不熟悉，又不方便，"门难进、脸难看、事难办"。有时为了到上级部门办一件事情，要来来回回很多趟，极不方便。

针对这种情况，恩施州利用现代信息技术，在村党员群众服务中心的村民办事大厅建立信息网络平台，开展网上办公，在网上直接办理群众生产生活事项、提供惠民信息。建立了"村民办事不出村"的网上服务信息平台，其中的政务信息系统纵向上接县市、乡镇行政审批网络平台，横向连接县市直部门窗口，形成县—乡—村三位一体的行政审批服务网络。将公安、民政、国土等22个民生部门76个涉农行政审批事项，全部授权到村级组织直接受理代办。农民办事只需要到村党员群众服务中心的便民服务室提交资料、填写表格，村受理员负责初审并上传相关附件,再由乡镇、县政务服务中心按照管理权限逐级审核、办理,办理结果通过政务信息网反馈到村,最后由村干部告知申请人办理结果,在村里领取相关批文。

目前,恩施州已有623个村及社区实现了农民办事不出村。仅巴东县就有125村实现了农民办事不出村,已累计受理行政审批事项10100件,办结9418件,办结率94%。有4.7万个低保户和老年人在村里支取保险金,完成取款和转账业务2.64万笔,办理电费缴纳、电话费充值业务2.48万笔。网上办事,实现了信息惠民,密切了党群干群关系,强化了村级组织的凝聚力。

二

对于农民来讲,他们一生,从生到死,有很多事情要和政府部门打交道,而很多事情,一辈子就打一次交道。在目前农村劳动力大量外出,农村出现严重留守背景下,农民与政府部门打交道,不仅仅是"门难进、脸难看、事难办",而且他们可能根本就不清楚应该怎样去办这些事情。恩施"农民办事不出村",通过在村一级设立代办员,便利了村民办事。村民找代办员办事,不仅仅是少跑路的问题,而且,因为村庄是熟人社会,村民与代办员十分熟悉,他们有何不懂的问题可以毫无心理成本地咨询代办员,从而可以轻松将事情办好。目前恩施"农民办事不出村",不仅可以办理行政审批等事项,而且可以代办各种商务事情,方便了农民,由此也提供了基层组织与农民之间的血肉联系。恩施的"农民办事不出村",是他们根据农民需要创造性地开展的基层组织建设的先进经验。

农民办事不出村,核心是要利用信息时代的便利,为农民提供服务,而通过为农民提供服务,解决基层服务性组织建设的问题。恩施通过"农民动嘴、数据跑路、干部跑腿"的网上办事系统方便了农民,又通过为农民提供服务建立健全了基层组织与农民之间的密切联系。这种利用现代技术,通过便民来夯实农民与基层组织联系的做法,具有一定推广价值。

三

村医村教,是村卫生室的医务人员和村小学教师的简称。村医村教进班子,就是把农村的医务人员、教师纳入村级后备干部队伍的视野,从中选拔适合做群众工作的人员进入村支部委员会、村民委员会"两委"班子。在履行业务岗位职责、做好医务或教学工作的同时,发挥联系群众广泛、群众信任度较高的职业优势,开展村务工作。

恩施州村医村教进入村级班子的流程是"四个三"制度。一是坚持三条原则选人。即个人自愿与群众认同;岗位需要与业务对接;业务能力与管理能力结合。二是按照三个环节进入。即多种方式推荐(个人自荐、群众推荐、组织推荐),实行双向选择;县乡联动考察,确定初步人选;依法进行选举,符合规定当选。三是采取三种方式培养治理能力。即集中进行上岗培训;定期配发学习资料;实行传帮带培养。四是实行三项措施管理。即按照人岗相适原则分配工作;建立目标责任制考核工作表现,年度考核优秀的优先评聘专业技术职称;落实村干岗位报酬,每人每年发放 3000 元左右的工作补助,由财政进行预算。

目前,恩施州有 1256 名村医村教(村医 974 人、村教 282 人)进入了村"两委"班子,参与村事务管理。其中 56 人兼任村党组织书记,41 人兼任村委会主任,333 人兼任村"两委"委员,826 人兼任村书记、村主任助理或村务协理员。

四

农村人财物的流出是城市化的必然后果。尤其是最近十年多年，大量农村青壮年劳动力进城务工经商，农村出现了老龄化和空心化的问题。

与之相应，在农村劳动力未大规模流出村庄，农户主要收入来源都是来自农业时，相对于一般农户，村干部在农业收入之外还有当村干部的误工补贴，村干部家庭收入至少不低于一般农户，村庄能人都愿意当村干部。

当前农村青壮年劳动力进城务工收入，远高于留村务农收入，村干部因为工作原因不可能外出务工，他们的主要收入来自务农收入再加上村干部误工补贴，这个收入一般远低于外出务工收入，这样，村干部职位对农村精英就缺少吸引力，一般青壮年劳动力当村干部，就意味着无法外出务工，他们的家庭就比一般村民更穷，这样的村干部当然也就留不住。

要解决留驻村干部的问题，除了提高村干部报酬以外，其中一个重要办法是扩大村干部选人用人范围。一般来说，农村有大量仍然主要在农村从业的乡贤、能人，这些人主要在农村就业，从农村获得收入，对农村情况熟悉，与农民有千丝万缕的联系，其中的典型就是村医村教。此外，农村还有大量未进城去的各种能人，比如电工、兽医、家庭农场主、小作坊主、商贩、农资代理人、农机手，等等，他们在农村从业，从农村获得收入，又有相对固定且不错的收入来源，他们就是村两委班子天然的优质人选。他们进班子，有固定收入，又有务工补贴，当村干部与他们的就业不仅不冲突，而且相得益彰，这样就使得基层组织建设中，有了一个相对稳定可靠的干部来源，基层组织建设就有了相对可靠的抓手。

恩施村医村教进班子,关键是探索了在新形势下面,扩大村干部选人用人范围的新机制,为新时期的基层组织建设提供了思路和方向。

负担不重的人成为中西部村治的中坚

一

在江苏射阳调查时发现，农村55岁以下的中青年人几乎都在外面务工经商，甚至60岁的人也有不少在外务工的。其中原因是，农村收入机会比较少，不外出务工，留村种自家承包地，一年的收入还赶不上外出务工的三分之一。收入太少就无法应对各种人情事务，不能为子女提供基本的婚嫁条件。但并非所有55岁以下的人都外出务工去了。有一些中青年人因为可以流转进城的邻里亲朋的土地形成适度规模经营，或是通过提供农机服务，当经纪人、做专业户、开小作坊，而在农村获得了不低于进城务工的获利机会，这样一些中青年农民就留在农村，成为了经济收入在农村、社会关系也在农村、家庭生活完整、收入不低于外出务工的年富力强的"中农"群体。农民不是不愿意种田，而是土地面积太小，只种自家责任田的收入太少，而不得不外出务工经商。一旦农村有获得收入的机会，就会有年富力强的人留守农村来实现这些获利机会。当然，现在农村这样的获利机会不是很多，且正被国家扶持的工商资本、电商之类进一步挤占。

与具有极强获得收入愿望的中青年人相一致的是他们在家庭中的位置。一般情况下面，中青年人上有老下有小，父母年龄大，子女又没有成家，还要应对各种人情往来。因此，他们必须赚钱，而不能只是保持温饱。村中其他家庭都有打工收入，这个打工收入一年四五万元，比种自家承包地一年收入一二万元高很多，打工的农户就可以建新房，办红白事档次也高，在村里就说得起话，办得成事，儿子娶媳妇也容易。仅靠承包地的农业收入，连赶人情的钱都不够，何谈娶媳妇。因此，除非流转亲朋邻里的承包田形成适度规模经营，或有其他副业收入，农村中青年人就必须外出务工挣钱。留在家中种自家责任田的人就是当地人瞧不起的懒汉，就沦为村庄中最没有经济收入也最没有社会地位的边缘人。

二

不过，年龄超过55岁尤其是超过60岁的农村人，再进城打工，一般就很难找到打工机会了。从他们在家庭中的位置来看，一般父母已经很老了，大都已经过世，子女也大都完成了婚嫁。一旦完成婚嫁，子女就要顶门户，就要应对人情往来。60岁左右的这个群体没有之前获得收入的巨大压力，他们就从必须赚钱应对人情、应对各种人生任务的重压中解放出来。60岁的年龄相对于进城务工来讲是有点太大了，但留村种自家承包地则是正好。当前中国"人均一亩三分、户均不过十亩"的小农经营，农业经营规模极小，在当前农业已经普遍实现机械化的背景下面，农业生产并非重体力活，年龄大一点也搞得了。农业生产具有季节性，真正农忙时间很少，一年只有1～2个月农忙，其他时间要么农闲，要么主要是田间管理，对农村老年人来说，农田管理一类事情他们完全可以做得好。因此，收入不高的农业正好成为已失去城市就业机会农村老年人退养的事业。年龄大了，种点田，种点菜，自给自足，农业收入不高，消费支出也不高，生活质量却不低。正是这个意义上讲，因为有房有地，农村是老年人退养的好地方。

其实，从全国来看，尤其是从中西部一般农村地区的情况来看，大约70%的农民家庭形成了"以代际分工为基础的半工半耕"结构，这个结构中，年轻子女进城务工经商，年老父母务农，而农村生活成本比较低，农民家庭就可以最大化他们的家庭利益。

虽然总体来讲农业劳动强度不高，也并非所有老年人都可以种田。60多岁，70岁，甚至70多岁种田，田不多，种田就相当于锻炼身体。年龄再大，即使身体健康，种田也会有困难尤其是有风险。虽然在农村调研时常遇到80岁了还种田的例子，不过，一般来讲，当前农村种田的主力是55～75岁的人。75岁以后不种田，可以种自家菜园，不然无事可做也很麻烦。种自家菜园与城市老年人的种花养草基本上差不太多。55～75岁可以算作低龄的老年人，75岁以上的是高龄老年人。

三

低龄农村老年人在家种田，种自家责任田，收入不高也无所谓，因为人生任务已经完成了：父母已经送终，子女已经成家。建房、娶媳妇、抱孙子，现在孙子已经上学了。因为子女已经结婚，人情往来由子女负担，自己只是进城务工经商子女在村庄的人情代理，送人情时所写送情名单已经换成儿子了，户主也变成了成家儿子的名字。因为没有支出的压力，也就没有收入的压力，种自家责任田，很轻松，收入不高，却足以应对日常所需。空闲时间很多，可以打打麻将聊聊天。村庄熟人社会中的各种事务既有时间也有心情参与，若村民办红白事来请去做主持人，就是相当有面子的事情，就会尽心尽力去做，甚至热衷于此。很多没有利益的事情现在也都可以去做，反正有的是时间。这些生活压力不大、空闲时间很多、主要种点田、不用考虑赚大钱、身体又很好的低龄老年人，就是家庭负担不重的人，这些"负担不重"的低龄老年人正处在他们人生中最黄金的时间点上，最快乐、最休闲、最享受、最安逸。不必再为子女操心，养活自己就行。这真是难得的神仙日子。只要完成为父母养老送终为子女婚嫁（娶亲完配、生养死葬）的人生任务，不再有赚钱的压力，而在家种点田，搞点副业，这样的日子就是人生中难得的好日子。只要身体健康，能种田种地，生活能自理，这样的好日子就一直可以延续。

一旦由低龄老年人变成高龄老年人，种田变得困难，农业收入减少了，身体状况也越来越差时，人生黄金般的好日子也就结束了。尤其是生活不能自理时，子女可能仍然在为他们的子女奋斗，生活不能自理的高龄老人成为了家庭的拖累，他们自己都感觉到了自己是拖累，他们就很自责，因为子女为了照料自己而不得不放弃打工。一般来讲，只要生活能够自理，农村老年人的日子就好过，就是好日子。一旦生活不能自理，农村老年人的日子就可能很凄惨。从生活不能自理到去世的时间一般也不长，一般是 1～3 年。

四

这个"低龄"的具备从事农业生产能力的、又已经完成人生任务的负担不重的群体，就是我们所说的"负担不重的人"。这个群体很重要，尤其是在社会治理中具有极其关键的位置，值得认真讨论。

因为已经完成人生任务，获得收入的压力不大，因此没有必要拼死拼活地外出打工赚钱，也没有必要整天在农村寻找获利机会。生活中也并不只是有赚钱这样一项事情，还有更多可以开展的方面。自己的承包田是要种的,因为这点田种起来很轻松,尤其是农忙时间很短,种自家责任田,有农业收入,有粮食吃。搞点副业,种点菜园,都是休闲性质的。自己种的菜放心,子女在城市,还可以经常送点新鲜蔬菜甚至鸡蛋鱼肉之类去,这些都是有机的纯天然的。

农闲时间很多,如何消费空闲就是一门大学问。串门聊天,打打麻将,当然是必需的,只是天天打麻将实在没意思。有人办红白事,若请去做知客,这个事情就不错,因为至少说明受人尊重,有能力有地位。若邻里有纠纷来找自己评理调解,只要不引火烧身得罪人,这样的事情也是可以做的。如果红白事上有仪式,那是要去看看到底是怎么办的,若有戏曲表演那就更要去看看了。年节有人张罗玩龙灯也是不错的主意。如果有人来教广场舞,虽然有点不好意思,还是愿意去跳的。如果有人发起打扫环境卫生,也是愿意义务参加的,当然,要是有点报酬就更好了。村里有点什么事情也是要议论的。

总而言之,这些负担不重的农村低龄老年人,他们在经济上已经半退出了,他们就需要有更加广阔的生活社会舞台。他们有精力、有时间、有热情、有兴趣来这个更加广阔的舞台上表演,他们不是为了钱为了利益,而是为了老有所乐和老有所为。

我在湖北四个村建立老年人协会,十多年来运转都很好,老有所乐的老年人协会变得老有所为,对村庄治理也产生了良性影响,其中起主导作用的正是那些"负担不重的人"。湖北秭归进行幸福村落建设,在村民组这一层次设立"二长八员"的村落理事会,结果,几乎无例外地村民将之前村庄主持红白事的"负担不重"的低龄老年人推选为村落理事会成员,"二长八员"包括村落理事长、党小组长、经济员、张罗员、调解员、管护员等等,"二长八员"大多是相互兼职,一个村落理事会大概有三四个人,这三四个人正是农村负担不重的人,他们有了"二长八员"的名义,更加有介入到村落公共事务中的积极性。他们在幸福村落建设中发挥名正言顺的作用,不是要利益,也没有报酬,但他们热衷于这些事情,他们是村民推选出来的,说明他们受到村民的尊重,村民认为他们有威信,有能力,可以为村民办些有益的事情。负担不重的农村低龄老年人,他们有的是时间和精力来介入集体的事情中,他们所缺的只是名衔,因此,给他们以老年人协会会长副会长的名衔,或村落理事长、调解员的名衔,就可以为他们发挥余热提供通道,他们就可以通过发挥余热来实现自己的价值,而农村基层治理也因此获得了一个强有力的支撑性力量。

当前农村基层治理中,我们必须尤其关注这个"负担不重的人"的群体,动员他们参与到农村基层治理事务中来。秭归幸福村落建设成功的关键正是抓住了这样一个群体,调动了他们参与的积极性。

五

并非所有低龄老年人都是"负担不重的人",有些人已经60岁了,却还没有完成人生任务,上有老下有小,尤其是子女没有完成婚嫁,因此就着急上火,因此就要外出务工,以缓解家庭中的收入压力,应对人情支出。有些家庭,子女虽然已经成家,经济处境却不好,还要依靠父母的收入,父母就不得不想方设法增加收入,就不能以农业作为退养,就需要外出务工,就要利用一切时间赚钱,就不能打牌休闲。总而言之,只有当低龄老年人从经济压力中摆脱出来,他们才能成为"负担不重的人",才成为农村基层治理最活跃的力量。

还有一些农村负担不重的人,他们的子女通过考大学做生意,在外面成功就业,家庭收入很高,对父母很好,这些农村老年人又不愿到城市随子女生活受拘束，他们留守农村就不只是负担不重的人，而且是十分体面受到尊敬的人，他们说话办事就更加有人愿意听，他们在城市成功安居的子女是他们权威的最大来源。

六

在以前的讨论中，我们曾重点讨论那些主要在农村寻找获利机会，比如通过扩大种植规模、专业养殖、农机服务、农资销售、当经纪人、开商店作坊等等而可以在农村获得不低于外出务工收入的中青年农民这个"中农"群体。中农群体的一个主要特征是，他们的收入在村庄，社会关系在村庄，家庭收入不低于外出务工经商，保持了家庭生活的完整，又年富力强，大概就是55岁以下却未外出务工的群体。这个中青年的"中农"往往是村组干部的主要来源，是农村社会秩序中的中坚力量，所以我们又称之为"中坚农民"。"中坚农民"是农村基层治理中极为重要的群体，不能理解中坚农民，就无法真正理解当前中国农村的基层治理，也无法找到提高基层治理能力的办法。

这里，我们试图引入一个"负担不重的人"的概念来对农村基层治理中具有重要作用的低龄老年人群体进行讨论。这个群体是当前农村基层中最为基础的力量，最可能发动的群体，是基层治理的活力之源。一般来讲，农村基层治理涉及的大都是鸡毛蒜皮的细小琐碎的事务，解决这些细小琐碎事务的办法不是要强调基层组织的正规化，也不是要引入乡贤的力量，而是要调动"负担不重的人"的积极性。"负担不重的人"是当前农村基层治理中的基本群体，也是力量所在。正是借助"负担不重的人"，中国农村基层可以进行低成本的灵活的有效率的治理。农村基层治理现代化的重心不在于其正式化官僚化，也不在于引入外界的乡贤力量，而在于走群众路线，将本来就存在于农村中的能量极大热情极高无所不在的"负担不重的人"的积极性调动起来，让他们参与到基层治理中，中国基层治理就不仅灵活有效，而且必定威力无穷。

我们要重视农村"负担不重的人"的作用。当然，先要认真研究这个群体。

农业型地区村干部的演变

一

当前中国农村已经出现了明显的区域经济分化，其主要表现是东部沿海发达地区农村与广大的中西部农业地区的分化。总体来讲，中西部地区农村，农村人财物资源进城，农村空心化，正走向衰落。且中西部农村，农民家庭大多已经形成了以代际分工为基础的半工半耕家计模式，农户家庭年轻子女进城务工经商，中老年父母留村务农。在人财物进城的背景下面，农村资源相对稀缺，利益不够密集，这样的中西部农业型农村要占到全国农村的绝大多数。与中西部利益不够密集的农业型农村地区相对应的是利益密集型的沿海地区的农村。下面讨论一般农业地区村干部的替代问题。

二

一般农业型地区的村干部替代，有一个十分重要的时间点，就是分田到户前后。按徐勇教授的说法，人民公社时期，生产大队和生产队的干部是所谓毛式干部，其主要工作是按照上级精神来安排生产大队和生产队的生产生活。人民公社三级所有、队为基础，在政社合一体制下面，生产大队和生产队干部很少有自主权，干部任免也主要是自上而下的。生产大队和生产队干部都是不脱产的，要参加生产队的劳动，记工分。干部的工分与生产队强壮劳动力的工分相差不多。

分田到户以后不久，人民公社解体，生产大队改为村委会，生产队改为村民组。与人民公社时期不同，村组干部不再安排农业生产，因为农民有了进行农业生产的自主权。不过，分田到户后，虽然农户具有农业生产自主权，村社集体仍然为农户提供共同生产服务，尤其是提供统一灌溉。一方面，分田到户后农户可以自主安排农业生产，一方面农户还必须"交够国家的、留足集体的"，剩下才是自己的。"交够国家的"农业税不是很多，且农民的皇粮国税意识都很强，上缴农业税不是问题。"留足集体的"比较复杂，因为集体除"三提"以外，还有"五统"，还有农业共同生产费，还可能有各种集资。结果就是农民负担越来越重，干群关系越来越紧张。

向农民收取税费，村干部就要为农民提供服务，就要回应农民生产生活中出现的各种问题，就要解决农民的困难，就要为农民提供诸如统一灌溉之类的共同生产服务。无论是向农民收取税费，还是为农民提供服务，都有一定难度，村组干部因此缺少工作积极性。

县乡为了调动村组干部工作积极性，普遍将村干部完成税费任务与村干部报酬挂钩，尤其是默许村组干部从收取税费中提成，村干部为了获得更多收入，具有很强的向农民收取农业税费的积极性。在一些地区尤其是中部的湖北、湖南、安徽的农村，农民因为负担太重不愿交纳税费，村干部或者迫于上级压力或者为了自己利益而想方设法向农民强制收取税费，由此导致干群关系的极度紧张。

村干部与村民之间的紧张甚至对抗关系导致诸多严重后果，其中之一是，分田到户之初的老好人村干部既不愿得罪村民，也无力完成税费收取任务，而自动退出历史舞台，一些孔武有力的狠人甚至带有一定黑恶势力背景的人成为村干部，这些狠人村干部上任后，进一步加剧了干群矛盾，收取农业税费而来的恶性事件频频发生。

因为恶性事件频发，进入新世纪中央开始进行农村税费改革，规范和减轻农民负担，并且很快在2006年取消了农业税及各种专门针对农民的收费。甚至为农业生产提供服务的农业共同生产费也不再允许收取，村组干部基本上退出农业生产环节，同时，因为不再向农民收取税费，村干部也就无求于农户，缺少回应农民生产生活诉求的积极性，越来越无所事事，无所作为了。

小结一下，从人民公社时期到分田到户之初农民增收，农业形势大好；到1990年代农民负担沉重、干群关系紧张；再到取消农业税，至少有四个相当不同的村干部与村民关系时期以及这背后的国家与农民关系时期。其中，人民公社时期的干部是典型的毛式干部，一切行动听从上级安排，村干部特殊利益不多；分田到户之初，村干部大多仍然是人民公社时期的生产大队和生产队干部延续而来，村组干部为农户提供一定的诸如集体灌溉的公共服务，干群关系良好；1990年前后干群关系紧张；进入新世纪取消农业税后，干群之间发生分离，相互疏离起来。

从村干部的收入来讲，人民公社时期，生产大队和生产队干部的主要收入是工分，干部不脱离生产，其收入与生产队强壮劳动力基本相同。分田到户以后，村组干部也分了承包地，也种地，村组干部也同样是不脱产，处理村务记误工，每年有一定误工补贴，这个补贴不高，同时村组干部的公事不多，工作也不辛苦；1990年前后，因为农民负担重，干群关系紧张，向农民收取农业税费成为"天下第一难事"，过低误工补贴与艰难收取税任务不匹配，村干部没有动力。县乡通过默许村干部从向农民收取税费提成捞好处来调动村干部积极性，老好人村干部既无收取税费能力也无捞取好处胆量，而退出村干部队伍，一些带有黑社会背景的狠人成为村干部，他们从中获得了远多于误工补贴的灰色收入；取消农业税后，村干部获得灰色收入的空间不再存在，同时，村干部的工作难度也极大地降低，之前捞取灰色利益的狠人村干部因无利益而再次退出，一些老好人村干部再次上台。取消农业税后，村干部同样是不脱产，拿误工补贴，同时种自家承包地，村干部的误工补贴由国家转移支付负担，报酬不高，工作不多，因此村干部队伍保持了稳定。

三

取消农业税前后，中国农村正发生另外一个极为重要的变化，即越来越多青壮年农民进城务工经商，农民家庭收入中农业收入占比越来越小，而从城市获得的务工经商收入比重急剧上升。

在缺少外出务工经商收入之前的中西部农业型地区，农民收入主要来自农业。分田到户时，村组干部与一般农户一样按人均分土地，村组干部因此与一般农户有同样的农业收入。与一般农户所不同的是，村组干部往往还有虽然不多但总还有的当村干部的误工补贴。因此，村干部的家庭收入至少就不比一般农户低。若村干部在协助县乡完成税费任务方面做得比较好，还可能有额外的收入提成。因此，总体来讲，取消农业税前，村干部是有人愿当，也当得下去的，村干部在村庄经济收入分层中至少是中上等的，因此也是相对体面的。

问题是，随着越来越多农民进城务工经商，以及越来越多农户的收入主要来自农业之外，村干部虽然有农业收入加上误工补贴，这个误工补贴却普遍不高，更是要远低于外出务工的收入。而村干部虽然是不脱产干部，却不可能离开村庄进城务工经商。在外出务工经商收入越来越高，不仅远高于村干部误工补贴而且也远高于农业收入时，村干部的收入就要落后于外出务工经商农户。到了现在，中西部农村地区，几乎所有农户家庭中都有青壮年劳动力进城务工经商，而且他们的土地仍然由留守村庄的中老年父母耕种，一般农户家庭就既有农业收入，又有务工经商收入。因为无法进城务工经商，村干部家庭农业收入加上误工补贴，就远低于一般农户的收入水平。简单地说，当前中西部农村，村干部的误工补贴绝大多数低于1万元／年，而外出务工经商的年收入普遍有三五万元。要知道，一般来讲，村干部都是村庄中相对能力较强的精英。村干部家庭收入却远低于一般农户，村干部成为村庄中办不成事说不起话的人了。

正是因此，一般都认为，必须提高村干部报酬，不然就没有人愿意当村干部了。提高村干部报酬与村干部正规化，与建设服务型村级组织等等理念结合起来，就有了湖北省要求按乡镇副职待遇来安排村主职干部待遇的政策。也就是说，村干部越来越成为了一项全职脱产的职业，而不再是拿误工补贴的不脱产的可上可下可进可退的农民了。

问题是，村一级事情不多，在中国历史上，村干部从来就不是脱产的，更不是正式行政体制的组成部分。村一级实行村民自治，通过村委会选举来产生村干部，一旦村干部正规化，脱产化，就可能产生各种严重的问题。

四

当前中西部农村实际上存在着两种不同的不脱产的拿误工补贴的村干部，一种是当村干部，同时种自家责任田，以外不再有其他收入来源的村干部，这样的村干部家庭收入当然就要远低于其他农户，其收入水平就处在全国最低层。这样的村干部往往已经当了很长时间，之所以还在当村干部，是无其他路可走，无其他事情可做。

另外还有一种村干部，是在农村有种自家责任田以外的收入来源，比如开有商店、经营农资、购有农机、种有较多土地、办有小作坊等等农村收入来源，这些收入甚至不低于外出务工收入，则这样的村干部家庭在不脱产的情况下获得各种农村来源的副业收入。他们不用离开农村进城就可以获得不低于外出务工经商的收入，再加上自家责任田的收入和村干部误工补贴，家庭收入就可以处在村庄中等甚至偏上。因为留村而可以保持家庭生活的完整，又因为年富力强、精明强干，而在村庄中具有威信与影响。这样的在农村有副业收入的年富力强的农民，我们称之为"中农"，这些"中农"是当前中西部农村中最好的村干部来源。一旦"中农"当上村干部，较低的不脱产干部的误工补贴就不是太大问题。

之前老式的缺少副业收入的村干部，仅仅拿误工补贴，这个村干部就显然当不下去。所以，村干部要么就辞职，进城务工去，要么就在农村寻找副业机会。如果现任村干部在农村中找到了新的收入机会，他们就可以继续当好村干部，如果他们在农村寻找新的获利机会的努力失败，他们就要将村干部职位转让给那些已经在农村获得副业收入的"中农"。这个意义上，当前农村村干部正在自然而然地完成新一轮的替换。这一轮替换之后，村干部就仍然可以保持其拿误工补贴的不脱产性质。

既然如此，当前全国中西部地区正在出现的提高村干部报酬甚至将村干部正式化脱产化、报酬工资化的努力方向就是错误的，就应当避免。

二

村庄政治与农民参与

To Make
Better
Villages

无公德的个人

一

阎云祥《私人生活的变革》一书提出"无公德的个人",以描述农村中出现的那些只讲权利不讲责任和义务的人。这种"无公德的个人"看似在争取个人权利,具有与现代社会公民相似的气质,实际上却只是过度功利的个人主义的畸形发展。阎云祥认为,"无公德的个人"出现原因是"私人生活的充分自由与公共生活的严格限制"的结果。

阎云祥关于"无公德的个人"出现原因还可以讨论,"无公德的个人"在当前中国农村却有相当的普遍性。除了"无公德的个人"以外,还可以有更多造词,比如"无约束的个人""无敬畏的个人""无底线的个人""无责任的个人""无义务的个人""无集体的个人",等等,所有这些造词,都指向当前农村中普遍存在的权利与责任和义务不匹配的个人,这些个人只讲权利,只讲个人利益,不讲公德,不讲责任,不愿承担义务,甚至没有基本的敬畏与底线。在当前村庄社会结构性力量快速衰落的格局下面,过度功利的个人主义的畸形发展,造成了社会的解体。"无公德的个人"不只是个人的问题,而且与村庄结构性力量有关系,与村庄政治有关系。

二

在当前农村女少男多的情况下面,农村多子家庭更难娶到媳妇,因为独子家庭父母往往有更多积蓄,且父母仍然年轻,还有比较多的剩余劳动力为新婚子女帮忙。因此,华北多子家庭普遍出现了娶媳妇难的问题。为了能娶来媳妇,多子家庭父母往往宁愿付出更高的彩礼,建更高大的房子,先为大儿子娶上媳妇再说。结果,为大儿子娶上媳妇后,父母就很难再有能力为小儿子娶媳妇付高额彩礼及建高大住房。小儿子就可能娶不上媳妇。假若小儿子娶上媳妇了,小儿子和媳妇心里就不平衡,因为父母为大儿子娶媳妇付出更多。父母为了平衡,尽可能多为小儿子媳妇干活帮衬,又引起大儿子和媳妇的不满。总之是父母无论如何做,两个(更不用说多个了)儿子和媳妇都不满,怎么做都不对。在父母年龄不老、身体较好时,问题还不太大,一旦父母年龄老了,身体不好,两个儿子媳妇都不愿承担赡养父母的责任,辛苦一辈子的父母,悲惨的老年处境可以预见。

华北多子家庭养老中的以上常见图景源自三个方面的原因:一是村庄结构性力量的衰败,没有人站在年老父母立场上讲话,没有人维持日渐孤单的父母的权利;二是个人只讲权利不讲责任,只计算父母应该给到自己的好处,其中任何一点自认为没有得到的好处都会变成是肆无忌惮对待父母的理由,而不讲责任,甚至缺少基本的亏欠感;三是在村庄激烈的竞争忘记了"发乎于情"的深厚的代际之间的本体性感情,即亲密情感。

三

全国农村更多"无公德的个人"出现在公共领域。我个人亲身经历其中一件。2003年,我从外面弄来一笔钱支持家乡打井灌溉,因为灌溉井最大灌溉面积只有200亩左右,井打在什么地方就很重要。经过村民代表会议讨论决定了打井地点。结果,打井出水后,一个农民以灌溉井不能灌溉自家农田为由,将井填埋,上万元的打井费化为乌有。

更普遍的是国家资源下乡为农民建设基础设施,便利农业生产和农民生活。国家资源下乡,项目落地,就要与一些农户打交道,比如要占地,要损害青苗,要砍树,甚至要拆废弃的猪圈牛栏等等,当然也要借道路运输,要占地堆放建筑材料。国家资源下乡,农民是受益者,应当欢迎,表示感激,不过,项目落地要占地,损害青苗,却是损害了农民这个群体中的某些个人的利益,利益受到损害的农民要求补偿也是没有错的。

现在的问题是,不是一个地方,而是普遍出现了惠民工程项目落地农民却索要高额补偿的情况。本来,建惠民工程,要砍一棵树,这棵树的实际价值只有200元,树主却可能要800元,不给钱就不让砍树,项目就无法落地。索要高价的农民甚至理直气壮,因为他要的是国家的钱,是外面来施工工程队的钱,而不是本村农民的钱。这个过程中,本村农民只是围观。事不关己,围观而已。国家或工程队给了高额补偿,这个索要高价的农民就成了英雄,有本事,围观农民很快也学会当钉子户索要高价。这样一来,国家很快就发现,为农民做好事,其实不好做。国家做的好事越多,农民越是变成了"刁民",惠民工程不仅未能收服民心,反而引发种种问题。

当国家资源下乡项目落地时,是由国家来直接招标实施工程,就很可能遇到钉子户,且很可能由一个钉子户到一众钉子户,到所有人都变成钉子户,结果就是国家资源下乡事倍功半,效果不好。

出现钉子户代表农民、农民变钉子户的原因,显然不只是农民个人的素质问题也不是个人人品问题,而有更重要的结构性理由。任何一个社会都会有敢于强调个人利益的少数人,或者说有钉子户,或者说有刁民,但是,在正常的社会中,这样的钉子户或刁民会受到结构性力量的强烈抑制,处在边缘化的位置。或者说,得到不应当得到利益的少数人一定是正常社会的边缘人,否则,所有人都想得到不应当得到的利益,这个社会的基本秩序就无法维系下去了。

现在的问题是,国家资源下乡,村庄钉子户向国家索要资源,他的索要并没有损害同村人的利益。有钉子户很正常,钉子户索要高价也很正常,村民围观也很正常,结果就是,一旦钉子户得到好处,所有村民都很快学会在国家项目落地过程中当钉子户,向国家索要好处。一旦所有人都当钉子户,国家项目落地就变得无比困难。

四

国家资源下乡如果不是由国家直接来项目落地,而是将资源下到村庄,由村民讨论如何使用资源;如果国家不是直接资源下乡,而是以工代赈,民办公助,一事一议,只有当农民投工投劳完成了项目落地的基础条件时,国家资源才下到村里来。这样一种竞争性的资源下乡就可能刺激地方(村庄)组织起来,以获得国家资源的投入。

地方组织起来就必须要充分地动员村民,就要将村民个人的利益与村社集体的利益统一起来,就要在村庄中形成一个强有力的共同意志或公共意志,这个强有力的公共意志对每个人的行为都有约束。即使出现了钉子户，这个钉子户不顾公共意志的约束，全村村民也有办法让他付出声誉等方面的代价。也就是说钉子户的行为不再可以传导，钉子户代表不了全体村民，全体村民也不会变成钉子户。这样，通过村民动员而产生了村庄政治，就为国家资源的落地提供了基础条件。

五

现在的问题是，在农村人财物快速流向城市、农村空心化背景下面，在快速社会变迁下面，动员村民的村庄政治还有多大的可能。

没有村庄政治，好事不好做。

通过资源下乡来建立村庄政治力量，让资源下来的同时将农民组织起来，这个方向是对的，具体如何做则还有很多不确定性。

为什么会出现刁民

一

2016年暑假到苏州太湖之滨的望亭镇调研，正好遇到抗洪，一户老太太，子女都在外地，房子进水有危险，村干部将老太太转移到宾馆住，并由村里提供快餐。结果引起其他村民不满，认为既然老太太可以由集体出钱住宾馆吃快餐，他们也要求免费住宾馆吃快餐。村民宁愿将要到的方便面扔掉，也要找村里领方便面。抗洪期间，村干部几天几夜没有回家，不断在村里巡视，帮群众抗洪。有一年轻人家里进水了，他向村里报告，让村干部帮他家排水，村干部在他家排水期间，他牵着狗到处溜达，回来看到满头大汗还在帮他家排水的村干部，不是端茶倒水说感谢的话，而是指责村干部这么长时间还没有将水排完。村干部说："我们帮他们解决困难，他们却一边围观、一边指责，好像我们是他遛的狗一样，十分寒心。"有一户下水道堵了，很容易解决的小事，他却打12345，派单到村里，村里派小组长到他家看，他说没有工具。本来这是自己顺手就可以办好的事情且本来就是自己的事情。村干部说，现在村民大小事务都找政府，政府片面强调服务，就必然会养成一大批刁民。

在赣南调查时一个村支书讲了这样一个"故事"：县委书记春节

走访贫困户，按规定给每户送700元，其中600元现金，100元买两桶油、一袋米。县委书记送钱物给贫困户后，贫困户并未表现出对党和政府的感激之情，而是脱口而出"怎么这么少？是不是被工作人员吃掉了？"这个村支书记还讲了当地的一个笑话，就是两个老表吵架，其中一个人气极了说，"你以为我是政府好欺负啊！"他感到困惑，1990年代向老表收钱，老表很听话，现在给老表发钱，老表不听话，还说很多怪话，还很不满。

若从网络上看，这类事情就更多了。最新网络上广为流传的三篇亲历记附在文后。

二

无论是在调研中遇到的听说的，还是从媒体上看到的，都使我产生一个基本的判断，当前老百姓不再是十年前的老百姓了。至少可以说，老百姓中出了一大批刁民。为什么国家不仅不向农民收钱，而且给农民分越来越多钱的情况下会出现刁民？

问题就出在当前"人民政府"这样一个悖论上面。按照现代政治学的理念，政府都应当是有限政府，是用纳税人的钱来运作只负责有限责任政府，而不能什么事情都管，也不可能什么事情都管得好。

一个现代政府，其所要回应的就是纳税人或选民的需求，而不能被钉子户绑架，被特定利益集团绑架，也不可能被虚假民意所绑架。政府决策是公共选择，而不能是逆向选择。

目前中国政治则以"亲民"为总导向，以"德治"为总说法，将政府塑造为无所不能的无限政府，最典型的体现就是"人民政府"这个词。人民政府为人民，人民有事情有困难当然就要找人民的政府。漳州"110"提出"四必"，即"有警必出、有难必帮、有险必救、有求必应",无论是警务活动还是非警务活动,无论是合理诉求还是不合理诉求,既然公开宣传"四必",公安机关就必须配置大量资源用于解决人民群众提出的各种诉求,并且公安机关越是亲民,越是积极解决人民群众的诉求,人民群众就越是会提出更多诉求,包括越来越多越不合理的诉求。既然是人民政府,人民就可以来反映情况,就可以高声说话,就可以发点脾气,就可以拍桌子打板凳,就可以摔杯子,就可以骂人,就可以推拉干部,或可以动手打干部几巴掌,甚至打几耳光。要是妇女或老年人动手那更加理直气壮了,因为要让"人民消消气"。农民告干部25条罪状,上级来查处,没有一条有依据,那也不能说是诬告,而只是对干部的监督。街头摊贩与城管冲突,城管只能说好话,否则城管就是粗暴执法。上访户每周都到政府大吵大闹,政府主官只能要么陪着,要么躲开,而无论上访户的问题是否合理合法乃至也无论上访户是否本来就是一个偏执性精神病人。

过去国家经济比较困难,国家财政的相当部分来自农业,所以国家要向农民收取农业税费,农民要自己投资投劳来改善自己的生产生活条件。取消农业税时,农民说,"农民税是养军队的,皇粮国税不可免",可见农民是相当有觉悟的。农民通过自己的投资投劳来改善自己生产生活条件,也是理所当然的。进入21世纪,中国由一个以农业为主的国家变成了以城市工商业为主的国家,农业占GDP的比重只有10%稍多,国家取消农业税,并开始大规模向农村转移支付,各种转移支付都是在缺少义务要求的情况下面进行,比如农业综合补贴,本来是补贴农民种粮,结果很多农民根本不种粮了却仍然领着农业综合补贴。低保户补贴是只要收入低于最低生活保障水平就无条件纳入,而对低保户没有任何要求,比如依法守纪的要求。新型农业养老保险也是无条件所有超过60岁就可以获得每月70元的养老保险。2004年前后进行农村税费改革，上级要求一律停止"清欠"，村庄中一些特困户无力缴纳税费，拖欠国家和集体税费，停止"清欠"是有道理的，问题是村庄中有很多滑稽人一直有钱不出，有意拖欠税款，停止清欠以致于后来实际上免除了农民所欠税费，支持国家与集体的积极分子和老实人按时完成了上缴国家和集体的税费任务，结果吃了大亏，而滑稽人占了便宜。在当前的农村，为了达到"和谐"，地方政府也都倾向"人民内部矛盾人民币解决""大闹大解决、不闹不解决""老实人吃亏、钉子户占便宜得好处"。因为贫困户会有政策支持，所以争当贫困户，想方设法办残疾证。低保户不仅享有最低生活保障，而且可以高比例报销医疗费，因此一些生大病的农户强烈要求纳入低保户，以提高医疗报销的比例，全国农村竟然普遍形成了得重病农户无论其家庭收入多少都应当纳入到低保户的实践。

中央政策一直强调帮农民致富，强调让农民小康，一些有实权的领导和部门在农村帮扶时，直接将国家资源用来帮扶农民致富，少数受到帮扶农民致富了，多数农民却没有得到好处。只要是将资源用于农村农民那里，在道义上就能站得住，政治上就无问题，就理所当然是"执政为民"，而忘记了，当前中国已经建立一个对所有人开放的市场经济体系，这个以市场为主要特征的现代制度为所有人提供了可以从市场获利的空间，所有人都理当在这个市场中平等竞争。国家的公共资源不应当特别地帮助其中一部分人。尤其将这样的帮助当作了私人的慈善，将国家公共资源作为了个人送人情，这样做的后果就是国家公共性的瓦解，地方政府作为国家在地方的代表，其权威就会削弱。

也就是说，当前公共政策中缺少了与利益相对等的责任，与权力相对等的义务，与好处相对等的原则，政府越来越讲究亲民，甚至将公共资源作为慈善资金来收买那些滑稽人、钉子户、上访者，这样下去的结果就必然是狡猾人得好处，老实人吃亏。既然老实人吃亏，老实人就边缘化了，所有人都向狡猾人学习，所有人都变成了狡猾人，变成了刁民。正是大量的国家资源无原则无底线逆向地以慈善资金的形式向下转移，而造成了基本公共性的缺失，农民在这个过程中没有成长为利益与责任匹配、权利与义务匹配的公民，反而成批成批地生产出只讲利益不讲责任、只要权力不要义务的"刁民"，由此造成当前基础治理中的诸多悖论乃至困境。

三

当前基层治理中出现的如此困境，不仅仅是制度理念的问题，而是与当前整个社会的认知有着巨大关系。毫无疑问，当前的社会是完全不同于传统社会的信息社会，任何地方发生的事情都可以通过网络聚焦形成公共事件，并因此对国家政策和基层治理产生重大影响，其中最为典型的是对街头城管执法的围观，以至到了现在，只要城管执法被录像放到网上，就一定是一片谴责。城管如何执法，能否更加人性一些，这当然可以讨论，问题是，街头摊贩本身是否违反了相关城市管理规定无人关心。很多人都已经习惯了通过谴责政府来表现自己的良心，通过要求国家出钱照顾弱势群体来行善积德。如果所有人都拿国家的钱来当好人做好事，拿社会基本原则底线来显示自己善良仁慈，这所有人的言行倾向通过网络聚焦，就产生出了戏剧性的效果：社会缺少了基本原则，只要是公开场所具有了弱者身份就可以为所欲为。

而一些网络意见领袖在此过程中更是推波助澜，他们实行两个凡是，就是"凡是政府做的事都不是好事，凡是与政府对抗的人都是好人"。任何一件事情根本不用分析，就可以以政府欺压弱势群体来作结。

这个意义上讲,当前中国基层治理中出现的问题是,国家治理已经进入到21世纪,而关于好的国家治理体制的观念仍然停留在20世纪,我们一方面用现代政治理念要求实行有限政府,另一方面又要求政府承担无限的责任与义务。

这样一个基本矛盾的表述也许就是"人民政府"。"人民政府"当然是为人民服务的政府,是无限责任的政府,不过,"人民"这个词汇又是一个有特定含义的政治词汇,而不是泛泛的所指,甚至不是指公民。"人民"这个政治词汇很重要的一点是其目的性,即人民可以犯错误,但他们具有善意的目的,而不是恶意的。因此,人民就要进行分析,政治上善意的群众才是人民,政治上恶意的就可能不是人民,那些破坏社会基本良序的人就可能超出人民内部矛盾,而变成可以进行专政的敌我矛盾,正是人民内部矛盾可以转化为敌我矛盾进行处理,而使人民政府具有了强大的治理能力,而不是变成当前动辄得咎陷入困境的状况。也就是说,传统的无限政府一定要有与之匹配的制度安排,比如与"人民政府"相匹配的"人民内部矛盾与敌我矛盾两类性质矛盾的区分与转化",即传统社会中的无限政府与刁民的预设。进入21世纪后,中国全面推进现代的法治政府,在法治条件下,就既不可能再进行人民民主专政,又不可能预设刁民,政府就必然面对缺少公民的社会的巨大挑战,最终结果就是当前已经普遍出现的各种地方治理尤其是基层治理的困境。

四

当前中国国家治理中最大的悖论是停留在20世纪的亲民甚至慈善的政治理念与进入现代社会以法治为基础的有限政府之间的悖论与

矛盾，再说一遍，停留在20世纪的政治理念包括（也许起决定作用）的正是中国所有的人民群众，这些人民群众最典型的代表是那些网络围观者。

附录：

老百姓到底怎么了？

1998年洪水，复兴、坝头、汇口、洲头浩浩荡荡的迁移大军自发地大撤退，自发地投亲靠友，上百里的宿复线灾民络绎不绝，交警及政府官员主要任务是疏散交通，保江堤、保大圩，如果有武警官兵帮谁家搬一些物什或者背一个老人或者让一个小孩上车，百姓都感激涕零，千恩万谢，军民鱼水情，一家亲，名副其实。

十八年过去了，复兴、临口、趾凤、凉亭告急，政府官员挨家挨户地求老百姓转移，猪要你赶、鸭要你捉、人要你背，稍不顺心，不走，破口大骂，"老子死了，看你们这些狗日的官员谁脱得了干系？"似乎把自己的生命作为要挟官员的杀手锏，滑天下之大稽，中国式的幽默。

现在，老百姓疏散后，有亲不投，有友不靠，聚中安排吃喝拉撒，还发钱，按理说感谢政府，感谢党都来不及，哪里有险情应该不遗余力地投入到抗洪救灾第一线，实际情况却让人汗颜，老百姓袖手旁观。

听说趾凤一政府官员背沙包跌倒，老百姓在旁边却哈哈大笑，听说有吃有喝还发钱，好多投靠儿女及亲戚的灾民，都纷纷回来依靠政府，更好笑的是，不是灾民的百姓也要到安置点享受灾民待遇，似乎大家吃唐僧肉，我必须分一杯羹之势才罢休。是老百姓错了嘛？还是其他原因？百思不得其解。

再有五里的金龙小学安置点，五里小学的老师每天轮流做义工，陪着小心，老百姓还常发脾气。安置200名灾民，每天600人吃饭。有人用矿泉水洗脚。女老师搬米搬水等重物,年轻灾民打牌。

大灾面前,我们的百姓到底怎么了?

(作者:都市小编,转自安徽宿松都市网资讯2016-07-11)

一个抗洪干部的哀叹:我们水里干,百姓看翻船

我有个广西朋友,讲他们自治区党委书记彭清华在整个广西搞"秀美广西"运动,所有的机关干部都被发配到下面的农村打扫村庄、整洁环境,而老百姓就在一旁指点批评,说这里没扫干净,那里要把土铲一下。

今年的大洪水也席卷了整个鄂东,在我老家浠水也是一样的场景。望天湖洪水滔天,村干部和子弟兵忙着背土筑坝,老百姓蜂拥去电鱼抓鱼,很多闲汉宁可坐等水淹也不肯为保卫家乡出力,着实令人唏嘘。

不能怪百姓愚昧,农村现在基层治理已经很糟糕了。没有权威,没有制衡,整个农村社会变成了丛林状态:老百姓不怕官,却怕流氓;相信利益,不相信道德;这种状态下,老百姓是逢利益蜂拥而上,遇上事情退避三舍,跟他讲道理他也有三箩筐道理回敬你,如果你是乡下一个杀人放火无恶不作的流氓,拆屋挖坟,老百姓屁都不敢放一个。

人心散了,队伍不好带了,党和政府对人民的动员能力已经日渐式微,老百姓又重新回到从前那种各顾各、一盘散沙的状态。真心希望政府能够多关注农村治理,对民间自发起来的正能量和社会组织不要有防范之心,不要觉得他们做了政府应该做的事情,就是丢了政府的脸;不要觉得这些人是隐藏的乱臣贼子,害怕他们把老百姓组织起来,随时可能会在底下搞出不可告人的奸谋。

领导们,我们是为你分忧啊!

党员带头,群众都到哪里去了?

汛情稳定了,大家都安居乐业,一切都归于平静。按照上级安排,组织一个调研,总结与反思整个防汛,我是笔者之一,我提出一个问

题，大家都沉默了，但都不愿意说。

防汛中，党员干部确实了不起，大堤上睡的都是各机关的一把手带队，还有村干部一帮人，日夜坚守，寸步不离。可能一是毕竟不忘初心，大局观念，有担当；二是在新常态下怕问责。参与抢险的子弟兵真是最可爱的人，有太多令人感动的事迹！

1998年洪水与今年的洪水，我都经历过，我来比较一下，发现一个问题：我们的农民父母兄弟姐妹呢？他们在干什么？1998年，他们肩驮人扛土石，啃冷馒头，喝江水，无怨无悔，水一退，回去迅速自救，自己车水，排涝抗旱。

而今年呢？网上一个报道：抢险危急时候，人民子弟兵日夜奋战，一个妇女为了自己家的一棵树，拿出菜刀，不给钱不让人动，否则拼命！这同我们平时搞水利工程建设何其相似啊，十几台机械等着开工，突然冒出一个人，他家的一棵葱不给100元不许动工，我们深深无奈，镇村干部无奈，每前进一步就是扯皮一路，否则他们要上访，上访结果我们自己处理，两字：把钱！（注：湖北方言，给钱）

群众成了事不关己的围观者

我亲身经历这次湖区抢险。为了群众家园财产、人身安全，转移，疏散，发干粮、饮料。党员干部苦口婆心，灾民们问一句："除了发吃的，还有补助没有，多少钱一天？先给钱。"

民政局一个刚参加工作姓徐的小伙子，整整一天，没有吃饭喝水，讨开水喝，群众打麻将，没有人给他倒开水！

国家给这么多良种补贴，为了鼓励多种粮食，防汛为了保证作物不受损失，其实，可以说40%撂荒了。防汛时，他们坐在家门口高谈南海局势，高呼抵制日本产品，不愿意出来帮忙抢险，义务烧开水。而是开着日系车，到处捞鱼、钓鱼，看大水，拿苹果相机到处拍照，刷朋友圈……

有一个农民小伙子醉醺醺大言不惭：淹了怕什么，下半年到政府上访，总要解决。当时在场忙碌的人，私下都说，如果不怕说我们虐农，真要扇他几耳光！

一位自以为很时尚的嫂子，男人外出打工，自己成天打麻将，村头边的道场有些积水，她居然说：你们这些人有些不作为，还不加快排涝，影响我们几天没有跳广场舞！

农民仍然是百年前的愚民

大堤上，都是村干部搭棚子轮流值守，我们查岗，问怎么不派群众来换班啊，村干部苦笑，他们首先要130元一天，现钱，我们付不起。再说也不敢叫，怕说增加农民负担乱摊派，多么无奈！

《防洪法》第一条：任何公民都有参加防汛抢险的义务，一句空话执行不了，这可能只是个别想象，原因很复杂，但是不是值得我们太多反思。我们天天喊爱国、捍卫主权，其实如果真的有那一天，鲁迅先生写的《药》情景不远了。

讨论到这里，大家都不做声，只是说：这个问题，这个问题，缓一步，我们再征询领导意见，看做不做调研。

我们真的可以想一想，我们国家、国民失去了什么？

（作者：邓文明，湖北省应城市民政局干部，写于2016年7月24日）

讲理与讲狠

一

2013年暑假先后到广西富川县和浙江绍南镇调研，富川县是全国贫困县，绍南镇则属于中国最发达的地区，两地农村外观差异很大，在村级治理中却颇有相似之处。

富川县深坡村有800年历史，村中有不少有些年头的古建筑，深坡村因此申请自治区的农村保护项目，并获得了自治区批准。2012年，深坡村开始借上级在村庄投资修水泥路的机会对村庄环境卫生进行整治，主要是清理了长期未得到清理的村中垃圾，恰逢2013年广西全区提倡农村搞清洁工程，深坡村因此成为全县乃至全市的清洁工程示范村。

无论是作为古村落还是作为清洁工程示范村，过去村民在自己住房旁边乱搭滥建的闲杂房，不仅不美观，而且往往占用了村庄公共空间，影响了行走安全。深坡村因此计划清理拆除全村的闲杂房。经过清点统计，全村拟拆除闲杂房共涉及60多户80多间，拆房子是实实在在涉及利益的事情，房子被拆当然不高兴。主持拆闲杂房的深坡村蒋主任说：拆房子要讲道理，开始慢慢讲，讲不通就要讲狠。为了有效地拆除闲杂房，蒋主任先召开村民代表大会反复说明拆闲杂房对建设文明古村落和清洁工程示范村的重要性,然后在所有要拆建筑上写上大大的拆字,然后一一做工作。等到拆迁那一天,蒋主任带一群支持自己的年轻人逐户拆房。之所以带一群支持自己年轻人,是当拆房出现拆不动甚至发生冲突情况时,年轻人可以讲狠硬拆。

深坡村讲理又讲狠的拆闲杂房行动取得成功。县里和镇里都对深坡村拆闲杂房之迅速彻底,十分赞赏。也正是因此,在未来自上而下转移进来的资源中,深坡村就会独得好处,因为深坡村治理是有效的,转移进来的资源可以发挥作用。

深坡村蒋主任过去长期在外开长途车跑业务,曾办蜜枣加工厂,但失败了,他没有种田。因为长期在外跑车办厂,与外界交往很多,并与黑社会多少有些关系。2011年,蒋回村竞选村主任,凭村中年轻人的支持成功当选。蒋当主任后,采取两手,一手是到上面跑资源,二是在村庄治理中既讲理又讲狠,这样就使从上面跑下来的资源可以得到有效使用,深坡村村庄面貌在两年多时间中发生巨大变化。

浙江绍南镇绍南社区书记程方讲到村庄治理时认为,要真正治理好村庄,必须做到该软就软,该硬就硬,对某些人就是要敢于拍桌子,不仅要讲得过他,而且要打得过他。程方书记当过兵,一米八的大个子,拍起桌子来,是很有气势的,不用打就将对方压服了。

但是,程书记所讲打得过他的意思并非打架,也不是拍桌子压服人,而是对于那些不讲理的人,要动员一切关系来孤立他,让他边缘化。程书记本人办有年产值数千万的工厂,年收入数百万元,虽然程书记的工厂在当地并不算大,但他有广泛的人脉关系,讲起话来,财大气粗,一般村民与程书记关系闹僵,就可能遭遇到程书记所可以动员各种关系的孤立与打压,那个时候,日子就不好过了。正因为程书记不仅讲得过人,而且打得过人,他就可以较为有效地在绍南社区进行治理，绍南社区也因此是比较有秩序的社区。

绍南镇工业十分发达，全镇仅上市公司就有5家。绍南镇发达的经济，必然造就一个庞大的富人阶层，也就必然形成严重的社会分化与分层。富人阶层之间因为经济的关联性，而有很多相互之间的有机联系，又通过人情、婚姻等关系形成强有力的结盟。若如程书记，不仅有年产值数千万元的工厂，还是全镇最大社区的书记，可谓政经两界通吃，当然就会有"打得过他"的霸气，及这种霸气所得以实现的巨大关系资源。又因为"既说得过他又打得过他"，程书记就可以摆平社区内的各种事情，这无论是对村庄治理还是对完成上级交办的任务，都是有利的。

反过来则是，在绍南镇这样的经济高度发达地区，村支书没有一定经济体量和社会关系资源，打不过人也说不过人，这样的书记在处理任何一件村庄的事情中都会陷于纠缠不清的状态，结果就是，村中任何事情都无法办好，无论是村民还是乡镇都不满意。也是在这个意义上讲，经济发达地区，富人治村不可逆。或者说，富人治村是否治得好并不一定，穷人治理则一定是治不好的却大致没有异议。绍南镇23个村，几乎所有村的支书和主任都是老板，都是千万富翁，几无例外。且绍南镇现任村支书，几乎都是前几届通过村委会换届选上村主任，然后入党再当村支书的。早在若干年前，绍南镇就已经完成了由富人村干部对传统村干部的替代。而自2005年开始普遍化的贿选进一步加速了这一精英替代的进程。

二

取消农业税前，全国农村的主要工作是收取税费。收取税费，乡村干部必须面对一家一户的农户。当农户不愿交纳税费时，县乡两级就会将村干部完成协助收税情况作为工作成绩的主要考核标准。收税越难，越是收不上来税费，县乡就越是要以完成税费任务情况来考评村干部。那些工作能力差、不愿得罪人的村干部自然而然退出历史舞台，那些能力强、敢得罪人的人替补上来当村干部。若税费仍然难收，村干部仅仅敢得罪人还不够，他们还必须要有背景，比如兄弟多、与黑社会有联系，等等。这些作风凶悍且有黑社会背景的人当村干部，当然不是白当，而是要有利益。因此，这些人替代之前的好人村干部后，一方面具有通过个人身体暴力向村民收取税费的能力，一方面又必然会为个人谋取各种好处。这样，在很短的时间内，乡村治理情况就恶化了。后果之一是2006年全国取消农业税和各种专门针对农民收取的费用。

也就是说，在取消农业税前的大约十年时间，全国农村也普遍因为税费越来越难收，而出现的村干部替代现象，即由之前传统的老好人式村干部替代为具有个人身体暴力条件的恶人式的村干部。

取消农业税之后，因为不再向农民收取税费，那些要从向农民收取税费中谋利的恶人村干部在村庄中待不下去，村干部重又由老好人式的精英来充任。这当然仍然是全国中西部地区绝大多数农村的现实。这些老好人式的精英，不做事，不惹事，也做不成事情。这样一来，在老好人当村干部的村庄，就会出现以下三种各方面都不满意的情况：一是与村民利益关系巨大的公益事业或公共工程，因为个别钉子户的阻拦而无法办成，最终村民利益受损；二是村庄中的刁民侵害集体利益，无人敢去阻止，由此引发连锁效应；三是上级转移下来的资源无法做到公平分配，而是强势群体多要，弱势群体没有。

在国家向农村大幅度转移资源的背景下面，如果有村庄的干部能够有效解决一般村庄存在的以上三大问题，这个村庄就容易得到来自上级转移的资源,或上级转移资源时需要有村一级的治理能力的匹配,不然,转移资源的好事就不能办好。这个意义上讲,深坡村蒋主任就是在国家向下转移资源过程中选择出来的。

蒋主任的特点是,在外面见过大世面,与黑白两道都有渊源,且自己没有种田,有的是时间来为村庄治理"既讲理又讲狠"。蒋主任也认为只有他才适合当深坡村主任或书记。他说村支书整天就知道背个锄头到处找荒田来种,根本没有心思也没有时间管村里的事情。当有自上而下的资源进村时,之前不触动任何人利益的消极治理模式显然是无法维系下去了,这个时候,没有敢于出头、有时间讲理(到处做工作,到处拉关系)且在外面有背景因此敢于讲狠的人出面,进村的资源就无法真正有效地落地。已经没有应付的空间了,必须做事情。同时,自上而下的资源,又极大地提高了村干部的威信和从中谋取好处的可能性。

而相对于富裕的绍南镇来讲,因为经济发达,经济精英具有巨大的个人能量,而在村干部位置上可以谋取大量的各种好处(建设用地,与政府部门的关系,官商结合),经济精英(富人)就会谋取村干部职位,一旦富人愿当村干部,则因为富人不仅具有强大的经济能力,而且这种经济能力可以转化为"既可以讲理又可以讲狠"的财大气粗的霸气,从而可以在村庄治理中维持秩序,富人当村干部因此不可逆,富人替代传统村干部的过程,在绍南镇早已完成了。

三

对于绍南镇这样的经济发达地区,村干部中完成由富人对传统村干部的精英替代,是经济发展的必然结果。因为经济资源构成了其他各种资源的基础性资源。而对于富川县深坡村这样依赖大量资源输入的村庄，也必然会有精英的替代，因为消极治理是不可能真正消化掉上级转移下来的资源的。

而对于广大的经济发展程度一般的中西部地区农村，若没有大量资源输入，则这些地区的村庄治理就仍然会以消极治理为主导，村干部就仍然由那些消极无为的老好人来当。

讲理和讲狠，是要对付钉子户，是完成积极治理的必要手段。目前中国基层治理中，从哪里获得对付钉子户的非个人的力量，实在是个大问题。

维稳不能回避矛盾

一

当前正在全国进行的土地确权试点，其中一大目标是减少基层组织对农民土地承包经营权的侵犯，即不再允许村社组织调整农民的土地，要确权确地。2014年暑假到山东调研，我发现山东仍然有不少地区农村存在调地的情况，且十分有趣的是，几乎凡是仍然调整土地的村庄，其治理绩效都比较好，干群关系也比较好，虽然调地过程中不免会有冲突，甚至有农民上访告村干部违反国家土地承包政策。不再调整土地的村庄，虽然没有农民会因为调地而引发上访，但因为村社集体没有回应大多数农民强烈的调地需求，没有为农民提供有效的生产服务，而使村社集体与村民之间的联系极其松散，村民与村干部几无关系，村庄治理很差。调查的山东莱芜市，有40%的村庄仍然坚持调地，这些调地村庄大多治理较好，也正是治理较好才调得动地。不能调地的村庄往往也治理得不好，反过来也正是治理不好，也就调不动地。山东德州齐河县在调地与村庄治理上的相互关系也正如莱芜一样。

在调地与村庄治理关系中为何会出现以上相关关系？其中原因之一是，分田到户时，为了做到公平，农村土地大都分成数等，每等土地再按人均分，细碎分散的土地难以经营。调地表面上是按人口增减进行调整，核心却是为生产方便而形成农户并小块为大块的连片经营。当村社集体有能力违反政策，不顾忌个别农户的反对乃至上访，而可以按人口增减调整土地时，村庄集体就有能力回应农户在农业生产中所遇到的各种困难，从而可以为农民提供生产和生活的便利。村社集体有意愿和有能力回应农民生产生活的困难，村社集体在农民那里就有地位，个别农民反对村社集体甚至上访，但村社集体"有恃（民意）无恐"。调整土地，回应农民生产生活需求的能力与意愿进一步提高了村社集体的地位与能力，村级治理因此搞得好。搞得好的村级治理又使村庄集体具有比较强的回应多数农民需求、调整土地及不怕矛盾的能力。

若村社集体没有能力和没有意愿回应农民在生产生活中遇到的困难，他们就缺少农民的支持，他们调整土地遇到少数人的反抗时，因为缺乏民意支持，就无法做到有恃无恐，他们也就不敢面对矛盾，也无能力面对矛盾。结果，越是治理不好的村庄越是无力回应多数农民的要求，也越是无法调整土地，反过来，因为无法调整土地，及无能力回应农民生产生活实践的需要，而导致村级治理越来越糟糕。

本来，基层治理必然会有矛盾，会有少数人与多数人的冲突。完全一致没有反对意见没有任何矛盾的事情是没有的。有效的基层治理，一定是调动多数人的意愿，少数服从多数，从而回应多数人需求以解决基层治理中的问题。现在基层治理出现的一个严峻问题是，任何矛盾都不能直面，不敢直面，政策也是以不出矛盾为目的。比如，之所以不允许土地调整，理由之一就是为了防止土地调整中出现矛盾。

二

取消农业税前,基层干部最重要也最难做的工作是向农民收取税费。面对数量庞大、分散且剩余很少的农户,基层干部向农民收税费难度很大,加之不同农户的情况不同,遇有天灾人祸的情况也不少,有农户是真正困难户,交不起税费,还有农户是钉子户,不愿交,无论哪种情况,在上级收取税费硬任务的压力下面,基层容易出现暴力收税的情况,并由此引发恶性事件。到取消农业税前,因为收取税费越来越难,恶性事件层出不穷,农村干群关系大为紧张,"基层干部无好人"成为全国人民的共同印象。最终在2001年开始农村税费改革并于2006年彻底取消了农业税。

取消农业税后,不再向农民收税费了,之前恶名在外的基层干部当然也就没有什么作用了,国家在税费改革以后进行乡村体制综合配套改革,其中核心就是弱化基层干部权力,以防止基层干部利用手中权力作恶。一方面是大幅度精简机构,减少乡村干部,一方面,各种自上而下的转移支付尽可能不经由乡村组织,而直接"一卡通"发给农户,以免被层层截流。对于基层干部来说,取消农业税前,为了从农民那里收取税费,基层干部必须直面每一户农户,从而也就要直面农户在生产生活中遇到各种困难问题矛盾,并不得不想办法回应这些问题解决这些问题。这个意义上讲,取消农业税前,基层干部与农民是"打成一片"的,无论出于主动还是被动,基层干部对农民的需求是极为了解的,也是积极回应的。取消农业税后,基层干部不再要向农民收取税费,国家也不信任基层干部,基层干部因此乐得清闲:反正不找农民收税,无求于农民,农民有什么生产生活的困难也与基层干部没有关系。基层干部因此缺少回应农民在生产生活中的问题的积极性与动力，多一事不如少一事。国家政策不允许调整土地，虽然99%的农民有强烈的通过调整土地来方便耕作的需要，基层干部却愿意无视农民的需要，因为调整土地的过程一定会有很多麻烦、矛盾，甚至可能有人上访，而且政策还规定不允许调整。基层干部因此应付了之，以国家政策的大话语对付农民的需要。

中国有60多万个行政村，农村情况千差万别，不同地区农村的农民生产生活困难、问题、矛盾完全不同，无论如何，国家无力面对60多万个行政村中的2亿多农户极其复杂多样的需求，不可能直接为他们提供恰切的服务。离开强有力的基层组织，国家即使拨很多钱下来也解决不了农民的问题。相反，在村庄范围内，基层组织直接面对农民，十分清楚农户生产生活的需求，问题是，当前国家不信任基层干部，基层干部也没有动力回应农民需要，何况现在基层干部动辄得咎，害怕出事，尤其是害怕上访，基层干部为何会自讨苦吃！

在这种背景下，山东一些行政村中竟然仍有相当部分村干部积极组织农户为适应生产技术条件进步和人地分离实际进行土地调整，以回应村社绝大多数农户强烈的生产性需求，这样的村社组织，当然就是好的有战斗力的村庄组织，这样的村社干部也就是负责任的基层干部，这样的基层治理也当然是好的治理。

三

中国还有6亿多农村人口生活在农村，并且进城的2亿多农民工仍然与村庄有着千丝万缕的联系。这6亿多生活在农村的农民，他们的生产生活条件各个不同，他们的需求偏好差异极大，国家显然不可能直接来回应农民各个不同的需求，解决所有农民生产生活中的问题，而只能依托基层村社组织。因为当前农民很大一部分问题是集中在村社一级的，而正是村社一级有能力和动力解决千家万户分散农户的问题，回应他们的需求。

基层村社组织很重要，因为农民有大量一家一户"办不好、不好办和办起来不合算"的生产生活事务需要由村社组织来办。村社组织来办一家一户办不好的事情，并非村社组织就很容易办得好，因为之所以一家一户办不好，是因为这些事情要涉及利益调整，涉及偏好整合，涉及少数服从多数，及涉及达成共识，所有这些事情都需要村社组织不仅要有极强的工作意愿、工作能力、工作魄力，而且还要有工作资源和政策支持。

政策支持，就是自上而下的各级政府要支持基层村社组织积极回应农民需求，解决一家一户办不好事情的实践。要对基层村社组织的工作以积极支持。村社组织回应农民需求的过程也是直面农村矛盾的过程，当然也是解决矛盾的过程。直面矛盾和解决矛盾才能增加村社组织的威信，提高基层组织的战斗力。通过解决矛盾而提高了基层组织解决矛盾回应农民需求的能力，这是一个正向的过程。直面矛盾，可能让一部分人不满，同时又动员了另外的大多数人，正是直面真实存在的矛盾，才能激发出农民的参与热情，因为农民认识到这样的参与是可以解决自己问题的，是有实际意义的，是事关切身利害的。

政策支持，就是上级政府在制定政策时应当鼓励基层村社组织回应农民需求，积极解决农民问题，从而动员农民参与到村社共同的事务中来；就是要在政策上给村社组织一定自由裁量权，真正让村民自治，而不是通过国家政策限制村社组织所有权利，甚至要将村社组织的土地所有权虚化到没有任何权利。要知道，土地集体所有制是村民自治的经济基础；就是要将自上而下的资源转移到村社一级，由村社一级来分配资源。通过村社一级分配资源，既是供给中国60

多万个村庄各个不同的公共品的过程,又是深度动员农民参与的过程。资源下乡若不同时调动起农民的参与积极性及因此提高农民的组织能力,这样的资源下乡就没有意义。

当前农村政策的总方向是不出事,回避矛盾,任何一件事情都尽可能"和谐"处理,最好没有一个人反对,没有一个人上访。这样一种回避矛盾的做法当然不能解决农村本身就存在的矛盾,其结果就是,累积下来的矛盾以其他形式更为猛烈地爆发出来。

当前不出事的回避矛盾的农村政策已经积累下来大量严重问题。现在的农村政策必须转变,要强化基层村社组织回应农民需求的能力与意愿,要通过直面矛盾来解决矛盾。这个过程中一定会出现矛盾,会产生问题,甚至会因为村社组织掌握资源而出现村社干部贪腐的问题,这些问题都不可怕,出现一起解决一起,正是在解决这些问题的过程中强化了基层村社组织的能力,深度动员起了农民的参与,从而为仍然有9亿要依托农村生活生产的农民提供了一个灵活积极回应农民生产生活需求、有能力为农民提供切实有效服务且农民深度参与其中的基层堡垒。

取消农业税后,国家资源下乡必须与提升直面矛盾的农村基层的组织能力结合起来。

鲁中土地调整与村庄善治

一

到鲁中马桥镇调研，访谈中，几乎所有村干部和村民都反对土地确权，反对"增人不增地、减人不减地"的农地政策。按农民的说法，"生不增死不减"不公平，新增人口没有地，他们吃什么呢？死人与活人争地实在没有道理。因此，实践中，马桥镇还有大约1/4的村仍然按人调整土地，有些村调地很困难，经过村民讨论，采取"动账不动地"的办法，即按当地耕地流转费市场价，减人农户要缴所减人口份地面积的流转费，比如份地为1亩，耕地流转市场价为600元／亩·年，每年就要缴纳600元土地承包费给村集体，增人农户则可以从村社集体获得600元／亩·年的承包补偿款。仍然违反中央政策调地的村干部解释说，之所以还在调地，一是群众要求太强烈，二是现在不是村民自治吗？每次调地都是经过村民充分讨论，是在村民自治基础上进行的，本来土地就是村民集体所有，经过村民集体充分讨论然后调地，有什么错呢？话虽这样说，村干部显然感受到了越来越大的压力，因为已经有农户去上访，坚决不同意减人减地，而增人农户却一定要增地，有些村无地可增，只好将上级转移给村社集体的转移支付拿来发放无承包地的补偿。

实际上，增人增地、减人减地，土地调整是极为麻烦的事情，尤其是土地大调整涉及农民切身利益，农民寸土必争。调地期间，村干部可谓不得安宁，因此，几乎没有村干部愿意调整土地。但在农民强烈调地诉求或公平诉求面前，村干部不调地，村里各项工作都不好开展。实际上，在山东农村目前还有大约1/3的村集体可以调地的能调得动地的村庄，一般都治理得好，村干部有威信。村干部没有威信，村庄治理不好，土地也调不动。在土地调整与村庄善治之间有着正相关关系。这个意义上讲，不是村干部想自找麻烦调地，而是村干部有无能力调地，及村干部能否借土地调整来解决村庄存在的各种疑难问题，从而为善治打下基础。

二

与全国一样，鲁中农地制度的基础是人民公社时期的"三级所有、队为基础"的制度，农地所有权属于村社集体。分田到户以后，鲁中地区农地也承包到农户，农户有土地使用权。同时，农户也要承担国家和集体的义务，所谓"交足国家的、留足集体的、剩下都是自己的"。到1990年代，农业剩余较少，农民负担又较高，农民普遍不愿要土地，且包括鲁中在内的山东地区在1990年代经济就有了长足发展，城市第二、第三产业为农民提供了大量收入远高于农业的就业机会，部分地区因此出现了农地弃耕抛荒的情况。1994年，山东省部分地区实行"两田制"，即将所有承包给农户的耕地收归村社集体，再将所有耕地分为"口粮田"和"承包田"。"口粮田"在全村范围内按人均分，比如每人0.7亩，其余为"承包田"，"口粮田"不承担税费，而"承包田"按价高者得的方式承包给愿种农户耕种，收取承包费用于缴纳税费。"两田制"的实行产生了一个重大后果，即之前属于村民组的土地所有权从此之后上升到了行政村,行政村掌握了村社集体土地所有权,从而具有更大的借土地进行村庄治理的能力。

山东部分地区实行"两田制"很快受到中央批评,认为"两田制"侵犯了农民的承包经营权,中央要求村社集体只留不超过5%的机动地,然后将所有"承包田"平均分到农户。不过,山东很多农村的"承包田"已经转包出去了,并且签了承包协议,合同没有到期,不可能说收回就收回。1998年全国推进第二轮土地延包30年不变,因为农民负担很重,农民对土地承包经营权的要求并不强烈,所以山东农村第二轮承包走了过场。进入新世纪,国家逐步取消农业税费,土地上的利益越来越大,农民对土地承包经营权的要求越来越强烈。在农民的强烈要求下面,2004年前后,山东省大部分农村再次对土地进行调整,村社集体所留机动田的比例大幅度下降。

因为是在行政村一级按人均分的土地,且行政村留有一定数量的机动地,尤其是还有部分集体承包给大户的土地因为合同未到期还没有收回,农民家庭增加人口必然向村社集体要求增地。村社集体因此要求减少人口家庭减地,但若减少人口家庭依据国家政策不同意减地,村社集体惟一的办法就是发动村民讨论,形成对所有人有约束力的共识,并因此调整土地。有些调不动土地的村庄,增人农户会要求增地,无地可增,村社集体就只能用村社集体收益来补偿无地农户。

三

土地属于集体所有,之所以所有农户都有着强烈的"增人增地、减人减地"公平分配土地的诉求,与其说农民关心的是利益,不如说农民关心的是公平。作为集体的一员,每一个农民都可以向集体要求公平公正的成员待遇。这个意义上讲,增加人口向村社集体要地不过是要求集体保证其成员资格。

增人增地、减人减地，村社集体要满足农民的诉求，就必须要通过村民开会来达成共识，且调整土地这样涉及全体村民利益的大事，必然会涉及一个时期以来村庄积累下来的各种矛盾，各种责权利分配问题。村民也几乎是必然会借土地调整这个大事来要挟村干部解决长期以来没有解决的各种困难、问题，比如村集体曾经欠农户的债务等等。这样一来，调地过程也就是一个解决村庄积累各种矛盾的过程，也就是村庄算平衡帐的过程，也就是村民通过讨论来达成关于每个人的责权利义务边界的共识过程。土地顺利调整之前必须解决村庄积累下来的各种矛盾与问题。解决了这些矛盾和问题，土地调整也就很顺利。这个意义上讲，正是土地调整为村庄善治提供了可能。

也就是说，正是借助调地这样一个涉及所有村社集体成员的事件来激活了村庄政治，形成了村庄共识，达成了一致行动能力。调地是一个典型的村民自己解决自己问题、管理自己事务的过程，正是通过调地这样的村民自治，村庄可以达到善治。现在的问题是，国家通过土地确权，农民土地承包经营权长久不变，将土地调整的空间限止了，从而使农村通过土地调整来达到善治的可能空间堵塞了。

开会形成村民共识

按吕德文的说法,群众路线包括相互联系又相互支持的两个方面,一是群众观点、工作作风,一切服务群众,一切为了群众;二是群众工作方法,即如何开展群众工作,做好群众工作。缺少了任何一个方面,群众路线都是不完整的,并且是难以坚持下去的。当前正在全国开展的群众路线教育,主要侧重在群众观点和工作作风方面,这个方面的问题是比较容易解决的,最难解决的是群众工作方法,即如何做好群众工作的方法。

2013年暑假在浙江店口镇调研,听村干部钱建荣一席话,颇受启发,在此介绍并作简单讨论。

一

钱建荣高中毕业,之后进地方供销社工作一段时间,然后下海经商,每年销售额有2000多万,利润几百万元。钱建荣特别喜欢琢磨问题,常给《诸暨日报》提关于语法错误和错别字的意见。2005年,钱建荣决定参选村委会主任,并高票当选。之后三年,钱建荣充分发挥自己主动性,将一个落后村变成了先进村。钱建荣讲了两件与群众路线有关的事情,值得一记。

第一件事情是市委书记要在春节下来走访,其中钱建荣所在的是走访的重点,共安排了五个走访对象,分别是:退伍军人、困难户、老干部、老党员、退休教师。市委书记走访,五个人都没有提出特殊要求,市委书记一路走下来也非常愉快。因为市委书记的来访,五个人和他们的家庭都感到非常荣耀。过去没有听说市委书记还走到本村哪户人家里去,市委书记来了,该是多么大的荣耀啊。钱建荣因此认为,现在领导一定要走下去接地气,只要领导沉下去了,很多问题都是好解决的。他还说,现在七八年过去了,市委书记走访过的这五个人,你去问他们,他们一定不会说共产党不好,因为市委书记专门去看望过他们,倾听过他们的呼声。

钱建荣因此而请书法家写了"倾听"两个大字,悬挂在他的主任办公室。他总结说,无论多么大或多么小的领导干部,都一定要听老百姓的呼声,要给他们一个笑脸,不然怎样与老百姓沟通?

钱建荣所讲"倾听",是一种融合了群众观点和观众工作方法的重要的工作作风。

钱建荣讲的第二件事情是他刚当村委会主任时,不太懂得如何开展工作,而到隔壁村挂职两个月,这两个月挂职给他以很大教育。刚去挂职,村里开干部会,结果来了很多村民,屁股坐在桌子上,这个干部会显然没有办法开下去了。

隔壁村村支书是一个工作经验十分丰富的老干部,村支书临时将干部会改成群众会,让所有愿意讲的群众发言。一次会议没有发言完,下次会议再讲,一个一个地讲,知无不言,言无不尽,竟一连开了30多次群众会。结果,村民意见讲完了,牢骚发生了,共识也达成了,反对意见也自然就没有了。隔壁村一下子由一个坏村变成了好村。

群众开会,就可能有很多尖锐意见,激烈批评,不合理要求,就会有人在讲，有人在听。只要让群众充分发表意见，群众中那些极端的不合理的意见就可能越来越没有市场，一个人讲的话、提的要求有没有道理，其他村民都在看，也都会议论，没有道理的意见就越讲越没有底气，讲不下去。所有群众的意见都讲完了，正反几面的情况都比较了，该出的气也出了，气也顺了。将心比心，换位思考，不同意见变成高度共识。村务决策也好做，也容易执行，村级治理效果自然会好。

也就是说，公开、公正、公平地开会，连续开会，做到毛主席讲的"知无不言、言无不尽"，允许村民议事，鼓励村民议事，让村民充分地议事，然后形成关于对错的判断，达成决策的共识，这样就可以将过去村庄中的尖锐矛盾迎刃而解。公开议事，充分议事，而不是关起门来私下个别解决问题，这是一个要害。当前群众工作中存在的严重问题是关起门来私人秘密个别解决问题，而不是通过群众公开讨论达成共识来解决问题，结果就是群众越来越不信任干部。矛盾和对立也越来越大。

这个意义上讲，群众工作方法的一个重要方面是不断地开会。钱建荣也因为这次挂职的教育，认识到开会讨论的重要性，他也因此在村办公室大厅正面悬挂"百姓议事厅"五个大字。

二

开会似乎人人都懂。但开会是为了什么？粗略地分，有两种不同的开会，一是民主，二是集中。民主是个广开言路，让各种意见得以发表，然后集中形成决策。作为民主的开会，主要不是解决决策问题而是要就现有状况达成理解的共识，是让有理的少数变成多数，让无理的多数变成少数，让问题清晰化，要求明晰化，并在此过程中将情绪变成理智，让正气压倒邪气。连续不断地开会所形成的气场是一种强有力的动员，会给所有参与会议的人以政治正确的标准方案，也给敢于违反共识者以巨大心理代价。有了充分讨论及由此形成的共识，作为集中的开会就只是一个过场了，集中是对共识的支持，也只可能支持。这样做的决策就不会有执行上的困难，执行成本几乎为零。民主越充分，集中越简单，执行越容易。这大概是村级治理中组织村民开会的必然逻辑。

三

开会是务虚，但正是通过开会，让所有利益相关者都能参与及有权力参与事关自己利益的充分讨论，是一种群众工作方法，这样一种群众工作方法也是一种群众观点。唯有在实践中，多多采用如倾听和开会一类既有群众观点又有群众工作方法的具体举措，群众路线教育才能落到实处，国家治理和地方治理才会更加有效。

三

资源下乡与农民参与

To Make
Better
Villages

以工代赈的问题

国家财政支农资源下乡一般有两种方式，一种是一卡通直接到户，比如农业综合补贴、新型农村医疗保险、新农保，都是一卡通直接发到农户，另一种是通过项目制，主要是通过条条来为农村提供公共设施与基本服务，比如土地整理项目，水利建设项目，等等。

项目制存在的问题是，由地方审请、国家申批、招标工程队实施的项目到了村庄，因为缺少农民参与，而可能遇到钉子户，从而导致项目难以落地。其中最为典型的情况是，项目实施过程中，因为是国家项目，项目落地要占地或损失青苗的农户索要高额补偿。本来一棵树，实际价值较小，按规定也只能赔偿较少的钱，农户却可能索要高价，不达目的誓不罢休，扯皮打滚。这个农户所索要的是抽象的国家的钱，是向项目工程队要钱，这些钱不关本地农民的事情，本地农民也就事不关己，围观而已。钉子户要到了高价，他就成为群众中的英雄，有本事，一般农民也就以他为榜样，学习从国家和工程队那里要好处的决心与办法。甚至项目工程队来做项目，卡车通过道路，他们也可以借机收取通行费，否则就不允许运输建筑材料的卡车通过。本来项目是为当地农民服务，是惠民工程，是做好事，结果却发现，好事不好做，好事做不好。国家做的好事越多，农村"钉子户"越多，最多是几乎所有人都想方设法从国家项目建设过程中找捞好处的机会。农民"刁民"化了。

为解决项目制实施中存在的这种好事不好办的问题，调动农民参与到改善自己生产生活基本条件的建设事业中来，实施项目制就不再是无条件地由国家出钱，而是要由农民出钱出力，国家仅对农民有积极性进行建设的项目进行奖补。比如修建通村公路，要由村社集体承担部分费用，比如平整路基的事情要由村集体来办。农民出工出力做路基，国家项目做路面。甚至，国家直接对一些惠农设施比如小水利建设，采用"以奖代补"政策，村社集体或个人出钱建设达到要求，国家再给以部分奖励资金作为补偿。以奖代补、以工代赈、民办公助，等等，国家财政资金惠农，前提是村社和农民参与进来，承担责任，村社和农民没有参与积极性，不愿承担责任，这些财政资金就不再下达。只有那些有积极性且承担责任的农村才能得到这样的财政资金建设的支持。

或者说，国家财政对农村建设要与农村自身积极性挂钩，只有那些愿意承担部分责任的农村才可以得到国家选择性财政建设资金的支持。这样的财政资金叫做民办公助、以工代赈、以奖代补，或者"一事一议"，总体来讲就是，农村要建设公共工程和公益事业，需要有村集体和村民的前提投入，尤其是投工投劳，村社集体不能组织完成前期投入，也就无法申请到财政资金，反过来，若村社集体有能力组织到前期投入，则财政资金也就可以很容易地申请到。

因为公共工程和公益事业都是为村民生产生活提供服务的，相对于仅仅靠村民自筹资金来建设，由村民和村社集体承担部分资金，国家进行财政奖补，这样的项目就对农民更加有利。因为对农民有利，有些地区在建设中竟然可以做到"四不补"，比如广东清远"美丽乡村"建设中就可以做到拆旧不补、青苗不补、人工不补、占地不补,不仅不补,而且农民为了改善自己的生产生活条件,还大量出义务工,甚至将农业综合补贴集中起来搞建设。这样一来,国家有限的财政资金就可以做出比较像样的事情来,就可以比较有效地改造农村的生产生活条件,建设基础设施。能否调动农民参与积极性,农民愿意义务投劳甚至投资,自然就不可能有村民在村庄建设过程中当钉子户索要高价,也不可能有村民事不关己地围观,而一定是所有农民都动员起来,群策群力搞建设。如果有钉子户索要高价,就是坏了全村村民的好事,损坏了村民的利益,村民就一定会群起攻之。

无论是以奖代补还是以工代赈,只有那些村社集体有能力筹资筹劳进行前期投入,有能力让项目落地的农村,才可能获得国家财政资金的支持。项目越能落地,村社越有能力筹资筹劳进行配套,财政奖补资金就越多。结果就是,竞争性的财政奖补资金在不同村庄有完全不同的投入,有的村庄一分钱财政奖补资金都没得到,而有的村庄财政奖补资金已投入数以百万元计。

因为只有地方配套,财政奖补资金才下来,有些地方为了获得财政奖补资金,就靠借贷配套。本来应当由村民义务投劳,但事实上村民不愿投劳,村社集体就只能负债投入,结果就是,财政奖补资金越多,村庄建设得越好,村庄负债越高。这也是新时期全国村社集体负债的主要原因。只有那些村社集体经济发达的农村,村社才有财力进行配套,这些本来经济条件就好基础设施也好的村庄,反而可以获得更多的财政奖补资金,而村社集体经济条件差的农村,要么无法获得财政奖补,要么会因此负债累累。

这样一来,本来是调动村庄和农民投入积极性的财政奖补项目,却出现了两个预料之外的问题,一是资金分配极其不均衡,二是出现了新时期的村级债务,这个村级债务所带来的治理困境远比基础设施不足要更加麻烦。

更糟糕的是,在村干部与村民之间缺少信任的情况下面,需要由农民投工投劳的财政奖补项目,村干部争取来了20万元资金,另外需要由农民投工投劳10万元,村民不愿投工投劳,村社集体负债出钱请村民出劳,但在项目建设中,村民都认为村干部实际上向上级申请了40万元,而村干部只拿出20万元建项目,村干部个人想从中捞好处,村民仍然要借机当钉子户捞好处。村社集体不仅负债了,而且村民对村干部的不信任加剧。如此一来,财政建设项目越多,村级治理就越是陷入混乱无序。

在缺少对村民动员的情况下面,村社集体申请财政奖补项目,因为是竞争性申请的,除村社集体资金配套能力以外,村干部个人能力也很关键。如果能找到在掌握项目部门的关系比如同学战友老乡,甚至通过贿赂建立起来联系,则虽然村社集体无法真正提供配套,上级也可能将奖补资金投入下来。至于工程能否达到验收要求,则可能通过各种变通来予应付,比如将不同的奖补项目综合起来,分别应对各自验收。这种竞争性的项目下乡、资源下乡的过程中,产生了一个分利的体系,资源越多,这个分利的体系越强,这种分利体系当然会被村民所识别,从而会对项目产生强烈的异在感。这种异在感就会进一步支持村民当钉子户的行为,支持村民反对义务投工投劳。结果就是,试图通过调动农民参与的财政奖补项目,因为竞争性的资源配置,导致其与一般项目制同样的"好事不好办,好事办不好"的结局。

土地整理中的农民参与

一

为保护好耕地，国家每年从城市建设用地出让金中拿出巨额资金用于土地整理。目前每年用于土地整理的资金达到千亿元，土地整理投入资金之巨，十分罕见。2013年到广西富川县调查得知，富川是广西十个土地整理试点县之一，未来3年，国家有大约4.2亿元土地整理资金投入到富川，用于整理富川几乎所有40万亩的耕地。

土地整理一般有两种形式，一是为耕地提供基础设施建设，以便于耕作，比如修机耕道、水渠、林带，一般要求通过土地整理，农田路通水通。二是土地平整。一般土地整理项目中，都会有一定比例比如10%的土地平整项目要求。土地平整，田成方、路成行、渠硬化，这样既便于机械化作业，又便于田间管理。

土地整理的目标大致有三，一是增加耕地面积，主要是通过土地平整，将之前无法使用的废地（废沟、废塘、废田埂）变成耕地，据说土地整理一般可以增加10%的耕地。但富川县土地整理中心主任讲，在富川，好像土地整理不仅不能增加耕地，反而会减少耕地，因为修路修渠都要占地；二是提高耕地质量，方便土地耕作；三是农民连片耕作。其中直接目标只有前面两个，间接可能达到第三个目标。下面讨论。

土地承包经营权是农民的，农民通过种地来获取土地收益。土地整理可以方便农作，农民当然是欢迎的。从当前全国农村农民的普遍情况来说，农民有"二盼"，一是盼农业基础设施配套，其中关键是路和渠，分别解决机械下田和农业用水的问题；二是盼之前分散在各处的细碎耕地可以连片，据农民的意见，连片耕作可以减少农作时间的三分之一以上。就是说，过去耕种10亩地，要50个工作日，连片的只要30个工作日就够了。可见连片耕作对农民的极端重要性。

土地整理不解决耕地连片的问题，因为土地经营权如何分配是村组的事情。土地整理解决沟渠路桥等基础设施的问题，及对不平整土地进行平整的问题。土地整理要在农民具有承包经营权的耕地上作业，主要涉及这样几块，第一，修沟渠路桥要占地，占谁的地，如何调整分摊利益？第二，土地整理，田成方，之前不规则的土地变得规则了，这样一来，势必将过去属于不同农户的田块进行调整；第三，土地平整。更是极大地将过去农民承包地进行了变动，新的承包权关系如何确定是个问题；第四，土地整理，沟路渠桥的修理，改变了过去的用水、作业路径，因此调整了不同农民之间的利益，怎么平衡这种调整。所有这些对于土地整理部门，及招标进入土地整理现场的工程队来讲，都是无法解决的，也因此是在土地整理施工中常常遇见的烦心事。

也就是说，作为工程项目，土地整理对于提高耕地质量，方便农业作业，保证粮食安全，都是具有重大意义的事情，正因此，国家每年拿出数以千亿计土地整理资金进行土地整理。但由于土地整理项目是在农民已有承包经营权的土地上进行的，土地整理事实上会改变现有土地利益关系，土地整理因此容易闹出矛盾。同时，农民除了期待通过土地整理来方便耕作之外，还希望借土地整理这一难得机遇将过去零碎的耕地变成连片耕作。农民说，上级不能只给我们资源，还要给我们权利，这个权利，就是土地连片耕作的权利。

二

富川县自2009年开始，已实施10多个土地整理项目，每个项目整理耕地面积在数百公顷，涉及经费2000万元左右。富川最早实施的土地整理项目是葛坡镇上洞村和合洞村的项目（简称两洞项目）。2009年实施"两洞"项目，431公顷，其中有大约500亩是土地平整。项目实施以来，已经四年过去，却仍然有500亩耕地分不下去，因为土地整理改变了过去土地上的利益结构（比如用水方便程度，积水的排涝问题），而且工程质量也不太好，因此整理过的土地分不下去，农民提出各种意见，县土地整理中心也就只好一再修改项目方案，一再打补丁续建项目。现在农民又提出几年没有种地的损失应由县土地整理中心来赔，而土地整理中心是不可能有这样一笔赔偿资金的。乡和村两级则责怪县土地整理中心和工程队没有让乡村两级组织和村民参与到"两洞"项目的设计、施工与监管之中。总之，"两洞"项目到现在也没有能解决好，成了一个难解的历史遗留问题。

"两洞"项目好事没有办好，对县乡村三级都有很大震动。县委书记因此要求县土地整理中心今后实施项目的规划及施工都必须要有村民参与，尤其是规划必须有村民签字。但问题是，村民往往不懂规划和施工图，签字也签了，但他不认账，县土地整理中心也没有办法。

实际上，对于几乎所有农户来讲，土地整理都是好事。国家每亩投入上千元来进行基础设施建设，极大地改善了机耕、灌溉等作业条件，怎么可能不是好事呢？也是因此，实施项目前，县土地整理中心让农民签字,农民都同意。问题是,施工已经完成,虽然所有农民都从项目中获益,但这种获益可能会不均衡,农民之间的比较就出了问题,然后向工程队和县土地整理中心找补。一个农民找不是问题,越找人越多,似乎土地整理极大地损害了农民利益,是不得了的罪恶一样。得到利益时,无论大小,都很高兴。但利益只要有哪怕一丁点受损,则不仅不高兴,而且会用行动来阻拦施工,来破坏项目。

为什么会出现这样的情况呢?因为在当前国家实施的项目中,国家所面对的是分散的一户一户的农民,而不是组织起来的农民。与分散的一户一户农民打交道,往往就是由农民中的刁民来出头,各种合理不合理的要求都会提出来,国家根本不可能应付得了。或者说,国家与分散小农打交道的成本很高,即使好事,往往也办不好。

若农民组织起来又如何?或者说,由国家与组织起来的农户打交道,从而来办土地整理这一类的好事,能否办好?

前面已经引用过农民的话"国家不能只给我们钱,还要给我们权利"。这话是什么意思呢?这话的意思是,当前国家不向农民收取税费,还发放农业补贴,还为农民承包地建基础设施,这都是好事,农民都非常欢迎。但当前农民最焦虑的一件事件是承包地无法连片经营,若国家给农民权利,让农民能组织起来进行连片经营,那就太好了。

但要注意的,这里农民所要权利是什么权利?是农民个体的经营权利?显然不是,因为农民个体承包经营权越大,个体农户阻挡耕地调整以利连片经营的能力就越强,连片经营就越难。农民所要权利,其实是村社共同体调整土地乃至重新分配土地的权力,是进行"划片承包"的权力。只有村社集体具有一定的调整土地的权力,农民通过村社组织来凝结他们的共同意愿,从而可以重新进行以方便耕作为基础的"划片承包"。农民个体土地权力越大,尤其是在当前大量农民外出务工经商甚至早已在外工作的情况下，重新调整土地以利连片经营，并为在农村从事农业生产的耕者提供耕作方便，就越难。农民所要求的国家给的权利，不是给到农户个体更大的承包经营权，而是给到村社集体调整耕地的权力。这个例子可以充分说明，对农民情况不理解时，仅仅按照字面意思理解会误多大的事情。

也就是说，如果在土地整理中，一方面承认农民承包经营权和承包土地的数量，一方面又允许农民承包的具体地块可以变动，则土地整理时，完全可以通过村社组织的深度介入，大稳定，小调整，从而有效地解决土地整理所带来利益分配不均衡的问题。甚至可以对所有土地按过去承包亩数进行重新分配，这个分配的过程中，充分重视农民的参与，让农民通过一而再地讨论，达成关于土地连片承包的共识，然后在整理土地之后，通过划片再抓阄再承包到户。农民借土地整理来实现了连片经营。这就是广西龙州市土地整理中的所谓"小块并大块"的经验，正是借土地整理中容易出现的矛盾和利益调整，而让农民深度参与进来，又借农民深度参与来解决连片经营的问题。

这样，在土地整理中，就有可能通过深度动员农民参与，充分发挥村社集体的力量，不仅化解土地整理中所必然出现的利益调整的矛盾，而且借此机来解决一直困扰中国农民的土地权利零碎不能连片经营的难题。因此是一举两得。国家给村社集体一定调整土地权力，可以防止分散农民中的边缘群体（比如钉子户）的无理阻拦或不当索利。国家也因为有了一个有一定权力从而有一定能力的村社组织，而有了可以方便打交道者，国家因此可以低成本地办好事，因此可以好事办好。

三

富川县已经争取到 2014～2016 年共计 4.2 亿的土地整理资金，在三年内对整个富川县 40 万亩耕地的大多数进行整理。如此大规模的土地整理，如果都像"两洞"项目一样，富川县的土地整理就会出大乱子。

怎么办呢？富川县委书记廖立勇说，在土地整理中，必须要让农民参与。问题是如何让农民参与，是让农民个体参与还是组织起来参与，如何组织农民的参与。

富川县未来三年的土地整理，规模巨大，长远后果明显，土地整理好坏将不仅关涉到农民耕作是否方便，富川县乡村治理能否有序，而且关涉到国家粮食安全。土地整理因此必定是富川县未来三年的中心工作。富川县若以土地整理作为未来三年的中心工作，则富川县完全可能借土地整理来做更大的文章，其中的文章之一就是借土地整理来实现农民耕地的连片经营。

廖书记讲了他的一些想法。

第一，在县一级，除土地部门有大量的土地整理资金以外，其余部门也大多有以土地为中心的各种项目资金，如农业局、发改委、财政局、水利局、林业局、农机局、交通局、扶贫办、移民办、民政局、住建局、组织部、妇联等等都有项目基金，如果项目资金不整合，就可能出现重复无序建设的问题，因此，廖书记认为，在未来三年，县一级要整合条条，将各个条条的项目资金整合起来，共同规划共同施工分别验收。

第二，如此巨大的工程，必须要有乡镇这一级来发挥上引下联、设计项目、实施项目和监督的作用。乡镇是一个块块，这个块块除乡镇政府大约20个公务员以外，还有七站八所近100个事业编人员（不算医生和教师），若将公务员和事业编人员整合起来，以土地整理实施为中心开展工作，乡镇这一级是可以发挥巨大能量的。乡镇一级的整合借县一级对条条的整合。合起来就是"整合条条，加强块块"。

第三，土地整合涉及每个农户的利益，农户因此要参与进来。但不能让农户分散无序地参与，而应通过制度设计，让农民通过村社组织参与项目中来。这个制度涉及的关键是要落实村社组织一定的调整具体地块的权力，也就是说，在这个制度设计中，应该让农民通过讨论达成共识，即每个农民的承包经营权不等于具体承包某块地的权利及30年不变，而是承包经营村社集体土地的权利30年不变。

这样，就可能借土地整理，不仅极大地改善农民的耕作条件；而且实现农民梦寐以求的连片经营（小块变大块）；而且，借此使村社集体组织变得有一定权力和一定能力，而使地方政府在之后办其他好事时，可以借此有一定能力的村社组织将事办好，而且借此，富川县委在县一级整合条条，在乡镇一般加强块块，成功实现了乡镇一级的"扩权强镇"建设的目标。惟有健全有力的乡镇一级的上引下联，才能让中国农村治理稳定有序。

这个意义上，我们可以借富川县未来三年的土地整理，来搞一个农村基层治理模式的实验。富川若能实验成功，其经验就可以推广到全国其他地方。

最后说一句，显然，土地整理并非工程问题，也不是局部的管理问题，而是地地道道可以变成影响中国基层治理大局的重大问题。

转移支付应注重农民参与

当前每年国家对农村的转移支付已达万亿规模。从2006年取消农业税，不到十年即已不仅不再向农民收取税费，而且还反向进行大规模转移支付，变化之巨，不可思议。

取消农业税之前，国家向数以亿计的农户收取税费，因为农户经营规模小，农业剩余多少，而且极其分散，收取税费成本极高，向农民收钱遂成天下第一难事。让人意外的是，在国家不仅不再向农民收税费，而且向农村大规模转移支付的情况下，给农民分钱又成为当前农村工作的第一难事。

国家对农村的转移支付一般有两种形式，一种是竞争性的转移支付，一种是普惠式的转移支付。竞争性转移支付是自下而上申请基础设施等建设项目，再由国家财政投入建设，地方一般要有配套；普惠式转移支付即所有符合条件的农民或农村都可以获得的财政支持。普惠式转移支付，若有明显标志或明确标准，这样的支付就没有争议，发钱了事。比如合作医疗，农民参加合作医疗，中央和地方财政补助达每人320元/年[①]，再如新型农村养老保险，凡超过60岁的农村人口，每人每月最低养老金为55元[②]。农业综合补贴，一般要求

---

① 2016年各级财政对新农合的人均补助标准在2015年的基础上提高40元，达到420元。
② 2014年7月1日起基础养老金由每月55元提高到每月70元。

按实际播种面积进行补贴，但实际播种面积不好计算，且承包土地的农户与实际耕种农户往往不一致，也就是说，若按实际播种面积来计算农业综合补贴，很难计算得清楚，因为很难统计具体谁播种了多少面积。因此，全国农业综合补贴几乎都是按承包面积进行的无差别补贴，都是补贴给承包农户，而与耕种者和实际播种面积关系不大。再如农村低保，每年全国低保支出高达上千亿元，按政策规定，对于特困农户要应保尽保。问题是，谁是特困农户很难有清晰而统一的标准，且虽然在村庄熟人社会中农民对真正特困农户都有共识，但当低保指标超过全村共识的极少几个特困户时，谁应获得低保就会争议极大，矛盾很多。再如农村危房改造，因为每年预算数百亿元，危房改造动辄上万元，谁的房子是危房，如何评估，标准很难确定，因此几乎每笔危房改造经费都会引发争议。

也就是说，普惠式转移支付必须是标准很清晰的项目才不会起争议，而凡是标准比较模糊的项目几乎都会起争议。标准模糊，基层干部就可能利用这些模糊之处谋职私利，农村中的强势群体也可能借此来要挟国家以最大化个人利益。国家因此也就尽可能将普惠式转移操作为标准化的项目，比如农业综合补贴"一卡通"，直接由财政发给农户，而不大可能真正去检查究竟是谁在种田，种了没有和种了几季。

同时，因为普惠并非完全按人口平均，而是要按具体情况，如低保的"应保尽保"，但谁是村庄特困户，哪一户符合国家低保标准，却很难标准化，也就无法做一刀切的处理。因此要么给村干部判断的权利，要么由村民评选低保户。无论村干部选还是村民选，都可能有个人因素或家族因素参与进来，而难以做到客观公正公平，因此引发意见。结果是，无论怎么分配低保指标，都会引起村庄内的矛盾甚至引起上访。

竞争性转移支付一般要由地方申请，上级根据实际情况安排。竞争性项目的获得往往首先来自地方申请者的个人能力及个人关系，而依靠申请人个人关系申请来的项目，就使个人可能从中获取更多利益，虽然项目是对地方的。

为了防止个人在转移支付中的腐败行为，对于竞争性项目，国家一般要求公开招标，自上而下由上级政府来安排实施，尽可能排除地方的影响。结果，这就不仅将村民排除在项目以外，而且基层干部也被排除在项目以外，而是一个招标而来的施工队在农民土地上建设直接关系农民切身利益的公共工程或公益事业，这个时候，外来施工队与当地农民之间发生冲突就很正常了。何况，农村一定会有钉子户，有狠人，有希望借工程来谋取好处者，这些人通过制造难题来获得更多工程补偿，而其他农民因与己无关而冷眼旁观。

即使国家安排的项目能有效落地，这样的落地也可能与农民实际需求有很大差异。农村公共品的特点是差异性、多样性巨大，无法标准化。越是自上而下正规招投标，就越是难以灵活地满足地方实际需要。因此，灵活性与标准化之间的张力就变得相当严重。

最根本的问题是，自上而下的国家项目落地仅仅是改善了农民的生产生活条件，是慈善性质的，却并未通过项目落地来提高农民组织能力与参与能力，项目是外在于村庄的。

无论是竞争式转移支付还是普惠式转移支付，都是国家给农民分钱，这个分钱过程显然不顺利，效率比较低，效果比较差。之所以出现这样一种情况，其原因仍然是与农户过于分散有关系，简单地说就是，国家与2亿多户情况千差万别的小农打交道的成本很高，具体地说就是，中国农村区域差异巨大，农民人数众多，基本上不可能找到一个全国统一的给农民补贴的标准化办法，不可能有一个一刀切的具体操作手段。为了让国家转移资源有针对性，就必须允许在转移支付过程中地方有一定灵活性。一旦有灵活性，有使用转移支付的灵活空间，地方重则可以借此机会来牟取私利，各种关系项目、人情项目都出来了。轻则侧重于地方政绩和面子工程，国家大量转移支付都被用在公路两边或做了示范点。

农村转移支付难以标准化，就使得中央必须给地方灵活操作的空间，然而一旦灵活，就几乎必然会出现转移支付的使用偏离目标，甚至出现贪腐。这种一收就死、一放就乱的我们十分熟悉的行政困局，在国家对农村的转移支付中也是反复地出现。

如何解决这个问题呢？出现这个问题的关键是国家与分散而差异巨大的农村与农民的情况有关。不同地区的不同农民，他们情况千差万别，对国家转移支付诉求千差万别，这些无法标准化的千差万别，使国家根本就不可能采用自上而下一刀切的政策来解决所有问题，国家又无力与2亿多户小农直接打交道，剩下的几乎是唯一的办法，就是在基层将农民组织起来，让农民参与到国家转移支付的需求偏好的表达之中。一方面，国家向农村转移资源，但这种转移不只是要搞扶贫和慈善，而且要提升农民的组织能力和对接国家资源的能力。一方面，农民也只有通过一定的组织平台才能有效对接国家资源，真正让国家资源发挥为农民生产生活提供最大效益的服务的功能。

这样的对接平台显然应是村庄这个熟人社会。正好农民通过民主来进行自我管理、自我教育、自我服务的村民自治已经实践二十多年，积累了成熟经验，现在让村庄这个自治的熟人社会平台来对接国家资源，国家也有部分资源转移到这个自治平台，由自治平台用民主的方式决策使用。这样一种自下而上的农民需求偏好与自上而下的转移资源在村庄平台通过民主的方式对接，就可能不仅有效使用了国家资源，而且可以提升农民民主自治能力，这种自治能力的提升又会进一步提高农民自己解决自己事务、解决农村生产生活基本秩序的能力。

也就是说，在国家向农村转移资源的过程中，必须要有农民的参与。转移资源若不是同时提高了农民的参与能力、农村基层组织的组织能力，而只是做慈善、扶贫的话，这样的转移支付就不仅效率不高，而且会矛盾重重。

财政资源应该如何下乡

一

在县市一级调研，普遍反映中央财政支农资金项目太多太滥，在农村到处撒胡椒面，不能起到应有的支农作用，也做不出看相。认为中央支农资金应当以县为单位统筹，整合资金发展现代农业或建设新农村。具体办法就是将中央专项转移支付变成一般财政资金，在县级统筹，由县级政府统筹建设。毫无疑问，县级政府比中央政府更了解农民需要什么，农村需要什么。县级政府比中央更了解当地情况，更有能力有针对性地做成好事，问题是，县级政府是否会将中央资源用去做中央希望地方做的好事，而不是用在其他地方？在中国历来的条块关系中就有一放就乱、一收就死的循环。所谓一收就死，就是中央通过条条、通过部办委局系统来下达任务，转移资源，为了防止地方挪用资源改变用途，中央下达的任务就必定是十分具体甚至尽可能标准化的。越是具体，越是标准化，就越是缺少适应性，就越是难以适合中国基层千差万别的需求和实际。要让中央下达的任务或转移的资源适合地方实际，中央就只能有很原则的规定，很抽象的要求。一旦原则化和抽象化，地方就会变通，将本来应当用于 A 处的资源用到了 B 处，将本来应当认真完成的任务草草应付。最终的结果是，中央不得不对地方加强监察，不得不进行明确规定，以及不得不收权。

县市讲中央应当将专项转移支付下放到县级统筹，因为中央资源在县级落地时，越是有明确具体规定的落地就越有可能不接地气，就越是在地方上漏洞百出。这些不接地气、漏洞百出的案例，全国汇集起来必是庞大的数量，由此必构成对中央的极大压力。中央因此就不得不放权，不得不减少专项转移支付而增加一般转移支付，以及不得不允许中央专项财政支农资金在县级统筹使用。

地方要求中央更多一般转移支付及要求在县一级统筹使用中央到县的各种专项资金，当然是有道理的，尤其是有些中央专项资金到了地方完全不接地气，简直是洋相百出。这就进一步提高了地方尤其是县市要求的底气。那么，县市一级政府如何使用资金支农呢？相对于中央部办委局，县级政府当然更了解当地农村的情况，也就可以更加接地气有针对性地将支农资源用在刀刃上。问题是，县级政府在使用支农资源时，决策者本人并非真正支农资源的受益人，且决策人有自己的决策偏好甚至个人利益。有两种县级政府使用资金时的表现，其一是支农资源投向利益关系人，从而形成自上而下的资源转移与自下而上的利益寻租的结合，由此形成我们所说"分利秩序"。县级支农资源被用到了各种利益关系人上面的情况在当前各种下乡资源中都普遍存在。以至于湖北一个农业大县农业局局长讲，现在各种资源下乡，造成农业企业整天不是琢磨市场，而是琢磨市长，琢磨政策，琢磨如何套政策之利，从而走上了邪路。地方政府使用资源的自主权越大，这个寻租空间就越大，出这种问题的可能就越大，形成分利秩序的可能就越大。

第二种表现是将大量资源集中使用到示范点上去。使用到点上的好处是资源使用看得见，且资源使用起来相对比较安全，不容易出事。李祖佩研究县级治理，发现县级政府喜欢打造示范点，喜欢将大量资源集中使用到示范点上。一般情况下面，示范点的选择有三个前提，一是村干部得力，有能力对接大量的自上而下的资源，二是村庄有一定产业基础，三是示范点的数量要少。各种资源使用到点上，很快就可以极大地改变示范点的面貌，形成看得见的效果，同时，各种资源集中到少数点上，资源的使用就不太容易出问题，尤其可以防范自下而上的寻租和自上而下的腐败。在各种项目资金落地容易出现贪腐的情况下面，将全县项目资金集中使用到示范点上，更有能力保证项目资金的安全落地。而由于村干部得力，各种项目资源落到示范点上也比较容易落地，比如一般会比较少出现钉子户，因此可以降低治理成本。

问题是，即使成绩看得见，即使项目资金可以安全落地，即使治理成本低，示范点的作用毕竟只是为了示范，国家不是想让资源落地到一个点上，将一个点建设得金碧辉煌、美丽堂皇。自上而下转移支农的财政资金目的是为农民服务，是要支农，而不是要将资源堆积在一个地方，好像国家钱多了没有地方浪费似的。凡是将大量资源堆积在一个地方打造这个地方美丽堂皇的，这样的示范点，领导人就不要去视察，地方就不应当宣传，就应该禁止。

现实中，县市政府统筹资金却恰恰容易将大量资金使用到一些不可复制的示范点上了。一个乡镇党委书记说："有的村，连续几年投入几个亿，示范示范再示范，各种项目资金集中到一起，根本就不可以复制，哪里有什么示范作用？"示范点当然不只是行政村，而且包括所谓农业现代化的龙头企业。某县农业局局长说，"政府扶持龙头企业的方式必须转变。现在很多私人企业，国家几千万甚至几亿投入进去了，结果却是'一家独大、垄断市场、绑架政府'，甚至将政府扶持资金用到房地产市场上去了"。湖北一个县级市最近十多年仅在一个示范村就投入各种财政资金达 3 亿元左右,这个示范村显然不可能示范,因为这个示范村将最近十年全市几乎所有可以机动出来的支农资金都投入进去了。目前该市正在打造另外一个示范村,问题是,这个市有 500 多个行政村,政府要花多少年才可以将全市的所有行政村打造一遍呢?且国家节约出来用于支农的资金,是要堆积到个别根本不具有任何示范作用的村,以让这个村的村民获得远多于其他村的早已饱和的公共品吗?而省委还在这个不可复制示范的"示范村"召开了全省新农村建设工作现场会,并提出向这个村学习的口号了!

二

中央之所以要向农村转移资源,显然不是因为国家财政的钱太多了没有地方用,而是因为农村欠账太多了,税费改革后,过去农村公共工程和公益事业建设以农民自筹为主的模式又解体了,中央就不得不千方百计地筹资支农。中央支农资金不是为了锦上添花,而是要雪中送炭,中央资源转移支农是为了保底农业,为了维持农民与农村的基本秩序。

一般来讲,我们会说撒胡椒面是不好的,也是不对的,因为这种撒胡椒面就将有限宝贵的资源分散了,不能集中资源办大事,但问题是,地方将有限的支农资源集中到少数不可复制的所谓"示范点",甚至私人龙头企业上去后,之前所有农民都可以雨露均沾的国家资源,农民却可能根本没有任何机会受益,这样的资源下乡又有什么用处?为何要花这样的冤枉钱?

有人说撒胡椒面没有用处,问题是怎么个撒法。撒过比不撒总要好,撒的方式对头,说不定会有奇效。还以前述某市为例,全市村级债务有4.21亿元，500多个村，只有26个村不欠债。村级债务对乡村治理产生了巨大的负面影响，如果该市将最近10年用于示范村的3亿多亿项目资金用来解决全市村级债务，就可以发生奇效。该市每年投入到一个示范村的财政资金达3000万元，平均到每个行政村可以有6万元的村均资金，一个村有6万元，可以办成很多事情的。2002年我从外面筹资在湖北荆门五个村搞农村公共品供给的试点，按每村每年4万元预算，由村民代表会议讨论决定如何用每年的4万元，规定这个钱只能用于公共工程和公益事业。结果是效果很好，每年4万元投入发挥出了远远超过4万元的经济与社会效益。效果为什么好？因为这笔钱如何使用的决策者正是其受益人，村民可以通过村民代表会议来决策如何最大化这4万元资金的效用。自外而内的资源与自下而上的村民自治结合起来，就可以形成农民的主动性和主体性，就可以有效使用好资源，就可以让有限的资源发挥最大的作用。在资源使用上面，让农民这个最终受益人参与进来具有决策权，而不是让自上而下的条条以及县级政府的块块来决定资源如何使用，这个资源才可以真正有效地使用好。

三

包括中央转移支付在内，中国的事情一向就是，一放就乱，一收就死。中央和地方一直难以解决全国的统一与地方的差异的问题。在资源下乡上面，标准化的项目资金使用如何与差异化的农村实践相对接是一个大难题。县级统筹的结果往往不是解决了这个难题，而是转移了这个难题：县一级将资金都堆到点上去了。将之前农民雨露均沾的国家支农资金用于锦上添花办示范点，这还不如过去撒胡椒面更为公平乃至有效率。

总的来讲，中央自上而下的转移支农资金，目的并不是要打造个别的典型示范，而是要真正解决当前农村中存在的诸多问题，与其由县级政府来统筹各种项目资金以打造个别示范村或扶持农业龙头企业，不如仍然由条条来实施可以让农民有较大获益面的各项工程。中央在转移资金时，减少专项资金增加一般转移支付也许是对的，前提是这些一般转移支付要转移到真正受益的农民那里，要让农民真正参与进来，要充分发挥村民自治建设的成果，让农民自下而上对公共品需求偏好的表达可以与自上而下的转移资源相对接，从而真正让中央从牙缝里节省出来的转移资源可以在农村起到雪中送炭、保底农民生活和农业生产基本秩序的作用。

清远农村的资金整合

2014 年开始,广东清远市开始进行农村综合改革试点,其中一项重要内容是对涉农资金进行整合,在村庄层面,就是将一卡通发放到户的农业综合补贴与生态公益林补贴,通过村民同意整合成村庄公共工程和公益事业建设资金,从而提高村庄组织能力,以应对农民生产生活各种事项所需。与土地整合一样,清远市几个进行试点的乡镇都十分顺利地在自然村一级完成了资金整合,具体地,就是各自然村召开户长会议,经户长同意签字,将上级发放到户的农业综合补贴和生态公益林补贴,由银行代扣到自然村经济社的账户上。调研的英德市九龙镇和西牛镇,除极个别例外(因为农户都已进城,无法召集到村民开会),绝大多数自然村都已由村民签代扣协议,并按了指模,自然村一级以此协议和户主身份证复印件到银行办理完毕代扣手续。阳山县江英镇各自然村也已召开户长会议并签了代扣协议,但银行比较谨慎,逐户复核,到我们调研时的 2016 年 3 月,全镇才有三个自然村完成逐户复核的任务。

一卡通发放到户的农业综合补贴改革,议了很多年都没有任何改变。这个议主要是基层在议,认为农业综合补贴既不能让农民增加收入,又没有调动农民种粮积极性。不发的话似乎不好,发又不起什么作用,基层一般建议将这个直接发放到户的农业综合补贴留在村一级做公共工程和公益事业,为村民生产生活服务,就可以发挥比较大的作用。以一亩100元计算,一个行政村一般二三千人,三四千亩土地,就有三四十万元的农业综合补贴,这个补贴比通常一般农业型地区行政村一年所有财政补贴资金高了好几倍,因此可以做不少的事情。中央一直犹豫,是因为给农民好处不能做减法,农业综合补贴既然已给了农民,就不好再收回来给到村里,事实上,近年来,中央给到农业的补贴开始向大户倾斜,2015年一号文件甚至提出将给到农民的农业综合补贴的20%扣出转移到大户。

清远农村综合改革以自然村为单位进行涉农业金整合,将发放到农户的农业综合补贴和生态公益林补贴通过农民自愿转化为自然村的公共经费,具有十分重要的意义,因为有了这笔公共经费,自然村就可以议事,就可以针对村民生产生活所需进行建设,这个建设势必又会提高自然村的组织能力,带动农户投资投劳改变自己的生产生活环境,自己动手建设自己的美好生活。

自然村是熟人社会,也就是人民公社时期的生产队,行政村下面的村民组,是集体土地的所有者,村民共同居住,共同生活,无论是生产还是生活都有相同的利益诉求。有了一笔进行村庄建设的公共经费,尤其是从发到农户的农业综合补贴扣出的公共资金,这笔经费就一定可以最准确地用到该用的地方,因为村民的公共品需求偏好可以最为准确地表达出来。在熟人社会中使用这笔公共经费,一定不会有人敢浪费,更不会有人敢于贪污了。相反,因为是村庄自己的钱,如何将钱用到刀刃上,如何进行工程建设,就一定会是最合理、最节省、最高效率的了。在经费的使用过程调动村民自己的投劳投资也就相对容易。这样一来,中央给到农民农业综合补贴的钱下去了,通过自然村的资金整合及公共工程和公益事业建设,不仅农民生产生活条件改善了,而且农民组织动员能力大幅度提高了。这样的资金整合当然也就太好了。

清远市农村之所以可在自然村一级很轻松地进行资金整合,与清远市自然村一级的宗族组织有关。清远市几乎所有自然村都是宗族性的单姓村,1949年以前,所有宗族都建有宗祠,都有宗族公产尤其是土地,改革开放以后,清远市绝大多数自然村都重建或维修了宗祠,而重建或维修宗祠都要成立由各房代表组成的建祠委员会,向村庄男丁收钱建宗祠。几乎不会有村民会拒绝交建祠堂的丁费。正是宗族的认同和行动能力使得清远市以自然村为基础进行的涉农资金整合十分顺利,并且,借整合的资金调动起农民投入建设自己村庄的动力。

以自然村为单位的宗族组织不仅是清远农村可以顺利进行涉农资金在自然村一级整合的原因,而且正是有了宗族认同,被整合起来的资金可以最大限度地在村庄建设中发挥作用。英德九龙镇楼仔自然村,村民借整合起来的公共经费组织村民投入劳动,对自然村的外部生活环境进行了彻底的改造,包括修建进村公路、绿化、建篮球场,等等,一年多时间,仅仅村民投劳即超过4000个工,按每个劳力每天80元计算,投劳折合为钱即达32万元,而楼仔自然村只有400多人,每年整合的涉农经费也才3万多元。仅仅一年多时间,楼仔村的面貌就发生了惊人变化,而所有这些都没有国家的任何投入,甚至没有村民的资金投入,而只是将村民农闲时间动员起来出了4000个义务工。

阳山县江英镇泾面自然村也早在2008年即将农业综合补贴进行整合,用于修建进村公路和自然村文化活动中心。泾面村只有45户,260人,因为泾面村交通不便,绝大多数农户都已经搬出到外面买房或建房。经过全村村民的同意,泾面村将农业综合补贴和生态公益林补贴集中起来,每年有5万元左右,2010年开始动工修建村文化活动中心，但只打了地基就停工了，因为进村公路太差，建筑材料无法运进来。泾面村转而开始修进村公路，2012~2013年两年时间，泾面村争取到上级补贴的15万通村公路建设经费，以整合的涉农资金12万元作为村民自筹资金，顺利修好了1.2公里的进村公路。接着再修村文化活动中心，到2015年村文化活动中心顺利竣工，共花30多万元，成为泾面自然村最好的建筑，也成为全村办红白事的最佳场所。每年清明前一天，全村45户户主无论是在哪里都会赶回来开会商议村中各项大事。据主持泾面村文化活动中心的同志讲，泾面村目前仍然欠施工队9万元，政府也给了泾面村8万元奖补。因为有整合的公共经费，虽然绝大多数农户都已搬出泾面村，泾面村却仍然显得有些生机。目前泾面自然村正在进行土地整合，试图将农户土地整合起来形成适度规模经营，从而不仅避免土地抛荒，而且要让土地产生效益。

从全国来讲，因为缺少聚族而居的宗族组织的动员能力，其他地区未必能有清远农村自然村一级动员所有村民同意将国家直补到户的农业综合补贴由村社代扣的能力。一户不同意，很快就户户不同意了。村社集体强扣就严重违反了国家政策。不强扣，村社集体就无法整合直补到户的资金，也就无法利用这个整合起来的资金进行村庄建设。

现在的问题是，国家为什么要设计这样的效率不高的直补到户的农业综合补贴，而真正支持村社一级进行建设的经费却相较很少呢。我一再说过将自上而下的国家资源在村社一级与农民自下而上的对公共品需求的偏好结合起来，不仅可以最为有效地最为准确地建设农民生产生活必需公共品，而且可以提高农民的主体性与主动性，可以提升农村基层的组织能力。国家转移到村社的公共资源可能撬动的是农村社会内生的活力和组织能力。清远市农村资金整合实践已经证明了这一点。

村级债务是村治的溃疡

一

2015年5月与湖北社科院宋亚平院长到湖北一些县市调研，发现在农村税费改革中锁定的村级债务现在正在成为引爆农村的大麻烦事。村级债务必须正视，一定要尽快解决，否则会对乡村治理带来难以挽回的负面后果。

三年多前遇到国务院发展研究中心研究员赵树凯，他问村级债务的情况。他说，他感到很奇怪，在农村税费改革时期，各个地方都将乡村债务说得很严重，中央采取的措施是锁定村级债务，现在十多年过去了，也没有听到什么关于村级债务爆炸的消息，时间一长，以前不好办的事情也就自然过去了。看来什么事情只要拖一拖也就好了。同时，这是不是也说明过去将村级债务问题估计得太严重了？中农办领导也有过类似的疑问：过去说村级债务是定时炸弹，为什么现在还没有炸？是不是过去将形势估计严重了？记得我当时回答是，没有化解的村级债务不可能自动跑掉，只是村级债务对农村社会的损害不是用爆炸的形式而是溃疡，这个溃疡会极大地伤害农村社会的机体，影响乡村治理的效果。如果不能及早治疗，其对农村的负面影响是致命的。

大约在2002年前后，湖北省与全国农村一样进行了村级债权债务的锁定。债权的锁定，主要是停止向农民清收所欠税费，债务的锁定主要是停止向债权人还债。锁定债务后，自上而下组织进行了债务清理，剥离了村级债务中的高息。2002年正在全国推进农村税费改革，之前，因为农民负担比较重，各地农村普遍都有贫困户或钉子户拖欠农业税费，而地方政府为了按时完成税费任务，一般都要求村级组织借款垫交。很多地区的农村中，村干部为了按时完成"一票否决"的税费任务，而以高息借贷完成税费上缴。到了税费改革前，全国村级债务已达到相当严重的程度。当然，村级债务并非仅仅是村级组织借贷上缴税费所欠，也有因为举办事业发展企业所欠债务，后者所欠主要为农村向正式金融机构如信用社和农业银行的贷款。借钱上缴所形成的债务主要是村干部向私人借贷，包括村干部个人垫交的农业税费。

相对于债务而言，村级债权几乎都是村民应缴但未缴的农业税费。这些应缴但未缴的农业税费也并非就一定不交，主要是拖欠，其中少数是村中贫困户，真正交不起。还有钉子户，没有理由就是不缴。大部分则是能拖则拖，希望拖一拖就拖掉了。

村级债务的特点是点多面广，到锁定村级债权债务关系时，湖北省几乎是村村负债，平均负债接近100万元。100万元是个什么概念？农村税费改革前，湖北省村均农民负担大约有20多万元，湖北的农民负担已居全国之首，农民就感到负担极其沉重，农村干群关系就已相当紧张。村均接近百万元的债务，就相当于四五年农民负担之和，这么大一个缺口，若按10%的年息，每年仅支付利息就相当于全年所收农业税费了。这个意义上，中央果断锁定村级债务，并在不久之后进行村级债务清理，剥离村级债务中的高息，是完全正确的。

问题是，现在村级债务已经锁定了十多年了，已经剥离了高息的本金现在已经贬值很多了。

村级债务的复杂性是，有些村办企业破产，所欠债务可能高达千万元，有些村仅仅是向农户私人借钱缴纳税费以完成一票否决的任务，村级债务只有几十万元。欠正规金融机构的钱，债务锁定十多年了，早已成为坏账，银行、信用社可能已经销账了。问题是欠私人的贷款不可能拖着不还。

在湖北襄阳、钟祥、监利、潜江的调研中，地方无一例外强烈反映村级债务已到非解决不可的当口，再也拖不得了。潜江市村级债务有3亿多元，债权有1.5亿元，村均债务大约100万元。钟祥市村级债务4.21亿元，除26个无债村外，其余469个村均负债。宜城市调研的一个乡镇村级债务1800万元，村均接近100万元。襄阳市襄州区一个乡镇镇村级债务6000万元，村均接近200万元。监利县也几乎是村村负债。

二

调研的所有县市领导和乡村干部都对村级债务极为头痛，都认为村级债务不能再继续锁定下去而必须要真正化解。村级债务已经严重影响了乡村治理的正常进行，拖下去的后果不堪设想。

潜江市农办认为，"截目前，中央一直没有出台解锁的政策措施，致使该收的债权不能收，到期该还的债务却必须还，村级无力支付沉重的村级债务。农村中的一些老实人吃了亏，滑稽人讨了好，群众对此意见很大，影响了村级组织的信誉和形象，困扰着基层组织战斗力和凝聚力，影响了农村经济的可持续发展"。宜城市的干部讲，"现在村级债务压力极大，维稳压力也大。尤其是家庭困难的债权人强烈要求村干部还钱。有些村干部当时为了交集体农业税费，自己垫钱了，现在已经很老了，他们也强烈要求村集体还钱给他们。他们说为共产党干了一辈子工作，还吃了这么大的亏。这对农村基层组织影响极大，对群众工作影响极大"。宜城干部还讲，村级债务"差农民的，差干部的，差党员的，这些人都是之前村里党建的基本群众和骨干，这个债是跑不掉的。中央按兵不动，想拖，以为可以拖得掉，这是不可能的，这极大地伤害了农村工作中的基本群众"。钟祥市的同志讲了一个例子：一个老支书之前向村民借钱交了农业税，后来债务锁定了一直不还，村民意见很大。后来这个老支书不当书记了，退下来开了一个农资店，债权人来店里将化肥拉走，用之前的欠条抵账。还有村里的干部因为受到巨大压力而自杀的例子，等等。几乎每个人都可以讲出若干因为村级债务而引发的严重后果。

三

村级债权债务的锁定当时只是权宜之计，一般预期最多两三年就要清理解决。但因为债务关系过于复杂，而清收农民所欠税费形成的债权，谁也不愿做这个恶人，因此，锁定的村级债权债务就一直没有解决，因为村级债务所造成严重后果没有以爆炸方式爆发，中央对村级债务采取了无视的态度。但这并不是说村级债务就是可以这样拖得过去的，也不是说村级债务就是无害的，是应该拖下去的。

锁定村级债权债务对乡村治理造成的严重后果，主要有以下几个方面：

第一，搞乱了人心。在锁定村级债权债务关系前，凡是积极缴纳了税费，完成税费任务的农户，要么是村级治理中的积极分子，要么是老实人，这些人更愿意支持村社集体，支持国家，相信"交够国家的、留足集体的、剩下都是自己的",总而言之是村社集体事业最重要和最基本的支持力量。而拖欠税费的农户大致有三种人,一是真正的贫困户,的确没有钱交纳税费,这样的贫困户不多,他们交不起税费及没有交税费,理应免掉,他们没有交,农民都理解;二是钉子户,有钱就是不交;三是消极户,拖一拖,缴纳税费不积极。税费改革后,停止清收税费尾欠,到现在,几乎所有人都认为,过去欠集体的税费是不可能再收得起来了。这样一来,真正支持村社集体的积极分子和老实人吃了亏,而狡猾人占了便宜。这样的权利义务关系错乱极大地伤害了基层组织的基本群众,失去这些基本群众的信任与支持,基层组织再做任何事情也难以做成。有乡村干部说,农民不怕穷,就怕不公,中央锁定村级债权债务,听党的话,跟干部走的基本群众吃了亏,狡猾人占了便宜,这个不公,让人想起来就气愤难平,还有谁会支持基层组织、相信国家?

第二,影响了公共事业的筹资。取消农业税后,如何解决农村公共品的供给,当时中央提出一事一议,按每人每年15元来筹集农村公共事务的建设资金。因为有村级债务,村集体欠一些农户的钱,这些农户就要求以债务来抵上缴。一般农户则说要交钱可以,先将过去欠村集体税费农户的钱收起来再说。每次"一事一议"都有农户以债抵钱,就不仅仅是一事一议筹资不到位,而且其他村民也会消极对待,一户不交钱,多数农户跟从,大家都不交钱,一事一议自然就搞不成了。不仅"一事一议"搞不成,任何涉及由村民投资投劳的事情都因为有人反对而搞不成,反对的理由很简单,村级集体欠我的钱,我用这个钱来抵投资投劳的钱还不行吗?或者说,要我出钱可以啊,先将过去欠村集体税费的人的钱收上来再说。结果是任何事情都办不成。

第三,形成了村级治理中的坚定反对派。村集体向村民借钱上交税费，这些钱或者是由村级干部垫交了税费，或者是村组干部向亲戚朋友借钱交了税费，完成了国家税费任务，现在不仅不计息，而且本金也不还。十多年过去了，锁定债务时，打工三年还赚不到一万元，现在打工一年就可以赚三万元了，结果还不还？有些债权人已经很老了，住院要死了，村集体却不还钱，还有一些老干部担保借钱上交的，现在别人找老干部要钱，老干部甚至被逼自杀了。虽然总体来讲，借钱给村社集体的农户并不多，占不到全部农户的十分之一，但是，长期锁定不还的村级债务却极大地恶化了村集体与这些债权人的关系。宜城调研中，一个乡镇长说，上访户中有三分之一是要求村集体还债。村干部本来就没有威信，到年关，逼债的人登门，以致于村干部只好到外地躲债而无法在家过年的情况具有相当普遍性。村干部对债权人要债也当然没有办法，因为村集体没有任何收入，村干部就只能是新官不理旧事。甚至没有人愿意当这个村干部。要不到债的村民不仅对村干部心怀怨恨，而且对国家也是相当不满，乡村治理中的任何事情，无论好事坏事，这些心怀怨恨的村民都会奋起反对，这些反对者成为想为村民和集体办事的村干部越不过去的坎，最终好事不好办，办不好，村干部也寒了心，懒得再去办事。村干部不办事，办不成事，就更加不得民心，村级组织建设就更加涣散。

四

虽然说起来村级债务数量庞大，实际上，全国村级债务总额也只有万亿左右，相对于每年国家向农村转移的超过万亿的财政资金，村级债务数量并不大。甚至相当部分村庄，国家每年转移下来的财政资金要远远大于村级债务。因此，村级债务问题本质上不是资金问题而是对村级债务的认识问题，对村级债务负面后果的认识问题。国家每年向农村转移支付超过万亿的资金,目的是为了缓解三农问题,搞好乡村建设。但村级债务不解决,农村正当的权利义务关系不确立,无论多么巨大的转移支付资金在落地时都会事倍功半,达不到应有效果。

锁定村级债务并未解决村级债务,村级债务问题已经成为当前乡村治理中的重大隐患,是乡村治理陷入困境的重要原因,是农村基层组织建设的致命伤口。解决村级债务刻不容缓。

无核的乡村，转移支付无法激生活力

当前国家每年上万亿涉农转移支付，最大的问题是，钱下去了，农村基层治理的活力仍然没有，相反，农民还形成了越来越普遍且严重的等靠要思想，甚至有一些地区，农村钉子户还借国家支农资源的落地来谋取不恰当的好处，完全是敲诈性质。一般农户对钉子户的恶劣行为，要么麻木不仁，要么围观起哄。这样的结果是，无论国家向农村转移了多少资源，做了多少好事，提供了多少基本公共服务，农村基层组织的能力都没有提升，农民对国家的认同也没有提升。基层治理活力也就越来越没有了。

杨华是湘南人，家乡的宗族认同还存在。多年前，杨华家乡的村民组就向上级申请建一个垃圾池，上级也有类似项目经费。因为排队或者是没有关系，直到今年春节，杨华所在村民组仍然未能申请到项目经费，而垃圾已经围村了。杨华在外工作，他的家族在村民组有一定地位，他便联系村民组长和一些代表性的村民，建议由大家捐资，同时每家出劳动力，不等不靠，自己修垃圾池。说干就干，花费1400元和大约60个工，三天就修好了之前预算要2万元的垃圾池，并将村中垃圾全部清扫一遍。

从杨华家乡建垃圾池的例子来看，农村社会中还是有着治理活力的，关键是发动和组织。而且，依靠村庄内部积极性来建垃圾池，只是将打麻将的村民组织起来劳动，花了很少的钱，办了不小的事情。而村民在共同建造垃圾池的劳动中相互打趣，加深了相互之间的感情。若由上级拨钱来做，花钱多，效果还不一定好。

十多年来，我在湖北四个村进行老年人协会建设试验，所做工作十分简单，就是在四个村发起成立老年人协会，然后每村每年资助5000元活动经费，由老年人协会自主决定使用。十多年下来，四个村的老年人协会都运转良好，在当地老年人的生活中已经起到了不可或缺的作用，甚至对村庄治理也产生了影响。我每年资助每个老年人协会5000元，计算到每个老年人，每人每天大概一毛钱，这点钱所起作用却很大，因为十分有效地将老年人组织起来了，不仅做到了老有所乐，甚至在某些方面做到了老有所为。我当时的口号叫做"一毛钱买老年人一天的幸福心情"，现在看起来在一定程度上是做到了。老年人协会建设真正起到了花小钱办大事的效果，通过很少的资源投入，激活了农村社会内部的积极性。

我个人出钱资助的老年人协会，小钱起到了大作用，而且整个过程中，我几乎没有在老年人协会建设的任何具体事务上插手过问。遗憾的是，一些地方政府建老年人协会，花的钱要比我多得多，却几乎没有真正运转好的，甚至运转几天就持续不下去，自动关门了。

为什么会有如此巨大的差异？其中一个原因是，我捐钱给老年人协会，老年人协会觉得欠我个人的人情，因为我完全没有捐钱的义务。因为欠了人情，就必须用好每一分钱，且所有老年人都认为这是老年人协会的钱，是要用好的，小钱因此用到刀刃上，办了大事。政府投入的钱，给到老年人协会，老年人协会不觉得欠政府的人情，不对任何人负责，怎么用钱都是可以的。另外一个原因是，政府投入的钱是官方渠道下来的，而官方渠道背后有人，是有人向上级争取的资源，这样争取来的资源，争取者就更有权利多用甚至乱用。第三个原因是，政府下来的钱，为了防止钱被乱用，其用途一般都作了十分细致的规定，只能用到具体的地方，老年人协会和老年人群体缺少经费使用上的发言权。

国家向农村投入资源搞建设，只是国家去建，而不调动农民内在的积极性，不与农民自己的切身利益联系起来，国家投入资源越多，农民越是被动，越是等靠要，资源使用就越是缺少效率。国家投入资源为农民建设基础设施和公共服务，农民当然是从中受益的，但是，农民只是被动的受益，他们没有参与其中，没有在其中的贡献，他们也就缺少在其中的发言权，也不可能理直气壮地指责钉子户或者监管施工单位的工程质量。

为了提高国家支农资源的使用效率，就必须提高农民的参与程度。在当前国家资源下乡中，有两种方式被普遍采用，一是以奖代补，就是由农民自发建设，国家验收合格，给予奖励，比如挖万方水塘，农民挖一个万方水塘可能要花2万元，农民挖好，政府验收合格，给予1万元奖励，这样挖出来的水塘，是农民自己挖的，自己受益，且产权在自己，管理在自己。这样的可以落实到户的项目，以奖代补是一个好办法。还有一种超出农户的工程，比如修通村公路，上级拨款70%，由地方配套，包括村级配套和村民出义务工。只有农民自己出了义务工，村集体出了钱，农民才会认为是自己修的路，才会珍惜。

现在的问题是，在全国绝大多数地区，要求地方配套的国家资源下乡，不仅没有调动起农民参与的积极性，反而因为地方无法组织起农民参与出钱出力，而不得不借贷配套，结果，国家资源下乡越多，村社集体为配套所借钱越多，乡村债务越大。乡村债务越大，村社集体动员农民的能力越差。这样，本来是动员农民的配套要求，反而进一步将农民排斥出去了。

问题出在哪里？出在基层组织没有能力上，而其中根本则是基层治理缺少活力上。北京大学的潘维教授曾说，国家不仅要有办大事的能力，而且关键要有办小事的能力。问题是，小事很琐碎，且小事很复杂，只是按自上而下的标准化要求来办全国不同地区农村的小事，这样的标准化要求就一定会闹出很多荒唐的笑话。但是，如果不按标准化的要求向下转移资源，而允许地方依据实际情况调整，地方就可能乱来，将国家宝贵的支农资源用到与农无关的地方去，拿去打造政绩工程，甚至贪污掉了。这样，在国家资源自上而下的转移中，就面临着"一收就死，一放就乱"的困境。

问题的关键就在于国家资源最终受益者农民的状况。如果农民是分散的，而国家资源转移又是或然的，农民就在国家为他们建设的基本公共服务方面没有发言能力，他们因此等靠要，在可以白得好处时，一定要占点便宜。农民有自己生产生活中的困难，问题是，在当前这样的自上而下的资源转移体制中，农民无法将他们的困难或者需求有效地表达出来或反映上去。所谓有效，是将有限资源用来优先解决最必须诉求，而不是要用无限资源满足所有诉求。这也是满足不了的。他们无法结成有效的意志，同时无法决定自上而下资源的使用方向与使用方法。在自上而下资源转移过程中，农民当然也尽可能等靠要甚至麻木不仁。

也就是说，现在的资源下乡体制缺少对农民的动员，缺少农民有效的参与。资源下乡是在为农民提供基本的公共服务，是在做慈善，而没有变成农民自己的事业，尤其没有变成农民群体的事业。没有对农民的动员，农民缺少参与渠道，农民在具体的生产生活中遇到的困难，向村社组织求援，村社组织无力或不愿回应，农民就成了一盘散沙。一盘散沙当然不可能有建设性的力量，相反，还会出现少数害群之马，有了钉子户和搭便车的人，这些人就可以破坏农民基本的生产生活秩序，破坏基本的共同规则，而无人敢于出来指责。正义无法伸张。

在面对农民共同的生产生活困难时，村社集体的出场十分重要，因为村社集体是代表共同利益的。村社集体回应农民的需求，农民就会对村社集体有信任与支持。村社集体越是能够回应农民的需求，农民就越是信任村社集体和支持村社集体，村社集体也就越是有能力。这是一个正反馈。村社集体有了能力，就可以阻止搭便车行为，甚至指责钉子户，村社集体背后农民的支持，是巨大的力量。

村社集体与农民之间的良性互动需要有一个具体的通道，这个通道就是通过村民会议或村民代表会议来动员农民，来让农民参与，来让农民表达出来自己的需求偏好，从而形成强大的农民的共同利益与意志，然后村社集体直面农民的需求，回应农民的问题，触及农民的利益。在这个动员过程和参与过程中结成的强大的农民意志，可以抑制少数人的反对与反动，可以防止害群之马的破坏。当然，现在的问题是，村社缺少回应农民需求的基本资源。因为村社集体大多是空壳，甚至负债累累。

如果国家能将一些资源转移进入村社，而不是全部通过具体项目下乡，则村社集体就可能掌握一些公共资源，再通过动员起来的群众和他们表达出来的诉求，形成自上而下资源与农民自下而上需求在村庄层面的对接，这样一种对接，因为可以满足农民共同的且强烈的生产生活中的困难，触及到了农民真实的切身的利益，将爆发出巨大能量。这样一种对接就是当前中国资源下乡背景下面基层治理的活力之源。

没有对农民的动员,没有群众的参与,没有基层组织的活力,国家再多的向农村转移的资源,都难以解决千差万别的农村的需求,难以调动农民对国家的支持与信任,难以提升国家的基础性权力。

财政如何惠农是一个值得研究的课题。

四

村治的制度探索

To Make
Better
Villages

小政府与便民服务平台的悖论

一

到苏州市望亭镇调研,镇综治办正在推进的两项相关工作引起了我们的兴趣,一是正在推动的网格化管理,一是网电便民服务平台建设。

网格化管理目前已成为全国综合治理的一个基本办法与抓手,正在全国推开,但我对它一直心存疑虑。望亭镇网格化管理也是最近一年多的事情。目前全镇都分为三级网格,即一个镇级网格(一级网格),10个二级网格(行政村级),34个三级网格(自然村级),其中最重要的网格是三级网格,这是直接接触现场的平台,每个三级网格都设一名网格长,一名网格员,若干网格联络成员。三级网格的网格长由村干部兼任,网格员主要是在网格内进行巡查并报告情况,多由村民组长兼任。每个三级网格都有由各个条线干部进入负责的网格联络成员。按规定,所有条线都必须分具体人到各个网格作为网格联络员,这些网格联络员有责任和义务处理来自联系网格的相关事务,包括回复和解决相关问题。这样,每一个三级网格都可以有一个网格长,一般由村干部担任,有一个网格员,一般由村民组长担任,有若干网格联络员,由各个条线部门工作人员担任。网格联络员不仅应当经常到自己联系网格走村串门了解情况,而且必须将自己的手机和其他联络方式在本网格公开，每个三级网格的网格员都有所有条线网格联络员的联系方式，随时可以将网格发生的紧急情况发送到相关网格平台，网格平台将所属事务分配派单到网格联络员，网格联络员有责任和义务在第一时间回答或解决问题。全镇所有重要的条线单位都要在每个三级网格设网格联络员，有些条线单位的人比较少，比如综治办只有2个人，这样综治办的两个人就分别纳入34个三级网络作为联络员。好在网络化运转一年多了，各担任17个网格联络员的综治办干部没有接到过三级网格员平台派单需要第一时间解决的问题。按照规定各个网格员必须将本网格发生的所有需要解决的问题上报网格平台，网格平台发送指令派单到网格联络员来解决。

2016年3月开始，苏州市将所有网电投诉平台进行整合，建立了一个统一的网电便民服务平台，具体地说，过去苏州市建立有分散的投诉系统，如96889、寒山闻钟、数字城管、市长热线、公众监督网、手机投诉平台、微信公众号平台、12345，等等，分属不同的系统和不同部门，苏州市以12345为主，将分散投诉系统整合起来，建立了市—区—乡镇的便民服务平台，对所有投诉进行交办、办结、投诉人满意与否的实时监控处理。便民服务平台由市区乡镇综合治理办公室牵头负责，不仅有限时办结的要求，而且必须要将所有办结情况向投诉人反馈，由投诉人进行满意还是不满意的打分。市对区县、区县对乡镇每月办结情况进行通报。

由综合治理办公室牵头建立的服务平台要及时将投诉登记派单。望亭镇共60个可能转交派单的条线部门，既包括站所，又包括公共公益事业单位如学校、医院，还包括村居和国有合资企业如自来水厂。所有政府性质、事业单位性质的部门和国有合资企业都是可能派单的条线，都必须设定条线联络员。便民服务平台派单来的诉求或请求，条线联络员接单后必须视情况或自主解决解答，或向条线领导汇报再来解决解答。

2016年4月1日～30日，望亭镇便民服务平台共接到上级转派单96件，其中反映情况5件，咨询类5件，投诉类57件，举报类11件，报修类7件，建设类6件，报修类1件，求助类4件。

5月1日～30日，接到上级转派单81件，其中咨询类13件，投诉类41件，举报类8件，报修类3件，建设类10件，服务求助类1件，抢修类1件，其他4件。

6月1日～30日，接到上级转派单124件，其中咨询类8件，投诉类65件，举报类17件，报修类20件，建设类4件，服务求助类9件，其他1件。

此外还有110系统的"有警必出，有难必帮，有险必救，有求必应"，警务活动与非警务活动，不再细列。

网格化管理与12345，都是要解决问题，不同点是，网格化是通过建立一套发现问题、报告问题、甄别问题、派单、处理问题、对处理进行评估这样一套相对内部循环的系统，建立这样一个系统是为了及时发现问题和及时处理问题，12345侧重处理与个人有关的各种投诉，投诉成为发现问题的起点，并同时完成了报告问题，后续通过便民服务平台来甄别问题的派单、处理问题，最后对处理进行评估。

二

我们先来讨论12345这个便民服务平台。从便民来讲，12345反映问题，进行投诉，的确是十分方便的，只要打一通电话就可以进行投诉，并且一般这个投诉都会进入到正式的便民服务平台所设定的处理系统。一般来讲，好解决的合理诉求，通过12345很快都可以解决，前提当然是12345系统在有效运行。不容易解决的诉求，当然很难仅仅有人打了一通电话，有关部门就立即可以解决。不过，若有很多人打电话反映问题，提出投诉，有关部门一定会感受到巨大压力，从而也会想方设法解决。无法解决的问题，当然是无论如何投诉也无法解决的。

除诉求解决的难易之外，更大的问题是诉求是否合理。合理诉求当然要解决，不合理诉求不能解决。问题是如何衡量诉求是否合理，谁来衡量判断。有部门为了卸责，将本来合理的诉求当作不合理诉求，不予解决，有部门为了减少麻烦，将本来不合理的诉求也顺手解决了。在监督部门更加严厉的监管考评下面，有关部门倾向花费大量行政资源将不合理诉求解决掉，在监控部门相对宽松的监管考评下面，有关部门倾向将合理的诉求应付了之。

12345系统投诉成本很低，而解决问题的成本是很高的，因此，在12345有效运行的情况下面，尤其是监管部门强有力监管考核排名压力下面，有关部门倾向花较多行政资源来解决难以解决的甚至不太合理的诉求，有关部门的迅速回应和解决问题会激发更多通过12345系统而来的投诉，最终，有关部门承受巨大压力而难以为继。面对有关部门的叫苦连天，监管部门也因此放松监管考评。监管考评的放松又会造成有关部门对投诉的消极应对，投诉者很快就会发现自己的投诉作用不大，失去投诉效能感，投诉因此减少。

要想让12345系统能真正解决容易解决的合理诉求，以及可以解决那些群众反映强烈的很难解决的合理诉求，就必须保证12345系统得到最基本的运转，保证这个系统最基本运转的关键是监管部门适度的监管考评。指望12345系统解决所有问题是不现实的，若只是搞个12345便民服务平台的形式也完全没有必要。

12345平台最容易出现的问题是满足投诉人不合理的诉求，并因此激发起投诉人过高期待,从而出现投诉或求助的爆发。

三

网格化通过一套自下而上的问题发现、问题上报、问题进入处理平台、派单、处分及评估若干环节来完成。一般三级网格就是之前的村民组,网格员就是村民组长,与过去不同,村民组长可以及时通过网格平台来反映情况,从而获得问题的解决。但有两个问题,一是哪些问题是应当由条线来解决,哪些是应由村民小组长自己来解决的,很难区分。二是如何考评网格员是否负责。考评标准之一是网格员发现问题及上报问题的多少,甚至上级会对网格员每周必须发现多少问题和解决多少问题进行规定,由此就产生了网格员为发现问题而发现问题,为解决问题而解决问题的情况。

四

无论是12345这样的便民服务平台还是网格化管理,不仅需要有一个处理派单平台而且必须要有考评,而更重要的则是接单处理的部门。苏州市望亭镇接单的条线部门共有60个,每个条线部门都要设专职负责的接单员,并且所有接单处理的情况都要进行排名,甚至要由镇纪委来督办。这样,全镇各条线部门就必须安排专人每天登录平台,下载接单,并安排处理和回复处理情况。

12345便民服务平台很随意打来的一个电话,以及三级网格员为完成任务而虚报的问题,就使得全镇60个条线部门忙得团团转。本来有很多该办必办的事情,却又来了如此之多的临时工作,就完全打乱了条线部门的工作计划,这种缺少条理的状况消耗了政府资源。这种情况下面,小政府当然也就不可能了。

小概率事件与基层治理的困境

一

在赣南围足村调研,村支书说,村里牌牌太多,已经没有地方挂了,只能堆到办公室,上级来检查什么工作,再挂什么牌牌。每一个牌牌背后都有一段故事,都有一个中心工作,也都有一个上级主管督查部门。

赣南L镇2015年以来的一个中心工作是对肇事肇祸精神障碍患者的救治救护监护,主要是防止精神病人肇事肇祸。全镇统计有可能肇事肇祸的精神病人共26人,所有人都安排了监护人,镇政府与监护人签订了监护协议,按照协议,如果监护到位,每位监护人每年可以获得镇政府1500元的奖励。对精神病人的监护不仅是监护人的责任,而且实行"属地管理""谁主管、谁负责",村(居)委会单位分别对本辖区、本单位患者负监督管理责任,全面推行"综治牵头组织、部门协同配合、财政全额保障、村(居)监督管理、家庭主动参与"的有奖监护机制。

肇事肇祸精神病人监护工作涉及家庭以外的主体有:村(居)委会、综治办、派出所、镇卫生院等,原则上要求这些主体每月至少走访接触一次精神病人,以防止可能出现的维稳事故。

调研的陂田村支书讲，本村有4个精神病人，本来没有什么问题，结果，自从实行有奖监护以来，综治办、派出所、卫生院以及村干部持续轮番不断上门，引发精神病人激烈情绪，其中一位自监护以来，诱发病情，整天都在村里骂街说有人要谋害他。

大概是2013年前后，媒体报道有精神病人肇事肇祸，甚至引发恶性事件，中央综治办为了维护社会稳定，开始在全国进行肇事肇祸精神障碍患者的救治救护监护工作。这项工作的开展对消除社会稳定的隐患显然是有必要的，对精神病人也体现了国家与社会的关怀。不过，若执行过于机械，就可能造成不必要的问题。陂田村书记说，很多事情都是无事找事，越打铜锣越出鬼，越怕事就越有事。2011年上级要求每个村都在秋冬季节安排专人打铜锣喊"注意防火"，结果村里每隔几天就发生一次山林火灾，后来不打铜锣喊了，就几乎没有再发生过山火。如果有地方出现面包车载客事故，上级会立即要求村干部到每家农户走访，对所有面包车和摩托车载客情况进行登记。甚至只要全国出现一例安全事故，自上而下一直到村，村干部就要如应对紧急事态一样，要对所有可能发生的事故进行严查严防严控，以坚决杜绝任何可能发生的事故。如此一来，村干部就要应对所有自上而下的各项严查严防严控的可能事故。上面千条线，下面一根针，各种各样上级任务落地，令村干部应接不暇。

二

精神病的肇事肇祸情况有没有？当然有。普不普遍？在全国肯定不在少数。但具体到村庄则一定是小概率事件。中国地域辽阔，又处在史无前例的高速转型时期，人口流动量也很巨大，因此，在全国发生各种之前完全不曾有过的小概率事件就毫不奇怪了。前几年媒体关注贵州毕节4个儿童自杀事件,接着又发生湖南留守少年为打游戏而杀死爷爷奶奶的恶性事件,我们调研的赣南地区2015年也发生一起为请同学吃饭而偷小商店并杀死店主及家人的恶性事件。媒体和社会因此关注农村留守儿童问题,甚至引起中央的高度关注。不过,至少4个留守儿童自杀的事例是十分罕见的,是小概率事件。越是小概率事件,越是容易受到媒体关注,也越是容易引发社会关注,尤其是在当前网络极为发达的情况下,媒体和社会的高度关注就使小概率事件变成了焦点事件,社会的注意力集中到小概率事件上,各级政府受到压力,而着力关注小概率事件,解决小概率事件,至少要做出关注和解决的姿态。这样的结果就是,以中国之大,人口之多,变化之快,几乎每天都可以产生出各种未曾预料的小概率事件,然后经过媒体聚焦,网络放大,这些小概率事件进入到国家决策体系中,中央各部委、部委各司局就开始研究小概率事件,制定防止小概率事件的办法,甚至为了推卸责任而在全国开展紧急巡查,要求自上而下进行紧急排查。

一旦媒体聚焦和网络放大到小概率事件,主管部委为了免责,第一反应就是进行排查与防范,下发禁止性文件。所有部委司局的文件最终都要到村一级落地,这样一来,村一级就必然对各种上级要求应接不暇,就不断地在不同层次行政管理部门通过会议贯彻会议、通过文件落实文件的过程中疲于应付。村干部讲,他们每年向上级填报的各种报表可能都要达到上百种,幸亏村干部对村庄情况熟悉,以及村干部很多时候也就只是应付。

当前网络时代,小概率事件被放大是必然的,主管部委为了推卸责任,遇到已被放大成为焦点的小概率事件,就一定会积极介入并举一反三,这是一种必然的官僚主义逻辑,结果就变成整个社会注意力的焦点都被集中到小概率事件上，而真正常规性的事情反而无人关注及没有能力去关注了。不仅基层治理的重点变成了对各种极低发生概率的小概率事件的关注，而且整个行政体系也主要围绕防范小概率事件的发生空转。其结果就是，本来小概率事件没有办法防范（因为社会本来就有风险），而为此防范小概率事件却徒然消耗了国家治理资源，整个行政体系和基层治理体系的效率大幅度下降。

三

不仅如此，为防止小概率事件，就要进行排查，就要制定各种禁止性的规范，就要形成追查体系，结果就是很多本应正常开展的工作也无法开展。以普通中小学教育为例，当前全国中小学不敢再组织学生进行春游秋游，甚至不敢上体育课。基层正常行政过程中出现的任何问题，上级首先是不分青红皂白地对基层干部进行批评处分甚至免职。

任何一个社会都存在各种无法避免的小概率事件，因为这个世界本来就是有风险的，如果非得要规避所有风险，只可能导致更大的风险。在这个有矛盾的世界，我们不可能消灭矛盾而只可能转化矛盾。如果上级非得要求消灭矛盾，非得要防范所有小概率事件，结果就必然是风声鹤唳，自造紧张局面，结果就是"越是怕鬼就越是见鬼"。

防范小概率易件严重挤占了农村基层治理资源，以至于基层治理中出现了越来越将主要精力集中到报表上来的趋势，越来越应付上级各种检查的趋势，完成各种对当地没有任何实际意义却不得不做的牌牌事务上的趋势，而真正关心解决村民迫切需要解决的问题，真正与村民打成一片的动员群众的工作反而越来越少开展。

四

更糟糕的是，当前基层治理中，还有一种看似与防范小概率事件相反，却同样徒耗基层治理资源的行为是各种创新。调研中，一个村支书讲，现在农村工作坏就坏在"创新"上面，各个地方都试图通过创新来获得上级认可，从而做出政绩。过去农村工作比较硬，收粮派款、计划生育、经济发展都是容易考核的硬工作，现在硬工作越来越少了。上级对下级的考核就重点放在各种创新创建上面，各个地方政府都想方设法进行千奇百怪的创新创建，从而导致当前地方工作的"共青团化"。在缺乏可以量化指标的情况下，创新创建主要就靠形式，甚至靠汇报，结果就是地方政策将越来越多资源用于脱离地方实际的形式化的创新创建上，到了村一级就成了完全不靠谱的应付。村一级对此意见极大，基层治理能力因此进一步弱化。

当前基层治理中，防范小概率事件的"免责"与缺乏量化指标的创新创建的"邀功"最终都要在村一级落地，这个落地的结果就是村级治理的应付与空转，村干部整天围绕上级布置的各种任务进行应付，而真正农民的生产生活需求和农村社会基本秩序的维系，村干部却无力回应。大量的国家资源都用在了没有意义的地方，几近无效。

五

当前中国农村正处在史无前例的转型时期，农村人口进城，农村逐步衰落。未来相当长一个时期还会有相当庞大人口要依托农村生活，甚至已经进城的农民也可能在进城失败时返回农村。因此，维护农村基本的生产生活秩序是当前村级治理的首要使命。转型时期出现各种意外很正常，兵来将挡，水来土淹，也不必过于防范，同时，泡沫化地浪费资源的创新创建往往也多是形式主义,大可不必鼓励。真正让村级治理具备回应农民生产生活需求的能力,让村干部有能力帮助农民解决他们在生产生活实践中出现的各种小事,并在此过程中提高农民的组织能力,提高基层组织的治理水平,这就是大好了。

简单地说,当前乡村治理的重点在于常规治理能力而不在其他。目前基层组织建设的目标与方向已出现严重偏差,要坚决纠正之。

六

从1990年代到现在的20年时间,国家与农民的关系发生了极大变化。1990年代国家与农民关系是以国家向农民索取,农民为国家尽义务为主。2006年取消了农业税以后,国家不仅不再向农民收取税费,而且开始向农村进行大规模转移支付。之前农民拖欠的税费也"停止清欠",实际上到现在也没有清欠,等于是免掉了。禁止向农民使用强制力,之前农民对国家应尽的义务变成农民的权利。给农民农业综合补贴,帮农村进行基础设施建设,新农合、新农保、各种转移支付、低保扶贫、困难补助、大病救助、土地财产权化等等,农民都是新得到了权利和利益,都是很感激的,内心也是很满意的。很短的时间之后,所有国家惠农政策就都是理所当然也都习以为常,然后就变得不满。因为没有付出的得到,没有义务的权利,慈善性质的资源转移,必然造成不承担任何责任的权利。国家必须对困难户、残疾人、大病户提供帮助,贫困成为特权,只要权利不讲义务,这样一种格局显然不可能持续。

天底下没有免费午餐,贫穷也不是一项权利。所有人都首先应当承担责任才能享受权利,承担责任包括承担义务是享受权利的前提。构建责权均衡的国家与农民关系是当前基层治理中的首要任务。

衡量当前农村基层工作好坏的标准越来越模糊。之前的农村工作好坏可以有三大标准，即税费任务、计划生育和经济发展，后来又加上安全维稳。相对来讲，这些工作都比较容易考核，是硬任务，完成了就完成了，没有完成就没有完成，来不得虚假。当前农村工作中，向农民收取税费、计划生育乃至经济发展方面的工作要么已经取消，要么不再重要，不再是农村基层治理的重点，农村基层治理工作因此由实变虚，由之前完成具体任务到现在不出问题为主；由原来动员群众、接触村民到现在应付上级、完成各种报表为主；由原来向农民收钱到现在主要是向农民分配资源；由原来主要是靠干部权威开展工作到现在村级权力清单化、公开化、规范化、程序化；由过去重在解决问题到现在必须遵守规则，其结果就是程序越来越重要，也越来越烦琐，基层治理能力越来越集中到整理报送文档材料，工作越来越办公室化，村干部也越来越坐班化和年轻化了。

基层治理中的这样一个大变化，即由过去完成税费任务、计划生育任务、经济发展任务等容易考评的硬任务，到当前农村基层治理防止出现小概率事件和以创新创建为中心的比较软的很难进行标准化考评、工作好坏主要看汇报看检查以及做文档应付上级的以形式为主的工作。当前衡量基层治理好坏的主要包括防范小概率事件的"免责"工作和创建的"邀功"工作，都重在形式，都是相对较软的工作。这是当前基层治理的一个重要特点。

当前基层治理工作重点到底是什么？如何考评？无论是"免责"还是"邀功"，都只应占基层治理中不重要的位置，重点还是应当用于回应农民基本的生产生活秩序需求。如何回应，应当细致讨论。

基层治理中，过去最重要的一个方面是通过熟人社会中的情与面子开展工作，现在基层工作的重点是填表应付上级检查，基层工作重心办公室化了。

基层治理，由不正规、非正式、不脱产到规范化、正规化、程序化、技术化和报表数字化，由解决问题到不出问题。

基层治理由之前依靠情理法力到现在越来越排斥"情理力"，而只强调"法"，这是一个重要变化。

村级治理正规化，必须强调责权利的匹配，人情面子作为工作手段就显得不合时宜，村干部工资要增加，于是开始坐班，治理成本提高而解决问题能力下降，村干部发生替代文化程度高文字工作能力强的人当村干部，村级治理的性质发生变化。

农村基层工作本来就有大量模糊的、暧昧的、和稀泥的、不正式不正规的、少文字记录多自由裁量，少黑白分明多灰色地带的部分，现在通过复杂的制度设置，可能导致在利益稀薄地带搞精准治理，造成高成本低效率，结果就是治理效率大幅度下降，正式制度建立不起来，过去的传统治理机制又被破坏和抛弃了。当前中国若干农村基层治理已有此苗头。

利益越多,乡村治理的制度就越复杂

一

1987年《村委会组织法》试行,1998年正式颁布实施。1999年全国村委会选举大多采用了吉林梨树县发明的村委会海选制,即不预设候选人,由村民直接投票,谁得票过半谁当选,都未过半数则由得票最多的两位候选人进入第二轮选举,过半当选。还有一些地方不是"海选"而是"海推",即由村民在空白票上提名村委会候选人,得到推荐票最多的两位村民成为村委会主任候选人。"海选"也好,"海推"也好,在很短的时间,村委会选举的民主程度大幅度提升,村级民主远远走在了全国的前面。"海选"或"海推"通过民主确定村委会候选人,防止了乡镇以及村支部在村委会候选人上所做小动作,而这之前是最被村民所诟病的。遗憾的是,村委会选举并没有解决乡村治理中存在的诸多问题,在村级民主和村民自治快速推进的同时,农民负担也在快速加重,村民选举出来的村干部似乎并没有真正代表村民的利益,而且也似乎没有代表国家的意态,而是自己试图借机捞好处。取消农业税前,选举出来的村干部很快就与乡镇结成了"乡村利益共同体",借加重农民负担来谋取个人好处。取消农业税后,没有利益了,选举出来的村干部也没有当干部的积极性了,甚至没有人愿意参选村干部。而在有资源的利益密集型地区，村委会选举中普遍出现了贿选，有些地方一张选票可以高达上万元贿金。贿选出来的村干部在当选后拼命捞取利益。

　　国家终于发现只有选举是不够的，还需要有配套的制度安排。村民自治本来就有四个民主，即"民主选举、民主决策、民主监督、民主管理"，村里重大事项不能是由几个村干部决策，而必须公开。因此，由中纪委牵头，在全国搞村务公开，每个村都要搞村务公开栏，定时公开必须公开的村务。仅仅村务公开还不够，因为村务公开完全可能走过场。因此浙江武义县后陈村2004年成立村务监督委员会的做法很快引起全国重视。后陈村是一个城郊村，土地征收给了村集体大笔补偿，但村集体收入的钱到哪里去了却说不清楚，村民意见很大，连续上访，完全不相信村干部。武义县派到后陈村的工作组因此成立了以带头上访村民为主要成员的村务监督委员会，决定村级所有重大开支非经过村务监督委员会同意不能支出。这个村务监督委员会是之前各地就存在的村民理财小组的正规版，因为后陈村的村务监督委员会是由村民代表会议选举产生、任期三年的除村干部和村委会以外的第三套正式的村级班子。

　　本来，村级组织是有三套班子的，在众所周知的村支部、村委会以外，还有村级经济合作组织，即人民公社时期政社合一的生产大队中的"社"，只是一般村，集体经济规模很小，土地集体所有制，但承包经营权是农民的，经济组织很少起作用，全国绝大多数地区的农村，村级经济合作组织就与村委会合二为一，有些地方则由村支书代行村经济合作组织的权能，比如浙江省规定由村支书担任村经济合作组织的法人代表。真正在村级治理中起作用的也就村支部与村委会两套班子。

后陈村成立村务监督委员会不只是村级治理由二套班子变成了三套,而且其中的权力运行程序要复杂很多。之前是两委协调,现在三委协调,如果协调得好,三委协调成本也许不高,如何协调不好,三委协调成本就会极高,因为扯皮成本会极大地增加。

后陈村设立村务监督委员会的做法很快在浙江等沿海发达地区推广。与此几乎同时,各种选举以外的民主制度被发明,其中被写进中央一号文件的河南邓州"四议两公开"制度,浙江省普遍推开的"五议决策法",通过复杂的程序设置来保证决策的公开公平,防止村干部贪腐。

之前以为只要有了真正的民主选举基层就能善治的想法看来是过于幼稚了。沿海经济发达地区的农村,因为出现了大量的新增利益,使仅仅三年一次的民主选举无法达到"善治",而需要有更加复杂的制度来对权力进行制衡。

二

2014年开始,浙江宁海在"五议决策法"的基础上制定了村级权力清单36条,对村级权力使用进行了历史上最为明确细致的规范,以防止村级权力的乱用。2015年暑假到宁海调研,我发现之所以宁海会制定36条,主要原因在于:随着经济的快速发展,尤其是在县城周边几个乡镇(街道),普遍出现了村干部的贪腐。小官巨贪的情况十分严重,已到了再不规范就会出大事的地步。宁海最近十年经济发展很快,城市快速扩张,项目需要落地,征地拆迁涉及大量利益分配。城市化也将之前用于农业生产的土地变成了高价值的建设用地。我们调研的桃源街道正是宁海最近十年的城市重点发展区域,有大量征地拆迁项目。地方政府为了征地拆迁,就需要利用村干部来动员村民，由村干部协助完成征迁任务。为调动村干部积极性，地方政府往往采用包干制，比如，要征收200亩土地，地方政府将地上附着物按3万元每亩来预算补偿款，并将此款包干到村，由村干部逐家逐户计算到村民。这种包干制，当地叫做"一包葱"。地上附着物补偿虽然有明确标准，但其中有很多很难界定清楚的方面，比如农民在地上突击栽树如何补偿？村干部对村里情况十分熟悉，由村干部进行地上附着物补偿，就因为信息对称而可以有效实施，每亩3万元的预算，村干部完成征迁补偿后，每亩地上附着物只用了2万元，这样200亩就剩了200万元，这个多余出来的钱就是村集体的钱。为了调动村干部征迁积极性，地方政府有意模糊这笔钱的分配，有村干部将这笔钱分掉了。正是可以分配这笔钱的预期，村干部有了剩余索取权，他们才会有极大的热情来进行征迁。地方政府征迁成本也比较低。如果没有这200万元可能的剩余索取权，村干部完全可能站在村民的一边向地方政府要远高于每亩3万元的地上附着物补偿，以及其他各种补偿。问题是，村干部将200万元分掉是违法的，有村民知道了到上面去告，一告一个准。桃源街道有好几位村干部因为违法分掉多余出来的地上附着物补偿而被判刑。

征地拆迁后就要搞建设，搞建设就有土方工程。在桃源街道，外地工程队是不可能进来搞土方工程的，本地人中，只有村干部可谓天时地利人和，随便找几个人组成工程队承接建设项目的土方工程，就可以获得不菲的利润。

村集体因为征地拆迁和搞建设而有了收入，这些收入如何使用就有很大的寻租空间。总之，经济发展带来大量的尤其是附着在土地上的利益使村干部职位的"含金量"大增，村委会选举的竞争也就更加激烈，贿选自然而然就产生了。在激励的竞争性选举中，村庄分成两派，选举结束了，两派的斗争却没有结束。一派上台，另外一派上访，乡村治理中出现了严重混乱。我们调研村竟然多次出现因为选举而砍人的恶性刑事案件，也有几任村委会主任因为经济问题被判了刑。

在这样的背景下面，宁海县决定对村级小微权力进行监督，其中办法就是在之前的"五议决策法"的基础上梳理出村级权力36条的清单，通过文件对每一条村级权力如何使用进行了清晰明确的规范。宁海在制定"36条"后，尤其注重对"36条"的宣传，几乎每家每户都发了"36条"的小册子，大街小巷也都用群众喜闻乐见的形式宣传"36条"。

"36条"对宁海村级权力的规范使用产生了比较大的作用，之前比较混乱的村级权力使用状况发生了较大好转。应该说，"36条"在宁海乡村治理中起了相当重要的作用。

三

宁海36条村级权力清单，以及"五议决策法""四议两公开""村务监督委员会"，以及一般的村务公开，这些制度都较之前仅仅以为有了民主选举就可以搞好村级治理的认识，有了很大的不同。一方面要选出群众满意的村干部，一方面要对选出来的村干部进行监督约束，让村级权力规范运行。

现在的问题是，为什么宁海需要"36条"这样的复杂制度来规范村级权力且的确是比较有效地规范了村级权力？其中的原因是，宁海经济发展很快，在这个过程中产生了大量的并不完全明确的经济利益，如何分配和分享这些经济利益，正处在过程中。正是巨大的利益及各方对利益的争夺，才需要有比较复杂的对村级权力使用的规范，才有了出台"36条"等复杂制度的需要。同时，又正是对利益的争夺,各方都援引"36条",才让"36条"这样的复杂制度落到了地上。发达地区大量利益也为复杂制度的落地提供了资源基础。

也就是说,诸如"36条"在宁海等发达地区可以产生,可以落地,可以运行,是与宁海地处经济发达地区,近年来快速经济发展所带来大量利益有关的。反过来说,如果不是在宁海这样的沿海发达地区,而是在中西部农业型农村地区,集体资源比较少,可以争夺的利益也比较少,村庄中就缺少利益争夺,就缺少对复杂制度的援引,复杂制度即使挂在村委会办公室的墙上或拿在农民手中,这些制度也很难被激活,就很难落地变成制度实践。如果将诸如"36条""村务监督委会员""四议两公平"等等制度引进推广到这些地区,则因为这些制度本身的复杂,而极大地提高了村级治理的成本,在缺少利益争夺和制度援引的情况下,也在缺少资源支持滋养的情况下,这些高成本的复杂制度很难运转得起来,结果就是这些被引进来的制度变成了墙上的制度,变成了村级治理中的形式主义。

其实,即使在宁海,"36条"的实践也具有明显的地区差异。我们调研的县城边上的桃源街道,"36条"在规范村级权力运转方面作用比较大,"36条"落了地。而在较为偏远的农村,"36条"所起的作用比较小,虽然看起来所有乡村干部都在用"36条"的话语来讲述村级治理,这个讲述背后却是"36条"的形式化。

四

当前中国制度创新中存在的一个较为突出的问题是,发达地区,经济发展快,利益矛盾多,旧有的制度就出现了不适应,因此就有了制度创新。这些创新出来的制度要比旧有的制度复杂,也更有延展性和适宜性,但其前提是需要更多资源与利益来支撑。将这种复杂制度简单移植到中西部地区，就可能因为缺少基本的支撑复杂制度高成本运作的资源条件，而变成形式主义，甚至导致乡村治理中的无效率空转。

复杂制度的核心不在于其制度的复杂，而在于这些制度会极大地提高治理成本。试想，本来之前由村两委干部就可以作出的决策，现在要经过"四议两公平""五议决策法"来决策，一个简单的事情就搞得无比复杂了。如果村集体有大量资源，有激烈利益争夺中，程序复杂点可以容纳进各方面的利益，而如果村集体资源很少，利益争斗也不强，如此复杂的决策程序就徒增麻烦，沦为走过场，就最终变成了形式主义。

中西部农村基层治理中的监督机制

一

2016年1月我先后到河南平桥、邓州、襄城和郾城考察基层治理,尤其是农村基层的民主决策、民主管理和民主监督机制。河南邓州是"四议两公开"发源地,最近几年,"四议两公开"已经成为全国村级治理基本制度,尤其是沿海发达地区,村务决策基本上都采用了邓州发明的"四议两公开"制度。在河南,"四议两公开"更是早在全省推广,对全省的村级治理产生了重要影响。本次考察的另外一个重点是村务监督委员会。从考察的四个地区来看,河南农村村一级普遍设立了村务监督委员会,村监会正成为与村支委、村委会并列的第三委,村庄重大事务决策中村监委开始发挥越来越大的作用。村务监督委员会最早是2004年浙江后陈村设立的,目前已在全国农村广泛推进。本次考察中,我们还调研了漯河市郾城区村居组织"阳光三权"体系建设,即村居组织"职权清单化、用权程序化、结果透明化"的建设,其中"职权清单化"与浙江宁海村级小微权力36条权力清单完全一致。

无论是"四议两公开",还是设立村务监督委员会,还是村居组织"阳光三权"体系建设,核心都是要通过更加精准具体的制度来防止村级小微权利的腐败问题。更加精准具体的制度也是更加复杂的制度，这个复杂不仅表现在制度本身的复杂上面，而且是通过对权力设置各种监督约束条件，制约权力的滥用，使权力运行公开化、透明化。中国农村普遍出现的小官巨贪，以及群众身边腐败，对党的工作、对基层治理，都有极大的负面影响，通过更加复杂的基层治理制度设置来防止腐败，提高村级治理效能，就具有重要意义。

村一级是中国最基层的组织，实行村民自治，按《村委会组织法》，村一级实行四大民主，即民主选举、民主决策、民主管理和民主监督。《村委会组织法》实施之初，村民自治的重点放在民主选举上，村委会选举极大地提高了农村的民主化程度，改善了村级治理的方式。不过，村委会选举仍然无法解决村级治理中出现的各种问题，因为没有约束的权力会自然而然产生腐败，三年一届的村委会选举，选出来的村干部如果不受监督约束，权力就可能滥用，贪腐就可能频频发生。正是基于此，"四议两公开"工作法、村务监督委员会、村级权力清单化等等侧重"民主决策、民主管理、民主监督"的制度被发明出来，并很快在全国推广推开。

二

河南邓州2004年开始探索"四议两公开"工作法。2004年6月，中央两办发文件要求加强农村村务公开，邓州市在落实上级文件精神时，创造性地将村务公开变成了"四议两公开"即村级重大事务决策中党支部提议、村两委商议、党员大会审议、村民代表会决议，以及决议公开和实施结果公开，简称"4+2"工作法。2005年，邓州全市推广，2008年南阳市推广，2009年河南省推广，当年，"四议两公开"引起全国关注，并写入第二年中央一号文件，由此推向全国。

十多年实施"四议两公开",最大的好处是重大村务决策程序化和规范化了。在村级"四议两公开"的基础上,邓州市在村民组推行"一提二审三通过",效果也不错。相对于村级事务,村民组的事务更加具体细微,且村民组一般都没有正规的组织体系,邓州市在村民组推行相对"四议两公开"要简化的"一提二审三通过",其中"一提"是由组长、居住在本村民组的村干部、本组党员、本组村民代表组成的理事会提议,"二审"是将提议提交村两委审议,"三通过"是召开户代表会议表决通过并公示。"一提二审三通过"对于邓州市郊征地拆迁农村尤其重要,因为土地集体所有权的主要载体是村民组,同一个村民组的村民具有相同的土地收益权利,且同一村民组也往往是生产、生活公共事务的主要地缘单位。

邓州市在村一级推进"四议两公开"现在面临的最大困难是会不好开,村中党员和村民代表大多进城打工去了,很多时候,召开党员大会和村民代表会不只是人员到不齐,而是往往达不到规定比例。邓州市因此将"四议两公开"程序进行简化,比如不是特别重大的事务,就将一些程序合并,普遍是将"村支部提议"与"村两委商议"合并,"党员大会审议"与"村民代表会决议"合并。全市绝大多数村庄"四议两公开"程序上都已相对简化。按邓州同志的讲法就是,"四议两公开"既是程序又是理念。刚开始推行"四议两公开"时,程序尤其重要,一旦村干部和村民都已经形成了重大村务决策必须"四议两公开"后,村干部就不敢专断决策,村民也可以利用"四议两公开"理直气壮维护自己权益。经过十多年的实践,邓州市农村的重大村务、难事麻烦事,不用"4+2"根本就搞不了。群众不接受。邓州市的同志总结说,"4+2"的推广有四个阶段,即推广运用、规范运用、灵活运用、科学运用。经过长期实践,邓州市基层治理中"4+2"变成了协商和妥协的理念,形成了从群众中来到群众中去的理念。尤其是对缺少共识的重大决策和村庄难事,通过"4+2"走程序的过程,也是与群众沟通的过程是宣传组织主张的过程,是统一思想的过程,是达成共识的过程。这样做出的重大决策也就容易落实。越是困难的事情和越是重大的事情越是要按程序走,越是要真走程序。越是有共识的事情就越可能简化。

邓州同志还讲,4+2工作法的关键还是耐心细致的工作。无论是4+2还是8+2、10+2,核心都是"三子工作法",所谓"三子",是指"面皮子、酒瓶子、嘴皮子",在"4+2"之前,对拟决策的重大村务或难点事情必须要做充分的工作,必须要保证村民有共识,必须说服少数反对派。千万不可以在召开党员大会和村民代表会时强行通过表决,要求少数反对者服从多数支持者,而只能是100%赞成,因为只要有人反对,重大村务决策就难以落实。所以邓州的同志说,无论什么法,关键还是要下功夫做耐心细致的群众工作,要从群众中来到群众中去。4+2正是通过走程序来达到动员的作用,以最终形成共识。

三

襄城县的重点是建立村务监督委员会。襄城县共有441个村委会,7个居委会,总共448个村居都建立了村务监督委员会,按襄城县的规定,村务监督委员会由村民代表会选举产生,一名主任,两名委员,村务监督委员会必须要有一名党员,全县448个村务监督委员会,有大约200个监委会主任是由村干部且主要是村支部副书记兼任,村委监督委员会成员尤其是监委会主任主要是村庄德高望重的人尤其是"五老"(老党员、老干部、老教师、老工人、老退伍军人)担任。按照规定,全村所有重大决策必须有村务监督委员会参加,村级财务开支必须有监委会的签字才能报销。

襄城县很重要的一项工作是将村委监督委员会纳入到纪检监查工作中，镇纪委每月都召集各村村务监督委员会主任开会，核查工作、交流经验、传达上级精神以及进行培训。乡镇纪委成为村务监督委员会的坚强后盾。襄城县纪委同志讲，村务监督委员会既不能缺位，也不能越位。所谓越位，就是村务监督委员会不能无原则地介入到村庄政治斗争中，从而使村庄权力使用变得更加复杂，村务决策更加困难。不能缺位就是要做好本职的监督工作，"给群众一个明白，还干部一个清白"。

襄城县当然也不是所有村务监督委员会都在村务监督中发挥作用，不过，至少在形式上，重大村务决策必须有村务监督委员会参加，村级财务必须有村务监督委员会签字。一些认真负责的村务监督委员会主任，例如马房营村监委会主任王福海，79岁，退休老教师，自当选为村监委员主任之后，对村财务的每一笔开支都进行了严格监管，村财务每季度的公布公示也都要经由村监委会的签字。2015年7月，王福海老伴生病到市区医院住院，王福海到医院照料老伴。到了村委会向乡镇报账的时期，村支书和村委会主任只能带着票据到市医院找王福海签字。王福海十分认真，发现票据中有一张100多元吃饭的支出票据，按规定村级零招待，王不同意报销，将票据抽出来。书记和村主任解释说，这是村里党员做了一天义务工，村里请做义务工的党员每人吃了一碗烩面的支出，王福海仍然不同意报销，说合理不合法。支书最后只能自掏这100多元烩面的腰包。

正是村务监督委员会的认真负责甚至是钻牛角尖的不通融，使村监委会获得了村民信任。村监委会对重大村务的全程参与和对村财务的严格监督，真正做到了"还干部一个清白，给村民一个明白"。

村务透明了,群众就无怨言,干部威信也高了,说话也就有人听了。村务监督委会在村干部和村民之间就起到了提高村干部的权威、增加村级组织动员能力的作用。这个意义上,没有任何报酬、铁面无私的由村庄德高望重"五老"组成的村务监督委员会,他们积极主动对村务和财务的监督,不仅保证了村庄资源的有效使用,而且可以极大地提高村庄的动员能力。

有效的村务监督不仅可以保证村庄资源的有效使用而且可以动员群众参与到村集体事务中来。如果有了良好的村务监督制度,自上而下的资源就应当作为公共资源下沉到村社集体,而不应直接一卡通地发放到农户。集体资源越多,村务监督越是有必要和起作用,村民就越是关心村务参与村务,村庄治理就有了活力。一方面加强村务监督,一方面资源到村,村级治理就有了动力,村社集体就有了回应农民生产生活需求的强大能力。

四

漯河市郾城区推进村居"阳光三权"体系建设,强调村级组织"职权清单化、用权程序化、结果透明化",在很短时间,即大动作开展运作,在实践中也开始起到一定作用。郾城区尤其重视基础性的工作,其中一项是强调所有村务公开,并开通"郾城阳光"网,将所有村庄公开的信息及时上传到网站,所有村务都在阳光下面运作,有效地减少了村干部的贪腐空间,提高了党组织权威,融洽了干群关系。

郾城区村居组织的主体仍然是一般农业型地区的农村,具有一般中西部农村的特点。在郾城区的基层治理中,有四件事情尤其引起干群矛盾乃至成为上访的焦点,一是低保指标的分配,二是危房改造资金的分配,三是困难救助资金的分配,四是入党机会的分配,基本上都是上级转移到村庄资源的分配使用问题。一般来讲，当前中西部农村缺少相对完善的农户收入统计资料，且上级拨付的低保、困难救助乃至危房改造资源，数量还是比较大的，能否分配好这笔资源，对村级治理十分重要。

在推行"阳光三权"之前，郾城区的资源分配，村干部具有比较大的权力，尤其是村支书在如何分配资源上具有很大的发言权。郾城区村干部报酬比较低，在历史上就曾出现村干部将低保用作村干部补贴的情况。在上级转移资源比较多的情况下面，村干部优亲厚友就自然而然。既然村干部有分配资源的权力，所有人都希望村干部照顾自己，村干部最终只可能照顾少数而得罪多数人。有一个村支书说，2014年他们村获得了五个危房改造指标，大家都来打招呼，村支书整夜睡不着觉。2015年全区搞"阳光三权"，村级权力清单化，如何用权有严格的程序，村支书不再能起到决定性作用，村民打招呼也没有用，村支书因此可以安心睡好觉了。"阳光三权"，村级组织用权规范化和程序化，村干部不敢也很难滥用权力，无论是村干部的自己人还是反对派，在评低保等等事项上没有得到特殊照顾也不得罪人，村干部反而因此解脱了，权威提高了。因此，按程序来办事情，看起来降低了效率，实际上却大大地提高了效率。尤其是缓和了干群关系。据郾城区纪委的统计，因为实行"阳光三权"，郾城区2015年农民上访数量下降了70%。由此可见郾城在"阳光三权"建设取得的实效。

五

无疑，河南邓州、襄城、郾城进行的基层治理创新具有重要意义，适应了时代需要，在村务决策、管理和监督上都有很大进步，对于提高村级治理效能作用很大。2015年笔者到浙江宁海调研过当地的"村级权力清单36条",与漯河郾城区村级权力清单化是完全相同的。村务监督委员会的首创与发明权则是浙江武义县的后陈村,在后陈村成立村务监督委员会后不久的2006年,笔者也曾到后陈村调研过半个月。而浙江上海乡村治理中目前也已经普遍吸纳采用了邓州首创的"四议两公开"制度。基层治理制度的创新及其扩广普及,极大地提高了全国农村的治理效能。

不过,以河南为代表的中西部农村地区和以上海、浙江为代表的东部沿海发达地区农村,有着相当不同的基层治理制度运作的基础。虽然中西部地区也有富裕村庄,有城市近郊农村,沿海发达地区也有一般农业型农村,但总体来讲,东部沿海发达地区,村庄经济发达、利益密集,而中西部农村在城市化进程中人财物流出农村,农村经济不够发达,利益也不密集。因此,东部沿海地区和中西部农村具有不同的基层治理制度的经济基础。从我们的调查来看,以河南为代表的中西部地区基层治理制度创新,首要目的是为了较为公平地分配国家转移资源,比如低保指标、危房改造指标等等,东部沿海发达地区基层治理制度创新的首要目的是为了解决村庄内资源的分配问题。浙江后陈村之所以要创设村务监督委员会,是因为武义县在后陈村征地,大量征地补偿如何分配引发村民关注及村庄内复杂的派系斗争,最终通过设立村务监督委员会来吸纳反对派的力量,从而保证了村庄公共资源的公开公平分配。不过,后陈村吸纳反对派设立村务监督委员会可能出现的一个后果就是,村支部、村委会和村务监督委员会三者之间的复杂博弈可能形成村级权力僵局。正是因此,浙江全省推广后陈村村务监督委员会的经验时,现在大多要求村监会主任必须是党员,甚至必须是支委。河南也要求村务监督委员会工作"既不缺位也不越位"。

"四议两公开"制度和"村级权力清单化",是将之前村级权力的使用程序化和规范化,当然也正规化了。村一级是实行自治的最基层行政建制,村干部是拿误工补贴的不脱产干部,程序化、规范化、正规化,就将过去简约的村级权力的行使变得复杂起来,因此,笔者称"四议两公开"制度和"村级权力清单化"是复杂制度。

在村级资源比较多,以及在分配自上而下自外而内的各种资源时,复杂制度可以保证公开透明以及公平。复杂制度的按程序行使,防止了村级权力的滥用,密切了干群关系。因为是分配资源,按程序使用权力,以及通过投票"少数服从多数",就不仅可行,而且合理。以河南为代表的中西部农村,村庄公共资源比较少,复杂制度的重点就变成了保证自上而下转移资源的公平分配。也是因此,河南邓州、襄城、郾城的村级治理制度创新几乎无一例外地主要针对诸如低保指标分配、困难救助、危房改造等等自上而下转移资源的分配。

尽管如此,中西部一般农业型地区与东部沿海发达地区在复杂制度安排上,重点仍然有很大不同。沿海发达地区,复杂制度的重点只是要公平公正地分配资源,中西部农业型地区则期待通过复杂制度分配资源的同时,动员群众参与,如果资源分配过程中不能动员群众参与,这样的资源分配最多只是没有出事、没有引起上访,却无法在资源分配的过程中提高村级组织的动员能力,让村民主动参与到改善自己生产生活环境的事业上来。

六

沿海发达地区的农村,因为村庄内有密集的利益,为争夺利益,村庄各种力量都被动员起来。复杂制度既保证了这种争夺的有序,也通过复杂制度的安排来形成制衡从而保证一定的公平公正。同时,巨大的村庄公共资源和密集利益调动了村庄内的各种力量,这些力量不断地援引复杂制度,从而让墙上的制度落地变成活生生的实践。

中西部农业型农村地区,村庄内缺少公共资源和密集利益,复杂制度主要是用于分配自上而下的相对有限的资源,这样的复杂制度就缺少强有力的各方面力量的援引,就很容易成为墙上制度而无法落地。河南邓州、襄城、郾城的基层治理制度创新,刚开始都有一个强制的运动式推进的过程,要求村一级必须严格按制度按程序来走。但如果片面强调正规化和程序化,村级治理的效能就可能降低,活力就会下降,制度实践就可能效果不佳。借助自上而下资源分配所产生的动力,复杂制度落地,开始形成共识,然后很快就会被科学化灵活化,以及简约化,就十分地重要了。

的确,制度实践的经济基础是一个有趣的话题。

幸福村落建设的秘诀

一

在秭归调查幸福村落建设,到了三个乡镇若干个村,感觉幸福村落建设还是很有成效的,其经验值得总结。秭归幸福村落建设的主要做法是在村落建"二长八员"的村落理事会。

秭归县幸福村落建设是 2012 年开始进行的。取消农业税前后,全国农村都合村并组,秭归也不例外,通过合村并组减少了村组干部的职数。并组后,组一级的范围就远远超过了之前人民公社时期生产队这个熟人社会的范围,各种工作的推进变得更加困难。好在取消农业税后国家不再向农民收取税费,农村工作也变得相对简单,湖北省甚至将全省绝大多数村民小组长取消,而由村干部兼任村民小组长。秭归县没有取消村民小组长,而是将并组后的规模比较大的村民组称为社区,因为秭归县在村民组设社区这个名称正好与中央提倡的社区建设思路相吻合,而受到有关方面关注。

秭归农村社区建设存在的最大问题是并组后,村民组范围太大,超过了以前生产队这样一个熟人社会的范围,从而很难进行有效的建设和管理。县委县政府经过调研认为,农村社区建设最佳单位是合村并组前的村民小组,即人民公社时期的生产队。村民组不仅是一个熟人社会,在生产队时期是一个最基本的共同生产和分配单位,而且至今仍然是土地所有权的集体代表,是农民承包土地的基本单位。合村之后再拆开不好办,并组后再分其实不难,因为之前并组也只是名称改变了,过去村民组的居住结构、土地产权结构乃至基础设施和社会关系都没有改变。因此,县委县政府要求农村社区建设要落实到并组之前的原村民小组。又因为社区这个词的范围可大可小,县委县政府为了防止乡镇走过场,将之前的社区建设改为村落建设,所谓"村落",就是指之前的生产队和村民组这个范围,并在2012年5月在全县进行幸福村落建设试点,2012年底在全县推开。

秭归幸福村落建设的关键是成立"一长八员"的理事会,"一长"是理事长,"八员"是按职能划分的岗位,分别是宣传员、张罗员、维权员、调解员、环保员、帮扶员、经济员和管护员。2014年村落理事会换届,按县里的安排,改"一长八员"为"二长八员",增加了"村落党小组长"一职。实践中,在村民组这一层,大量年轻人外出务工,农村年富力强的人不是太多,"二长八员"大多由缺少外出务工经商机会、家庭"负担不重"的六十岁左右中老年人担任,即使中老年人,也很难按"二长八员"配齐十个人。实践中,"二长八员"大多是相互兼职,并且,村民对谁是什么员也都不大记得也不太关心,而且村干部往往也不区分谁是什么员,甚至村落理事长也分不清谁是什么员以及应当设立哪几员。"二长八员"一般为三四个人,其中理事长是召集人,其他几位就是理事会成员,因此,理事会更多是一个委员会,而不是一个明确分工的行政职能部门。委员会是一种代表性的民主商议机构,理事长是召集人,其他成员是平等的决策参与人。正因为理事会是委员会制,有理事长讲,"二长八员"应当有村民组内各种力量的代表,尤其是反对派的代表。"二长八员"都是由村民开会推选的,这个推选就使理事会的决策具有了广泛的代表性与权威性。一般来讲,村民组一级大都是一些细小琐碎的事情,村民推选出来的理事会成员一般都是相对有闲的村庄活跃分子,其中最为明显的是,有些村几乎所有被推选出来的理事长都是之前村庄红白事的主持人(当地叫红事主持人为知客,叫白事主持人为督办),而即使之前不是红白事主持人者,一旦被推选为村落理事长,就自然而然要参与到农户的红白事中。理事长这种身兼红白事主持人的身份,使村落理事会具有极强的动员能力、说服能力。

相对于村落理事长,过去的村民小组组长更多只起上传下达作用,动员群众的能力往往是不足的。当然,有村民组长,村民组就有一个代表,还是要比没有村民组长(2004年前后,全国很多地方的农村改革中都取消了村民组长,或由村干部兼村民组长)要在上传下达方面便利得多。组长一个人是无法做出关于村民组的重大事务决定的,因为一人为私。要做出重大决定就必须召开村民会议。在村民会议上,组长发言如遇反对,会议就很难进行下去。有了村落理事会,情况就不大一样,因为村落理事会是多人,涉及村民利益的重大事情,理事会可以先开会商量,形成共识,再召开村民会议,遇到反对意见,理事会其他成员就可以帮腔,就可以进行情况说明,这样会议就容易开下去,村民意见就容易统一。而且,在具体做工作时,理事长工作做不通,理事会其他成员可以再上门去做工作,总有一个人做得通工作。理事会"二长八员"都是有名份的,也都是村民推选出来的,他们中任何一个人上门做工作都是名正言顺的。

有了理事会,村干部给理事会安排工作也就比较好办。有理事长辞职,村支书就可以说:"又不是我让你当理事长的",这话中有拒绝更有期待和赞誉。群众推选出来的,这份名誉,每一个村落中的人其实都是很看重的。村支书团结理事长,依靠理事长,再通过理事会来落实各项政策,来解决村民组内遇到各种问题,就容易很多。当然,也有理事会形成共识来维权,且通过召开村民组的村民会议来达成维权决定的例子,这样的维权一般不会无理取闹,不会不可控制,而会基于充分的理由,这也是一种下情上达的途径。

村落理事会最重要的作用在于代表了村民组全体村民的利益,和有能力凝聚村民利益的共识。村民组是一个地域共同体,这个地域共同体不仅是生活的空间,而且是生产的空间,共同生活和生产在同一个地域的村民会发生联系,产生摩擦,会出现搭便车行为,甚至可能出现钉子户,出现因利益冲突形成的僵局。理事会作为村民推选出来的代表性很强的委员会,其成员又多是介入到村民生产生活尤其是红白事的关键人物,理事会就有能力从村民组共同利益出发形成决议,并有能力召集全组村民开会形成公共利益的共识。在此公共利益下面,任何搭便车都会受到约束,受到谴责。这种情况最集中最典型地表现在各种国家项目落地时村落理事会可以起到的作用。在村落理事会无法发挥作用的地方,国家项目落地往往是由工程队来施工,这些项目都是惠农项目,对农民有好处,比如小农水项目、乡村公路项目、土地整理项目等等,都是惠农工程,但是,这些惠农工程要落地,就往往要占农民的土地,损坏农民的青苗,拆掉农民的猪圈等等,因此就要给农民补偿。一般补偿还不够,有些比较狠的人当"钉子户",要求超额补偿。因为国家也好,工程队也好,都是外来的、公家的,公家的好处不占白不占,占了也白占。"钉子户"阻止工程队施工,其他村民在一旁围观,如果"钉子户"要到了超额补偿,围观的村民就会跟风学习"钉子户"。如果"钉子户"与工程队产生了冲突,村民一般都要站出来维护自己人的利益,工程也就做不下去了。一次满足"钉子户"的无理要求,就会有千百个"钉子户"站起来,最终,国家的惠民工程越多,"钉子户"也越多,好事不好做,无法做。这正是当前很多地方已经出现的困境。

秭归村落理事会建立后,介入到各种惠农项目的落地上,由理事会召集村民开会,对项目占地的青苗损失、土地补偿等等进行讨论形成决定,如果损害利益不大,就动员大家不要计较,吃点亏就吃点亏,全组村民都知道,也就无所谓了。经过村民组会议形成公共利益共识后,项目落地占了一点土地,损失了一点青苗的农户,这个亏吃在明处,无所谓,就当为集体做了贡献。这样更不可能出现漫天要价的"钉子户"。项目实施就很顺利,村民利益也就得到更大保证。

村落理事会不仅在项目落地上所起作用甚大,而且在村庄卫生环境建设等方面也可以起很大作用。农村卫生环境不好尤其是垃圾到处乱扔,是全国农村的一个顽症。秭归县通过村落理事会召开村民组会议,达成干净卫生的环境是村民共同愿意的共识,然后分段分户包干,理事会在村干部的督促下定期检查,这项工作就不难开展,甚至不难坚持。有些村落理事会还通过开会达成每年出义务工对村庄环境进行建设的决议,执行下来效果很好,因为环境卫生条件好了,对村民自己有利。

有干部总结说,通过村落理事会动员群众参与改善村民自己生产生活条件的建设,与过去只是靠上级去做惠民工程,产生了一个很大的变化,就是"任何群众没有参与,没有流汗流血的事情,群众都不关心。由上级去做的工程,群众借任何机会都可能漫天要价。工程损坏了,没有人心痛,没有人去修,都是指望上级。而一旦群众参与了项目,他们自己修了路,他们才会心痛,才会认为是自己的事,而不再只是上级的事情了"。

二

村落理事会在幸福村落建设上具有重要作用，起到这个重要作用有两个内在原因，一是"二长八员"中"负担不重"的中老年村民，二是理事会的委员会体制。外在原因是国家大量资源下乡，项目进村。我们简单讨论前者。

村民组一级的治理大都是一些琐碎的事务。村民组是中国行政体系的最基层，可谓毛细血管，毛细血管的治理是"微治理"，"微治理"的重要特点是其特殊性、不规则性和综合性、各种事情各种矛盾都是纠结在一起缺乏分化的，是细小琐碎的，这些细小琐碎的事务很难通过正式权力来应对，更不可能通过分工细密的科层体制来解决。有能力应对这些事务的就是生活于其中有闲且德高望重的中老年人。这些人子女已经成家，他们无需外出赚钱。家庭负担不重，身体又很好，经常介入到村民的生活尤其是当红白事的主持人，他们有热情，有能力，有时间，也有威信，对村民评价很在乎，希望通过为村民做点好事来"老有所为"，实现自己的价值，这样的负责又负担不重的农村中老年人在任何地方都是有的，虽然不一定是威望很高能力很强却是头脑清楚、有能力办事的人。村民将这些"负担不重"的热心肠有能力与村民天天打交道的中老年人选进村落理事会，就使村落理事会具有广泛的代表性和活动能力，且成本很低。正可以应对最基层毛细血管的微治理。这个道理也许与城市街道治理中退休老大妈发挥的作用相似。

当前基层治理中，往往习惯于强调正式权力或者乡贤的力量，而忽视了基层治理中那些负担不重的希望老有所为的普通老年人可以起到的作用，而且，这些作用往往是通过不规范、非正式制度来达到的。

这个意义上讲，秭归村落理事会中存在着一个60岁现象。秭归要建设好村落理事会，今后不是要选年富力强的村民进入村落理事会，那些年富力强的村民，家庭负担太重，他们必须外出务工或承担起上养老下养小的家庭责任，而是要特别注重60岁左右的家庭负担不重的老年人作用的发挥。

村落理事会的"二长八员"并非是一个科层分工。看起来秭归村落理事会建设对"二长八员"进行了细致的分工，甚至有些建设规范的村落理事会还保留了详细的会议记录和会议纪要。问题是，明确分工、规范记录、会议表决及其纪要都是科层制的典型特征，科层制只有运用于反复出现且频繁发生的事务上才是有效率的治理制度。村落事务具有不规范不规则性，综合笼统性以及稀薄性，村落治理因此就注定不可能是规范的、精细的，注定无法使用复杂的制度安排，规范的也就必然是复杂的制度必然导致缺少灵活机动与激情，必然无法容纳低成本的治理。村落理事会是一个委员会，正是这样一个动员型的低成本的分工不明确的不规范也不复杂的体制，保证了秭归幸福村落建设的成功。

这个意义上讲，秭归县村落理事会建设的成功，在于其利用了农村中"负担不重"的有闲的老年人，及利用了动员型的低成本的委员会体制。

目前秭归村落理事会建设中似乎出现了正规化、科层化的苗头，若如此，秭归县就是误会了秭归自己进行村落理事会建设之所以成功的经验。

基层治理必须简约低成本

一

2015年12月底笔者到湖北秭归农村调研幸福村落建设，发现秭归幸福村落建设成效不错，其核心是在原村民小组一级建立"二长八员"的村落理事会，由村落理事会来回应农户需求，对接上级任务尤其是上级各种项目的落地，以及开展组民自治，这些都具有实效。村落理事会的"二长八员"，核心是理事长，"八员"如调解员、经济员、管护员等等，多是相互兼职，因此，"二长八员"的村落理事会极少有10个人，而一般是三四个人。这三四个由村民推选出来不拿报酬的兼职村落理事会成员大都有开展工作的积极性，大都能很好地开展工作，幸福村落建设因此也就成效不错。

不过，在调研中也发现，秭归幸福村落建设开始有一种危险的误会，就是试图通过规范化甚至科学化，来将目前村落理事会的"二长八员"制度化，以达到更高水平更加正规的基层治理。比如，上级要求村落理事会将每次开会的内容记录下来，让村民每次表决都要签名，强调"二长八员"的职责分工，要求年富力强的村民担任村落理事长，让村落理事会汇报统计村落情况，将村落工作纳入到考核中，进行交叉评比，实行竞争性奖酬，等等。这样一来，当前主要由村落红白事主持人来组成的村落理事会就可能难以再担责任，秭归借助民间社会力量来进行的村落理事会建设及幸福村落建设可能就难以持续。

秭归村落理事会建设之所以有实效，从我们调研来看，主要是通过加强村民组一级的自治来有效动员村民形成利益共识，而村落理事会成员大都是村中家庭负担不重的 60 岁左右既有闲又有威信的民间权威，尤其是村庄红白事的知客先生。这些人不要报酬也有热情参与到村民组公共事务中来，"二长八员"为村庄民间权威提供了名正言顺进入到村落治理与建设的通道，辅之以上级的支持尤其是项目资源，这样的村落建设就容易有成效。

现在的问题是，无论是秭归这样的山区农村，还是全国农村，除极少数东部沿海发达地区以外，绝大多数农村尤其是中西部农村都正处在衰落的过程中，人财物从农村流入到城市是现代化的必然规律也是必然结果。在农村衰败的大背景下面，一般来讲，农村建设的目标只可能是底线式的，是保底的。总体来讲，农村事务是高度总体性的、细小琐碎的、季节性的、偶然性的、重复性比较差且不规范，这就使得科层体制很难应对农村基层的事务。科层体制所要应对的是高度重复、频繁发生的事务，是高度分工基础上的事务，这就使得科层体制完全不适合基层，尤其不适合村民组一级。秭归幸福村落建设之所以取得成效，关键恰在于村落理事会这样一个高度动员式的非正规的组织形式，和这样一个具有高度灵活性与低成本的治理形式。

一旦规范化、正规化和科层化，村落理事会就会变得笨拙，无法应对灵活多变的基层治理事务。

二

不仅仅是村民组一级，而且行政村一级，就全国来讲，尤其是就中西部来讲，其利益都是比较稀薄的，事务都是不规则的，治理资源也是比较少的。正是因此，历史上村干部都不是正式的干部，而是不脱产干部，没有固定工资，只有误工补贴。村干部的不脱产特点决定了他必须有正式的收入来源。

一般来说，村干部虽然是不脱产的，村干部却不可以脱岗，即他们不可以随便离开村庄进城务工经商。村干部不脱产，也不需要坐班，坐班也没有用，因为农村工作具有很强的季节性，到了忙季事情就多，上班下班都很忙，到了闲季，上班下班都没有事情。且农村的事情具有很强的偶发性和应急性，半夜三更两口子吵架打架找到村干部，村干部也得去解决，而不可能让两口子天亮后到村部解决。随时随地发生的鸡毛蒜皮的事情使得基层治理很难科层化。通过正式的科层组织以坐班的方式来应对基层治理，肯定不是好办法。

不脱产的村干部不用坐班，平时可以忙自己的事情，一旦有事，村民来找，或有中心工作，就将自己的事情搁一搁，处理村里的事情，形成误工，误工是应当给予补贴的。村干部不能进城务工经商，因为一旦离开了村庄，再发生事情就找不到村干部，小事不能及时处理就可能变成大事。"小事不出村"，这是庞大的中国之所以可以保持秩序的一个重要基础。

现在的问题是，村干部不出村，若只种自家承包地，农业收入就远低于进城务工的收入。村干部正是年富力强的时期，不进城务工，只在家种田，他的收入就只有务农收入，再加上当村干部的误工补贴。一般来说，村干部的误工补贴都是不高的，远低于外出务工收入。一般农户既有年老父母的务农收入,又有年轻子女的务工收入。因此,村干部的年收入可能远低于村中一般农户。这样一来的结果就是,村干部成为了村中最穷的人,说不起话,办不成事,当然也就很难当好村干部。

因为村干部误工补贴太低,很多村干部都不愿再当下去。不是因为村干部工作多么繁重,必须要高工资,而是因为当了村干部就不再能进城务工,就只能通过提高村干部报酬,让村干部留下来继续当干部。

因此,湖北省决定提高村干部报酬,主要是提高村支书和村委会主任的报酬,省委省政府要求地方按乡镇副职的待遇来支付村主职干部的报酬。具体来讲,在提高村主职干部待遇前,湖北省村主职干部误工补贴一般1万元以内。现在按乡镇副职待遇,其报酬就可以达到接近4万元／年。到秭归调研期间,县委县政府正在落实省委省政府关于提高村干部报酬的要求。秭归方面的考虑是,提高了村主职干部的报酬,不可能不提高副职待遇。初步方案是按主职干部的70%~80%来安排副职干部的报酬。问题是,这样一来,小小秭归县,一年仅村干部报酬就要增加数千万元。而秭归县财政收入一年只有几亿元。

提高村干部报酬,不仅仅是为了留住现在的村干部,而且是为了建设一个更加正规有力的基层组织。从当前湖北省村级组织建设的情况来看,这个正规化主要表现在三个方面,一是坐班制。村干部拿了高报酬也就是工资了,因此就必须坐班;二是村民办事不出村,村部设农民办事大厅,村干部为农民提供各种办事办证服务;三是村务工作规范化,尤其是规范村务记录,规范决策程序,各种复杂制度上墙。河南邓州发明的"四议两公开"制度成为基本的制度模式。

这样一来，之前主要由不脱产干部所构成的村干部队伍就逐步脱产化、正规化、规范化了。村干部就变成了干部，不再是兼职的、不脱产的。

现在的问题是，农村事务是稀薄的，且是不规则的。资源很少，很多事务的处理都需要借助民间权威，而不是正式科层体制，这就可能使得这个正规化的村级组织很难应对不规则的细小琐碎的基层事务。甚至，这个脱产的村干部群体因为脱产而越来越成为了专门的村干部，而不再有能力做其他的事情。这就与本来是高度流动也高度灵活的由选举产生实行村民自治的基层治理体系构成了冲突。这个正规的村级组织变得凌驾于村民和村级琐碎事务之上。

基层治理本身的不规则性、季节性、综合性以及事务的稀薄性和利益的稀薄性尤其适合动员性的群众路线，而不适合科层体制。前面已经讲过，科层体制是以大量事务的规则发生为基础的，因此需要以分工来高效应对。在乡镇以上，科层制有条件，且越是上级行政部门越需要科层体制来应对大量发生的各种专门事务。现在问题是在农村人财物不断流出的只是要达到底线治理目标的村一级，需要科层体制吗？

当然，仅仅靠误工补贴，现在的村干部收入完全无法支撑他们在农村的基本生存。不能外出务工又缺少自家承包地以外任何收入的村干部是当不下去的。不过，村干部这个岗位并非是技术含量特别高的只能由某些人当而其他人不能当的，实际上，当前农村中仍然有大量的主要收入在农村、他们不离村就可以获得不低于外出务工收入的"中农"，比如通过流入进城农户土地达到适度规模经营的农户、专业养殖户、农资供销户、农业经纪人、农机服务户、小作坊主等等，这样一些可以在农村获得收入的中农正是村干部的最好人选，他们兼任不脱产的村干部，还是可以做自己的农业。当了村干部不影响他们的收入，他们就有意愿和能力当村干部。其实，当前中国农村，村干部几乎都通过各种办法"中农"化了，其中最典型的是村干部都当起了农资经纪人，正是村干部的"中农"化，使当前基层治理中可能出现的村干部贫困化与边缘化没有出现。当然，有一些村干部中农化的不成功，他们也就迟早不当村干部了。这是村干部的正常流动，没必要大惊小怪。

三

当前中国正处在史无前例的高速城市化进程中，农村人财物流出农村流入城市，农村的衰败不可避免。就全国大多数农村而言，乡村建设的目标不是要建设"强富美"的农村，而是要维持住农业生产和农民生活的基本秩序，是底线治理。这样一种治理，因为基层事务本身的细小琐碎、不规则、季节性、偶然性、综合性，就要求基层治理必须要有相当的灵活性，必须与社会之间保持密切的联系互动，就应当是低成本的、顺应农村发展目标与社会基础的，而不是科层化、正规化和高成本的。治理事务稀薄且发生的规则性差，决定了农村基层不适合正规的科层体制，而要有低成本的简约的制度。

苏南的能人治村与中国村治的几种类型

一

望亭镇是苏州市一个相对偏远的乡镇，地处太湖之滨。1996年望亭镇开始大规模引进外资发展第二产业。之前望亭镇集体性质的乡镇企业发展比较迟缓，规模也比较小，到1995年前后全部改制为民营企业。1996年开始引进以台资为主的大型电子装配加工制造，开始了望亭镇快速工业化进程。在大约十年时间，望亭镇引进大大小小千家企业，其中规模企业数百家，外来务工人员最多时接近十万人，是本镇户籍人口的两倍。

1996年开始大规模招商，2000年达到高潮，2008年开始国家实行严格的土地用途管制，之前只要有项目进来，村社集体就可以自发批租土地给企业自建厂房，企业收土地租金，政府收税。2008年以后，土地用途严格管理，必须先征后用，而征地必须有要国家下达的建设用地计划，因此，2008年以后村一级基本上都没有再将集体土地租给企业开发建厂的了。

在土地用途管制不严格的情况下，本村村民也可以租地盖厂房，有不少村的村干部租地盖厂房然后再出租厂房赚钱。刚开始时租地费用为每年3000元/亩，相对于种粮食每亩收益只有不到300元，将土地租出去的收入就高得多了。一个村如果租出去了1000亩土地，每年就坐收300万元租金。当然，现在望亭镇的租金提高到了每年1万元／亩，前提还是租地企业亩平税收超过3万元。若亩平税收低于1.5万元，就要按1.5万元／亩收租金。这是全镇统一规定的。

在可以随便租用土地办厂的时期，一般企业租用土地所建的大都是简易厂房，这样的厂房条件比较简陋，也不便于生产。有些村村干部很得力，向企业预收租金，由村集体盖标准厂房再出租，这样的标准厂房就可以按平方收取租金，租金远比租地收入高。当前很多租地企业破产了，土地退回村集体，村集体希望在土地上盖标准厂房，不过，因为这些土地都是集体性质的土地，在集体性质土地上搞建设是违反现行土地管理法的，因此，即使发改委可以批准立项，国土和规划部门也不可能批准。有一些村支书胆子比较大，敢于担责，只要发改委立了项，他们就敢筹资盖标准厂房，这样就可以大幅度提高村集体的租金收入。不过，大多数村支书不敢担责，因为万一出了事情就要吃不了兜着走。

望亭镇共有七个村居，每个村居有1000亩左右土地租给企业办厂，平均起来每个村有1000多万元集体土地租金收入。土地租金收入最多的宅基村，年租金收入达到2500万元，年租金收入最少的村只有大概700万元。目前各村都面临着如何实现企业产业升级以及土地如何获得更多租金的问题。

按全镇统一要求，近年来各村开始给村民分红，这种分红大都只是象征性的，因为分红最高的宅基村，每个村民的分红收入也只有200元／年，全年用于分红的资金为70万元，只占全村土地租金收入的3%左右。

除极少数的分红以外，村集体收入的一部分用于为村民提供各种福利保障,包括60岁以上老年农民每月810元的养老保障缴费,其中相当部分就是各村用集体收入所缴,仅此一项,一个村一年就要花费几百万元,此外还有医保等也是用村集体收入支付。不过,村集体收入的主要部分用于基础设施建设,基础设施又可以分为两大类,一大类是生活环境类,包括美丽乡村建设需要村集体投入进行诸多硬件建设。集体收入越多的村,上级要求的建设标准越高,且总是先行试点单位,集体收入少的村则可以按较低标准进行建设,因为集体没有钱,上级政府总不可能帮村集体垫钱搞建设。另外一大类是投资建设类,尤其是投资建标准化的厂房,从而增加村集体收入。上级对村干部考核中最重要一项也是集体收入增加幅度。

二

以上简单梳理,在1995年前,苏南集体性质的乡镇企业发展迅猛,成为奇迹,不过,这个奇迹更多还是1980年代的奇迹,到了1990年代,随着买方市场的兴起,苏南乡镇企业亏损越来越严重,到1995年前后,苏州市在很短时间完成了乡镇企业的改制。乡镇企业改制前,企业发展好坏与村干部尤其是村支书有着极为密切的关系,比如华西村的发展就与吴仁宝有直接关系。能干而且廉洁的村支书往往可以快速推动村办企业的发展。到了1995年乡镇企业改制,村办企业改为民营企业,基本办法是经营者买断,很多村干部本身就是村办企业的负责人,所以也就有很多村干部买断村办企业,而兼为民营企业家或变成了民营企业家。大部分改制企业在之后的经营中都没能逃脱倒闭的命运,只有少数村办企业在改制后存活下来且越发展越好,也因此,这些买断企业的经营者就成为了远近闻名的企业家,成为了财产上千万甚至过亿的富人。而买断后倒闭的企业,也因为企业之前的厂房以及土地是低价折算，就还留下了集体性质的建设用地，这些集体性质的建设用地使用权仍然在买断的经营者手中，他们就通过出租买断企业土地使用权获得利益。

一句话就是，在1995年集体性质乡镇企业改制前，苏南地区村干部大多是能人，正是这些能人发展起来规模巨大的村办企业，创造了中国经济发展史上的奇迹。借1995年乡镇企业改制，这些能人村干部中的相当一部分借机成为了民营企业家，并因此而成为了富人。

1995年至2007年的十多年时间是苏南地区由之前集体性质乡镇企业向民营经济和外资转型的时期，尤其是以招商引资为特点的经济发展。在不长的时间，苏南地区大规模招商引资，各种加工制造业快速发展，村一级在招商引资过程中充分发挥积极性与主动性，利用土地资源优势招商引资。一些胆子比较大、关系比较多、能力比较强的村支书就在比较短时间为本村招来大量企业，村集体因此不仅可以坐收土地租金，而且因为外来企业的进入，外来农民工来村务工，而让村庄出现了各种获利机会。这个时期是苏南经济发展的黄金时期，也是望亭镇经济起飞的时期。这个时期，村支书的个人能力与眼光决定了村集体招商引资好坏，也决定了村集体土地租出去的多少从而决定了村集体可以获得土地租金的水平。

2008年国家实行严格的土地用途管制，不再允许村集体直接招商，地方政府招商引资的模式也开始变村村招商为开发区招商，苏南村集体凡是已经招商建厂的农地就变成了集体经营性建设用地，农地不经国家征收就直接进行建设的历史终结了。村一级通过出租土地来招商的可能性也就至此为止。

2008年以来，村干部的主要工作一是保证集体土地上的企业经营，从而可以保证土地租金的兑现以及保证地方税收，二是利用村集体收入做好建设，包括基础设施建设和必要的投资。

以上三个时期，1995年前，1995～2008年，2008年以后，都与村干部个人能力有着莫大关系。一个好的村支书对于村集体经济的发展和村民生活生产条件改善作用极大。总体来讲，三个时期的苏南村级治理都可以称为能人治村。略有不同的是，1995年前乃至2008年前，村干部是市场型能人，所以村支书可以同时又是企业家，当时江苏省也有所谓"双强双带"的口号。2007年以后，村支书更多是管理型能人，越来越成为职业经理人了。

三

无论是村办企业的1995年前，还是1995年到2007年招商引资阶段，还是2008年以后，苏南地区的村干部都是与数量庞大的集体经济联系在一起的，虽然1995年以后村集体经济主要来自地租收入。苏南的土地是集体所有，这在全国都一样，苏南的特殊之处是利用集体土地实现了集体性质的土地收入，并运用这样一个集体收入来增强基层组织能力，改善村庄生产生活基础设施和公共服务条件，并相当有效率地完成了各种国家任务。

正是因为有着十分庞大的集体经济或集体收入，村干部能力就十分重要。谁当村干部就很重要。从望亭镇的调查来看，乡镇试图让每个村都有一定集体经济的基础，这个集体经济不同于个体经济也不同于合伙经济，而是公有范围的经济，所以乡镇具有调节集体经济的能力。望亭镇在2003年将全镇16个村居合并为7个村居，合并的主要原则有二：一是就近合并，二是强弱搭配。经过合并，各个村居集体经济收入都相差不太大了，再差也有基本发展能力，再强也没有能力给农户高额分红。在合村的同时，望亭镇开始在全镇范围调派村干部，不仅在不同村之间调派支书，而且在村镇之间进行调派选拔，在镇委的眼中，村支书与镇七站八所都是同等的股级单位，因此是可以平级调配的。调研期间，宅基村支书就是由镇民政办主任调任过去的，还有村妇女主任也是由镇干部来担任。何家角的现任村支书在2003年前是一小村村主任，合村之后调到邻村任村支部副书记，2009年再调到一个社区当书记兼主任，2014年回到何家角村当书记。也有村书记调到镇里站所当负责人。调研期间，何家角村主任调到迎湖村当村支书。由镇民政办主任调任村支书是同级调动，所以不需要公示，由村主任调任村支书属于升级使用，所以要公示。

按村民的说法，选举只是一个形式，一般组织提名的候选人没有可能选不上。而且村支部委员从理论上是可以由上级党委任免而且实际上也是由上级任免的，村党员大会一般只是对这个任免的确认而已。苏南村一级干部分为两种类型，一种是村干部，主要是村支部委员和村委委员，支委与村委大多交叉任职。第二种是所谓条线干部，即由乡镇付工资而且由乡镇选任调派到村级任职的，主要是负责条线方面的工作。而条线干部大多由村干部兼任，这样一来，乡镇就不仅可以通过掌握村支部委员的选任而且可以通过条线干部聘用来有效掌握村干部的任命。

这样一来，苏南的村干部就主要是通过乡镇选拔而来，村干部就职业化了。调研的望亭镇，村支书主任每年收入大约为17万元，一般村干部年收入大约为10万元，这样一个收入水平与镇一般干部相差不多。

因为村集体有大量资产和集体收入，村干部的能力如何对村集体资产的保值增值以及能否增加集体收入，以及能否用集体收入为农民办实事好事，是大有关系的，因此，乡镇在任命村干部时会相当慎重，基本上可以与村情民意有一个良性互动。同时，为了防止村干部的乱作为，乡镇不仅在财务上对村一级进行了全方位监管，而且制定了各种详细规定防止村干部的胡作非为，比如规定凡是超过 5 万元的工程都必须由镇项目办公开招标，所有经费支出都必须经由村务监督委员会签章确认等等，从而比较有限地约束了村干部的权力。与此相当，苏南村级治理中就一定会有十分规范的程序和记录，以备查询。上海农村治理模式与苏南十分类似。

四

为了更好地理解苏南村级治理，我们再来比较浙江和珠三角的情况。

浙江是民营经济的典型，早在 1980 年代，浙江一些地区的农村就有了十分活跃的民营经济的发展，而到 1990 年代，浙江民营经济快速发展，形成了村村点火、户户冒烟的民营企业发展模式。

浙江民营企业基本上都是从家庭作坊开始的，如果经营形势好，家庭作坊就扩大生产，由一台车床到两台、三台车床，然后利用住宅的附属房办厂扩大再生产，再在宅基地周边搭建工厂，从而形成了普遍的以自家住宅为基础扩建而来的小型中型作坊甚至小型工厂。

浙江以家庭住宅为基础发展起来的作坊工厂等民营企业，深知土地的重要性，也深知办企业过程中与政府部门打交道的重要性，因为无论是土地管理部门，还是环保、税务、信贷、工商部门，都对自己企业发展具有巨大的权力。众多民营企业在并不规范的条件下面成长起来，他们是市场的宠儿，但他们本身却无规范的出生，甚至成长过程中也存在种种不规范问题。因此，这些民营企业就天然有与政府部门拉近关系、寻求庇护的愿望。当村干部以及当县市人大代表、政协委员就是最好的护身符。因此，到了1990年代末，浙江农村繁荣的民营经济及造就的大量民营企业家转而介入到村级治理之中，通过竞选村委会主任进入村级治理，再在村委会主任任上入党，再替代之前的老式的村支书。到2000年后不久，浙江农村就已经完成了从老式村干部到企业家的村干部替代，富人治村不可逆。当前浙江农村，主职村干部基本上都是富人，一般农民不再有可能当得上主职村干部了。

浙江农村，富人通过激烈的村委会竞选进入村委会，转而当上村支书。以我的调查经验，全国农村村一级，浙江农村村一级选举是最为激烈也最为真实的，乡镇想要操控村委会选举基本上不可能。企业家当村干部，这样的村干部就不可能坐班，不可能职业化，同时，他们也不关心村干部的工资多少。浙江农村，很多地方村干部至今仍然只是拿误工补贴，一年报酬只有不到一万元，即使村干部工资最高的绍兴市柯桥区，村支书的工资也只有几万元。浙江村干部的非职业化、非正规化、低报酬与苏南村干部职业化、正规化和高报酬形成了鲜明对比。

决定浙江村一级村干部非职业化、低工资以及富人治理的经济社会基础，重要的有两个方面，第一，与苏南不同，浙江农村最早的经济发展模式是个私经济，农民各尽所能各显神通，都进入到市场中试图从中获得成功。大部分浙江农民在市场经济的尝试中没有能够扩大生产规模，成为成功的民营企业家，变成家产千百万元的富人，不过仍有相当一批农民成功了。浙江农村因此出现了剧烈的分化，即办企业的富人和出卖劳动力的一般村民，富人人数不多，能力很强，且富人之间往往有着有机的联合，富人因此主导了村庄中的文化和社会价值。一般农民人数很多，但社会资本较少，缺乏联系，在村庄竞争中处于不利位置。村庄选举因此成为富人之间的竞争，一般村民只能被动参与，缺少基本的政治效能感。反过来倒是，富人竞选村干部的过程中会利用一般村民分化一般村民，每经历一次选举，村庄就产生一次派性斗争和遗留下不同派系。相对说来，苏南农村在经济发展之初是集体经济，村民与村民之间缺少分化，1995年以后招商引资也都是引外资，村民之间同样缺少分化。即使同村办企业改制形成了少数富人，这样的富人在村庄中也非完全内生力量，更无力挑战强大的乡镇政府，从而缺少话语权。所以苏南就缺少产生富人治村的社会经济基础。

第二，浙江村集体几乎没有什么集体收入，这与浙江走民营经济的发展路线是一致的。既然没有集体经济甚至很少有土地租金收入，浙江村一级能人治村就缺乏基础。苏南的情况正好相反，即任何时候苏南农村村一级都有着大量的集体经济和集体收入，村干部能力不同，打理这些集体收入所发生经济社会政治效应就完全不同，因此，苏南农村，无论是乡镇还是村民都很关心村干部的能力，能人治村势所必然。

五

我们再来看一看珠三角地区的村级治理。望亭镇1994年曾组团到珠三角学习招商引资与发展地方经济的办法，其背景是之前苏南乡镇企业发展模式遇到了不可克服的困难。苏南的运气不错，竟然利用其强大的基层组织能力，在比较短的时期就赶上了珠三角的发展水平。

珠三角利用邻近港湾的区位优势，早在1980年代就大力进行招商引资，发展"三来一补"。在不长的时间，珠三角核心区就工厂化了，农村土地几乎都盖了工厂，并且因为珠三角很快成长为世界制造中心。珠三角土地上很快便开始大量建造具有强大制造业容纳能力的标准厂房。大型制造业的进入提供了大量就业机会，外来劳动力大量流入，珠三角核心区外来农民工人数一度是本地户籍人口的10倍，从而使珠三角核心区的每一寸土地都产生了巨大价值。

珠三角农村的土地当然也是集体所有。集体所有的土地中，分配给农民作为宅基地的土地，农民在上面盖了远超过自用需要的房子出租以获取租金。而在集体耕地、荒地上面建了大量厂房招租，以获取租金。当地农民除可以获得各种获利机会以外，他们还可从集体租金中获得不菲的分红。正是因为宅基地上的巨大利益和户籍村民的分红，而在珠三角出现了长期困扰地方政府的外嫁女问题、村社成员权资格问题。

珠三角在全国最早开始进行股权固化的试点并最早开始进行农村政经分离的试点，其中最重要的就是要回应农民对其集体利益的诉求，这种回应基本上是通过将村社集体资源量化到人、折股到人的办法进行的，珠三角地区发明了所谓股份合作制，设立股份合作社，设立股民大会、股民代表以及股份合作社社长，其中股份合作社社长由股民大会选举并对股民大会负责，受到股民代表的监督。这样一来，珠三角的村社集体就逐步变成了权利量化到人的股份制，公有制的村社集体私有化了。这样的结果必然是股份合作社与村委会和村支部渐行渐远，而尤其重要的是，股份合作社掌握着不可移动的村社集体土地所有权、使用权和收益权。这样的政社分离就在农村社会内部产生了一个可能与基层政权相对抗的强大的力量，也许乌坎事件只是其中一个特别的预警。

在进行股权固化量化到人、政经分离之前，珠三角的村社集体经济具有成为强化国家能力的空间。政经分离的改革却可能造成一个强大的与基层政权相对抗的力量出来。这种对抗力量又以食利为基础,则这就很可能产生出一种腐朽力量与反动力量的最坏结合。也是因此,我们对目前珠三角正在进行的政经分离改革就不得不持谨慎态度啊。

六

当前苏州市正在学习珠三角的股权固化和政经分离,并且自上而下要求村社集体给村民分红。这样下来的结果就可能是在中国沿海最发达的农村地区凭空产生一个腐朽且反动的食利集团,他们将来就可能利用对不可移动的土地资源的占有来对抗基层政权,甚至要挟国家。若如此,就不只是国家基层治理能力的弱化问题,而且是国家基础治理能力丧失的大问题了。

当前苏州农村试图通过将自治的村庄集体通过乡村一体化纳入到更加行政化的基层治理体系,通过能人治村而非富人治村来提升基层治理能力,实现基层治理现代化,中国广大的中西部地区农村虽然还无法学习也无需学习苏州基层治理的经验,苏州的这种尝试却值得已经工业化的沿海发达地区农村学习推广。已经利用村社集体土地资源完成了工业化的沿海发达地区的基层治理走向何处?珠三角地区正进行的"政经分离"是危险的方向,苏州通过乡村一体化,以行政替代自治的方向则将村庄集体资源转化为强大的基层治理能力,可以有效提高国家治理能力,从而应当成为当前中国沿海发达地区基层治理现代化的主导方向。

七

以前想象的苏南集体经济受到华西村的太多误导。实际上,在1995年前后,苏南集体性质的乡镇企业都已经转制为民营企业,集体性质的村办企业几乎不再有了。之所以要转制,是进入1990年代,中国告别短缺经济,进入买方市场,苏南集体性质的乡镇企业竞争不过浙江民营经济以及珠三角的外资企业。某种意义上,苏南自1995年开始了第二次创业,其中一部分是转制民营企业的突围,另外一部分是利用工业基础比较好市场基础设施较好的条件招商引资,从而在不长时间就迎来了经济的高速发展。

苏南第二次创业迎来高速经济发展主要是向珠三角学习招商,苏南比珠三角的优势是高度组织化以及之前乡镇企业发展所形成良好工业化基础。苏南的招商,是村村招商,而在当时国家对土地用途管制较松的背景下面,几乎所有村庄都有项目落地,村集体将土地租出去,每亩收3000元租金,少数自有资金实力雄厚的村庄就建标准厂房招租。这样的只要有项目就可以落地的日子,到2008年国家严管土地用途即终止了。而苏州村社集体收入的多少就直接与租出去办企业的土地数量挂钩,租出土地越多的村每年所获集体土地租金就越高。

未经征收而用于招商和项目落地搞建设的土地,现在有一个专用名称叫做农村集体经营性建设用地。本来,按《土地管理法》,"任何单位和个人进行建设需要使用土地的,只能申请国有土地",只是《土地管理法》出台比较晚而且出台后一直执法不严,为了鼓励地方经济发展,各地对农地非农使用基本上是睁一只眼闭一只眼,这样就在全国有了大约3000万亩的集体经营性建设用地。2008年严格执行《土地管理法》不可能溯及既往。也就在2008年十七届三中全会上提出要让农村集体经营性建设用地与城市建设用地同权同价。

村集体招商引资,将农地租出去让外来资本盖厂房,多为比较简陋的厂房,时间一长,问题就多,仅就消防而言就是大隐患。而且有些招商来的企业破产了,他们不再租用土地,村社集体就希望在这些集体经营性建设用地上盖标准厂房，再招商，就可以获得远多于租地的收入。现在的问题是，按《土地管理法》，非国有土地上搞建设是违法的。村社集体要求发改委立项在集体土地上建标准厂房，国土和规划部门不敢批，不会批，这样就无法进行标准厂房的建设。有些村支书胆子比较大，直接在未立项的情况下面搞了建设，也就为村集体增加了收入。如果出现任何事故，上级追究下来责任就很大。所以一些胆小的村支书就看着图纸着急。2008 年召开的十七届三中全会提出解决农村经营性建设用地的使用问题（激活），到现在还没有解决，其中一个原因是很多人在农村土地上堆砌了太多想象，现实则是如何解决当前农村已经形成的大概 3000 万亩农村集体经营性建设用地使用的历史遗留问题。

到苏南调研大多是听到关于拆迁的讲述，一了解，几乎无例外地是在利用国土部的城乡建设用地增减挂钩政策。2008 年前，只要有项目，地方政府以及村委会都可以随意划定农地搞建设。苏南之前的工业基础好，组织基础也好，所以在很短时间便有经济的高速发展和成功的第二次创业。

2008 年以后不再允许农地上进行建设，项目来了无法落地。国家每年给到苏州市的新增城市建设用地指标有限，且主要是用于市县两级的开发区，乡村两级基本上没有指标可用，经济发展因此就受到了限制。

正好从 2008 年开始国土资源部出台《城乡建设用地增减挂钩试点》，即将农村减少的建设用地面积与城市新增建设用地面积挂钩，为了增加城市新增建设用地面积，就要减少农村建设用地，将农村建设用地复垦为耕地。而减少农村建设用地面积的不二法门就是拆农民房子，让农民腾出宅基地复垦为耕地，形成新增城市建设用地指标。

拆农民房子就必须安置农民，无论是用哪种形式安置，安置农民的成本都很高，以我最近几年在苏南的调研经验，安置一户农户的成本大约在50万元，可以腾出的宅基地约为0.5亩，也就是说，地方政府要获得新增城市建设用地指标，每亩指标仅仅增减挂钩费用就要大概100万元。

当前苏南乡镇政府一般都有一定经济实力，他们都期望通过土地开发来获得更多土地财政收入。问题是，国家新增建设用地指标基本上不可能分到乡镇一级，乡镇一级便普遍打农民宅基地的主意，通过拆农民房子，利用增减挂钩政策要来获得新增城市建设用地指标。最近几年，苏南乡镇一级的主要工作之一都是在拆农民房子以获取新增城市建设用地指标上面。

乡镇政府高价获得了新增城市建设用地指标，他们让指标落地，有两处可落，一是建开发区，问题是，如此昂贵的土地指标下面的开发区的用地成本，一般制造业根本就用不起，结果所有乡镇开发区都搞高新技术开发，在高新技术有限的条件下面，乡镇开发区的招商必然会陷入死胡同，二是搞房地产开发，同样的问题是，拆迁农民的房子基本上是拆一补二，每户农户都至少有了两套房子，而外地农民工根本不可能来苏州乡镇买房，其结果就是房地产开发没有前途。

这样一来，苏州甚至整个苏南目前的乡镇政府都可能因为增减挂钩和土地开发而陷入巨额债务的困境之中。

真是成也萧何，败也萧何啊。

上海的乡村治理：
在西部与东部之外的村庄类型

一

2015年年底到上海金山、嘉定和奉贤农村调研半个月，重点关注了上海的农业治理和乡村治理，下面简要讨论上海的乡村治理。

我曾在过去的研究中，分别以河南周口市郊区村庄和浙江绍兴农村为个案，讨论了两种不同的利益密集型农村地区的治理，分别是外生性利益密集型农村地区的治理和内生性利益密集型农村地区的治理。上海农村也是利益密集的，是与以上两种利益密集型农村相当不同的另外一种利益密集，具体地说，上海农村利益密集是由大量的自上而下转移资源所形成的，这种利益密集塑造出了上海乡村治理与以上两种利益密集型地区乡村治理相当不同的特征。

除利益密集农村地区以外，中国广大的中西部农村，人财物资源流出农村，农村的空心化和衰落是显而易见的，这些中西部的普通农村就是非利益密集地区，其乡村治理具有与利益密集地区完全不同的特点。不过，取消农业税以来，随着中央向农村转移支付力度的加大，中西部地区农村出现了一方面人财物流出，一方面自上而下资源流入的情况，从而对中西部乡村治理造成影响。上海自上而下资源转移所形成的利益密集型地区的乡村治理研究，将有助于理解越来越多资源转移进村的中西部农村的治理。

上海乡村治理中，最重要的就是大量自上而下的转移支付极大地塑造了上海乡村治理的特点。大概说来，有四种自上而下的转移支付，一是作为公共资源直接转移进村的村集体资金。上海市一般将年集体收入低于70万元的村作为经济薄弱村，上级政府通过直接转移资源来弥补经济薄弱村的资源不足；二是大量为农民提供生产生活便利的项目进村落地，如灌溉设施、道路建设、公共活动场所等基础设施；三是大量以工代赈项目，以及政府补贴的各种村民福利与保障；四是村集体可能从上级财政中获得的各种资源。下面我将以一个调查村为例进行说明。

相对说来，上海农村中，相当部分村庄工商业发展状况一般，尤其是村办工业发展很一般。相对于浙江农村，可以说发展得相当不理想。其中原因之一是，上海市对农村具有极强的管控能力，村办工业尤其是个私经济发展缺少空间。在1980年代乃至1990年代，中国仍然是短缺经济，工业品基本上是卖方市场，愁产不愁销，浙江地区农民办个私企业，在用地、环评、税收、用工等等方面都环境宽松，个私企业快速发展，短期内部分个私企业不仅扩大了生产规模，而且产业升级。到买方市场形成后，这些产业升级的个私企业仍然能生存下来。与浙江不同，在用地、环评、税收以及用工方面，上海农村个私企业都受到强有力的政府政策管控，个私企业长期停止在家庭作坊阶段，到了买方市场形成之后，未能长大的家庭作坊倒闭，村庄只留下相当有限的几家企业，农民收入主要来自进城务工经商。这样一来，上海相当部分农村，村庄缺少工业，也缺少商业，也就缺少富人阶层，农户主要收入来自务工，在已经形成全国统一劳动力市场的条件下，农户收入就与农民家庭劳动力数量成正比，农民家庭劳动力数量又与农民家庭所处周期有关。就是说，在上海缺少工商业、也非拆迁地区的普通农村，农户之间的收入差距很小，村庄中既缺少浙江农村中普遍存在的富人群体，又很少绝对贫困家庭。

以下我们通过上海市金山区联合村来展示自上而下转移资源所形成的利益密集，并在此基础上讨论上海乡村治理的特征与逻辑。

二

联合村是上海市的一个远郊村，全村1600人，2400亩耕地，其中900亩耕地种树变成了涵养林，1100亩耕地由村集体从农户那里反租，然后以同样的租金转租给三家公司经营，村集体还有填鱼塘所形成的300亩集体耕地，由村集体经营，种水稻，没有发包出去，没有什么收入，也不亏本。

联合村有八家企业，最大的一家是机械厂，原来是村办企业，1990年代企业改制成为私人企业。八家企业规模都不大，总产值大约2亿元，每年利税数百万元，企业所用厂房都是租赁村集体的，每年付给村集体15万元租金。企业所雇工人不多，总共雇50多人，都是本村人。企业占地约50亩，八家企业只有机械厂是本村人的企业，另外七家都不是，而是租用本村在1980年所办集体企业垮掉后留下的厂房，其中有五家是浙江人开办的。

联合村村民中，除由原集体机械厂改制而来的企业以外，村庄不再有办厂的老板，村民收入都相差不多，主要收入来自务工，且务工收入也都相差不多，所以农户收入多少主要与家庭劳动力数量有关。一个农户家庭若同时有四个劳动力务工，家庭收入一般就可以达到10万元/年，若只有两个劳动力，年收入也可以轻松超过5万元，若只有一个劳动力，家庭年收入可能低于5万元。

据村支书的估计，联合村500农户，家庭收入超过20万元的不多，最多只有几十户，肯定不超过10%，大约有1/3的家庭年收入超过10万元，大多数农户家庭收入在5～10万元之间，家庭收入低于5万元的也很少。全村低保户只有4户（每月人均收入低于790元），低收入户也只有10户（每月人均收入低于1580元）。也就是说，联合村农民收入结构是典型的两头小、中间大的结构，农民收入相差不多，农村社会经济分层不明显。

除务工以外，联合村农民还有两笔比较重要的收入，一是土地租金。联合村与上海市其他农村地区一样，绝大多数农民承包地都被村社集体反租，租金一般在750～1000元/亩，联合村人均1.5亩耕地，每个农户每年都可以有数千元租金收入。二是养老保险。上海市农村养老保险正与城市接轨，其中一个上海特色的农村养老保险是上海地方设立的"镇保"，农民年满60岁之后，每月可以拿到1500元，联合村凡是农户承包地作为涵养林占用了，就可以获得"镇保"指标，全村有600人获得了"镇保"。没有拿到"镇保"也没有拿到城镇职工养老保险的60岁农村老年人，享受"新农保"的水平也远高于全国人均70元的水平，而达到了800元/月。因为有比较高的养老保险，上海农村有一个说法就是"家有一老是一宝"，两个老人都拿"镇保"，每月有3000元养老保险，而实际生活开支可能只要500元，因为上海农村也仍然有自给自足的农副业，且，身体健康的农村老年人可以继续打工。

联合村农民收入相差不大，农民社会经济分层不明显，在上海市农村具有相当的典型性和代表性。我们调研的金山、奉贤、嘉定和松江地区，情况都差不多。其中原因有二，一是总体来讲，上海农村工业没有发展起来，村庄就不存在一个私企老板为主的富人群体或阶层。

二是上海良好的社会保障体系为所有农户家庭提供了保底收入，从而消除了真正贫困农户的存在。这与全国农村相比，是一个重要特点，其中最典型的是，同样的新农保，上海水平是全国平均水平的十倍。

当然，联合村具有典型性与代表性，并不是说所有上海农村都与联合村一样。上海是中国最大的都市，上海农村至少可以分成四种类型，第一种是城中村，数量比较少；第二种是城市近郊农村，这些近郊农村要么拆迁致富，要么出租房屋可以获得大量租金，近郊农村有一定比例，但占比不可能太大；第三种是工业村庄，村庄工商业发达，这样的村庄也不是太多；第四种是联合村这样的具有典型性、代表性和普遍性的上海一般农村，这样的一般农村与民营经济活跃的浙江农村相比，缺少一个主要由个私企业老板构成的富人群体或阶层，与中西部农村相比，因为有比较高水平的社会保障以及更为便利的就业条件，而缺少一个数量大的贫弱群体。这个意义上讲，上海农村与全国农村虽然有一定差异，实际上差异并不太大。在已经形成全国统一的劳动力市场的情况下面，上海市的农民也是与全国农民一样在劳动力市场上实现价值，获得收入。

三

上海市农村与全国农村相差不多，并不表示上海市的乡村治理与全国农村也相差不多，主要原因是上海市强大的财政能力使上海农村可以享受到其他地区农村所完全无法想象的转移支付力度。前述上海新农保水平是全国的 10 倍正是表现之一。正是强有力的、高水平的、自上而下的转移支付，构成了上海乡村治理的利益密集的基础。

仍然以联合村为例，联合村集体每年所获收入主要是每年 15 万元的租金，其他集体收入比较少。不过，2015 年上级给联合村转移支付了公共资金100万元,相对应的,全国中西部农村转移支付平均大约只有四五万元。上海市大幅度提高向村一级的转移支付大概在2010年左右,一个直接后果就是村干部报酬的大幅上涨。2010年村主职干部报酬只有二三万元,2015年,联合村支书报酬是13.4万元,村主任报酬与支书差不多,一般村干部的报酬是主职干部的70%。联合村支书13.4万元报酬由两个部分构成,一是基本工资,3.6万元,二是完成任务的奖励,9.8万元,此外,由地方政府为村干部缴纳城市职工社会养老保险,村干部个人承担20%。

联合村最近几年有两大笔集体收入可以用于集体事业。一项收入是根据上海市土地占补平衡政策,联合村填塘可以获得占补平衡指标的经费。上海市规定每增加一亩占补平衡指标可以获得7.5万元经费补偿。联合村有400亩鱼塘,这几年填了300亩,不仅获得了300亩集体耕地,而且获得了1000多万元占补平衡指标费,扣除成本,村集体净得上千万元;第二项是上海市2014年进行建设用地减量化,要求拆除村办企业,将村办企业占用建设用地复垦为耕地,由市区财政进行补偿。2015年联合村八家企业全部拆除,50亩建设用地复垦,每亩补贴70万元,50亩共补3500万元,其中1500万元用于补偿拆迁企业和复垦成本,村集体净得2000万元。也就是说,仅仅最近几年联合村就获得了3000万元的巨额集体资金。

上海市还为农村提供了各种以财政能力为基础的以工代赈性质的惠民工程。还是以联合村为例,联合村设有40多名涵养林护林员,有8名居家养老员,都是由财政发最低工资,且缴纳最低城镇职工养老保险金。

在村一级还有条线干部,由上级发工资,其工作主要在村,包括就业援助员、残疾助理员、综治协管员。虽然事情不多,却都是严格按时上下班。

上海市还为上海农村提供了远比一般农村良好得多的服务于农民生产生活的基础设施。

上海市还有远比一般农村地区多得多的各种社会援助,对口支持的资源输入渠道。一方面是强有力的村级动员能力和管理能力,一方面是大量可以申请的上级资源,使得村民遭遇天灾人祸,就可以借助村级组织向上级申请各种援助。

上海市规定,集体经济薄弱村一律由市区财政补足到最低收入。嘉定区另外还规定,集体经济薄弱村,凡是耕地种水稻,每亩专项补贴村集体300元,一个村若有1000亩水稻面积,这个村就可以获得30万额外的专项补贴。

当然,上海市财政对农业的补贴力度也极大,多数区县都给稻农免费提供种子农药化肥,农户购买农机的补贴可以占到购机款的80%,远高于全国大约50%的水平。

总而言之,上海市财政对农村资源支持的强度远远超过全国农村,从而形成了具有显著特点的自上而下转移资源基础上的利益密集。

四

上海乡村治理受到这种转移型利益密集的强烈影响。具体表现在以下几个方面:

首先是强大财政所滋养出来的强有力组织体系。以联合村为例,由财政或集体资源中获得报酬或工资的有以下几种人群:

一是村干部。联合村有四个正式村干部,支书、主任、支委、村委各一人,另有一个大学生村官兼村支书助理。

二是条线干部,即由上级发工资但在村里办公且主要负责村级工作的"三员"：就业助理员、残疾助理员、综治协管员。

三是组级干部，联合村有三个自然村，6个村民组，设有6个党员小组长，6个村民小组长，3个妇女小组长，其中有一个党小组长兼村民小组长，共14个村组干部，每人每年4000元报酬。

四是村里还聘有联队会计、电工、机口灌溉员数人，均有数量不等的报酬。

五是涵养林护林员，有40多人。

六是居家养老员8人。

护林员和居家养老员也是村级组织能力一个部分，也是上海市以工代赈的一个部分。

七是垃圾清运员、道路保洁员、河道保洁员10多人。

以上人员加起来有近100人，如此数量的由财政或村集体资源支付工资或报酬的人员构成了村级组织动员能力的一部分，并因此形成了村一级的强有力组织体系。

其次，正因为是自上而下财政资源转移所形成的利益密集，如何使用财政资源的规则当然由上级决定。联合村支书2015年报酬13.4万元，其中基本工资只有3.6万元，完成任务奖酬达到9.8万元，而这个任务是由上级在年初下达并由上级进行考评的，这样的收入结构决定了村干部工作必须以上级要求为准。

再次，上级不仅会对村干部进行完成任务情况的考评，而且会对如何完成任务及如何进行村级治理进行指导和规范。其中为防止村干部贪腐以及减少矛盾，上海市要求村级管理必须按程序，必须规范，必须民主决策和民主监督。因此，所有村都设立了村务监督委员会，由村民代表大会选举产生，村监会主任参与村两委班子决策。重大村务决策必须经由村支部提议、村两委商议、村党员大会审议、村民代表会决议的"四议决策法"。从村干部来讲,他们一定要按程序来决策,联合村支书说的,"一个人说了算就要一个人负责,所以不会有人一个人说了算",规范、按程序决策不仅是对上级规定的执行,而且是免责机制。既然村干部报酬有足够吸引力,村干部就完全没有必要通过贪腐来冒被查处的风险获利。上海乡村治理的规范有序也是我做农村调研十多年所少见。

第四,正因为强有力的自上而下转移支付和由上级所规定的治理模式决定了上海乡村治理中乡与村之间是不对等关系。乡镇对村一级有绝对权威,村一级缺少与乡镇讨价还价的能力。

第五,从村干部的工作来看,因为上级资源很多,村集体以及村民可以通过各种渠道向上级申请资源,村民的问题大都可以通过资源转移来解决,村干部工作也就由主要是与村民面对面变成了办公室文字工作。办公室文字工作包括各种统计、报表、申请,等等。联合村5个村干部(包括大学生村官)主要工作都是办公室工作,所以,5个干部都年轻,且有4个是女同志,文化程度也都比较高。坐办公室也成为了上海村干部的主要工作方式,按时上下班也就自然而然。村干部职业化了。

第六,村干部的职业化不仅是按时上下班,更重要的是村干部的心态已经与中西部地区拿误工补贴的不脱产干部发生巨大差异。上海市村干部具有极强的稳定性,虽然经过选举,却基本上都可以体现出组织意图,很少有村干部随意的变动、上下。上海市村干部一般都是由区镇两级组织部门考选产生支书或村主任助理,然后作为后备干部进村,由助理到支委或村委委员,再到村主任、村支书,这是一般村干部的工作轨迹。区镇两级组织部门考选产生助理,支书助理可以不是本村村民,主任助理则从本村村民中考选产生,无论主任助理还是支书助理，主要体现的都是上级意图，是作为后备干部，并且一般都会顺利向上晋升。

到了男57岁，女52岁，村主职干部不再连任。按《村组法》，村干部并无退休一说，但上海市如此规定却一直很好地执行。村干部是由财政缴纳了社会保险的，他们退休也受此影响。

联合村所在乡镇最近10年只发生过两例村两委选举中组织意图候选人未当选的情况，均为组织安排村主任候选人落选，而被另外一个村委员当选的例外。这种例外很少发生，从而保证了村干部队伍的稳定性及其预期。村委会选举当然也不可能发生贿选。

村干部的稳定性与职业化导致村干部的规范化，预期长远，能力很强，工作也负责任。工作则一定会循规蹈矩。

五

上海乡村治理具有显著特点，其中的典型表现是村一级无贿选，村两委选举基本上能体现组织意图，村级治理规范有序，村干部认真负责，村庄治理效果好；村庄显著缺少政治性，村干部成为了一种职业，可以说是去政治化的；村庄公共决策的主要目的不是动员而是分配；村干部权威不高但村级治理良好；村干部的主要工作由与群众面对面变成了办公室文案工作，等等。以下简单讨论。

（一）以分配资源为中心的村庄治理

上海农村治理中基本上不存在向农民收取费用的事情。而只要证明是有公共需要的，上海市都有财政资源可以支持。村一级也往往掌握着大量经济资源。因此，上海村庄治理中，通过召开党员大会、村民代表会讨论决策村庄事务时，基本上不存在动员村民出钱出力来办事，而是如何有效及公平分配资源的问题，因此是我们所说的分配型民主而非动员型民主，这样一种分配型民主，对于村干部来讲，是重要的免责机制，对村民来讲，是重要的形成利益分配均衡的机制。

应当说，上海乡村治理中，以"四议两公开"为典型的村务决策监督机制坚持得很好，召开党员大会、村民代表会进行决策已经常规化了，这样一种以民主决策、民主监督为中心的村级治理与以竞争性选举为中心的村级治理有相当大的差异。在村干部工作已经比较规范且主要是使用上级资源，主要工作是在办公室对接上级部门进行文档工作的情况下面，过度政治化的村级治理可能不仅无益，反而有害。

(二) 上海村庄为什么没有贿选

与浙江农村相比，上海农村村两委换届中较少激烈竞选，其中一个原因是上海农村缺少村庄富人阶层，即使村庄中有个别企业老板，他们主要生活地区也早已移出村庄，而很少参与村庄事务。浙江与上海农村不同，就是浙江村庄普遍存在一个富人群体，这些富人热衷于通过选举进入村庄政治，然后再获得社会的乃至政治的最后是利益的回报。

表面上看，浙江地方政府也具有强大的能力，尤其是对民营企业，因为无论税收、环评、信贷、违建等各个方面，这些民营企业都必须向地方政府及各个部门示好，但正是因为民营企业可以通过建立与地方政府及其部门的友好关系来保护自己的经营，他们就有极大的热情通过参选村干部强化与地方政府的联系，若可以通过当村干部当上人大代表或政协委员就更好了，所以，在民办企业比较多的浙江农村，大量富人参加村庄选举，竞争村干部，以致于贿选普遍化了。

相对来讲，浙江地方政府并无上海地方政府那么强大的财政能力，无力向村庄转移大量的资源。浙江村干部的报酬是很低的，一般村民当村干部也是当不起的，因为村干部收入无法维持家庭的基本生活。上海与浙江农村的根本不同就在于，上海通过向农村大量转移支付，使村干部可以成为一项体面的职业，一般村民当村干部完全可以维持家庭在村庄中等偏上的生活水准。上海农村中缺少民营企业老板等富人群体，也就缺少需要通过贿选当上村干部从而获得政治庇护的需求，所以，上海农村的贿选也就发展不起来了。

(三) 作为职业的村干部

一旦村庄选举中没有贿选甚至基本上没有竞争，而基本上体现了上级的组织意图，上海村干部就变得非常稳定，只要不犯大错误，工作认真负责，行政能力逐步提高，就可以长期担任这个有利可图的职务。

村干部的职业化促进了村干部的行政化和专业化，从而使上海村干部有着远高于其他地区的稳定性和专业素质、工作能力。这个意义上讲，上海市的村庄是去政治的，是行政化的，地方政府的行政力量轻松伸张进入村庄社会。村庄真正自主的空间很小，一切都以上级任务布置考评要求为旨归。这是理解上海市乡村治理尤其是村庄治理的一个关键。上海市的农业治理中，村干部为食品安全、为粮食生产、为外地人管理等等所做各项事务，只有放在这样一种语境下才容易理解。

六

理解上海乡村治理的关键是村庄密集利益的性质。上海农村的密集利益既不是外生性的，如征地拆迁，又不是内生的，如村庄工业发展，而是来自上级大量转移支付。强有力的上级转移资源决定了上海乡村治理的主要特征。某种意义上讲，资源来自哪里，规则就来自哪里，对制度的利用就来自哪里。自上而下的几乎是单向的资源转移决定了资源分配与使用必须按照上级规则进行，也就一定会出现村民自治行政化的导向。村民自治仅仅是一种行政化的方式，这就是前述分配型民主的道理。上海地方政府巨大的资源能力与资源优势必然形成地方政府对农村基层（村干部、农民）的优势。而在民营企业发达的浙江农村，民营企业因为在税收、环评、金融、违建等等方面有求于地方政府和部门，地方政府具有对民营企业的优势，却未必具有对基层（村干部、农民）的优势。这其中的差异值得仔细品味。

小结一下，上海的乡村治理是以分配上级转移资源为中心展开的，由此造成强政府与强规范，和弱社会及相伴的弱经济。村庄治理中，政治性、动员性极大地下降，村民自治行政化了。村干部的主要工作也就变成了管理与服务，变成了上传下达，变成了以地方政府需求为导向的行政工作。

五

村治的社会基础：

阶层、派性、宗族

To Make
Better
Villages

农民分化如何影响村治

1990年代在全国推动村民自治实践时,农民大规模进城的情况才刚刚发生,而到了21世纪头一个十年之后,中西部地区农村年轻人几乎已全部外出务工经商,农村社会发生了巨大变化。农村社会的变化尤其是农民的分化,对村民自治产生了重要影响。

一

按人口流入和流出地来分,当前中国农村大致可以分为人口流出的中西部农村地区和人口流入的东部沿海发达地区。东部沿海发达地区,因为经济发展,形成了众多务工经商机会,外来农民工进入这些有务工机会的地区就业。经济发展和外来务工人员的涌入推高了土地和房产的价值,沿海发达地区因此出现了资源密集、利益密集。

东部沿海发达地区又有两个典型代表,一是珠三角地区,以吸引外来投资为主,当地农民通过建工厂和出租房屋获得租金收益。因为企业是外来的,务工人员也大多是外来的,珠三角农村仅为外来企业提供厂房获得租金收益,当地农民则通过租房获得租金,这样一来,珠三角农民就越来越具有不劳而获的食利阶层特征:既不对市场负责,又无需自食其力地劳动。二是长三角地区。长三角的重要特点是内生乡村工业发展。内生工业发展产生了一个富裕的企业家群体，一般农民成为普通务工人员。长三角地区，无论是企业家群体还是务工人员都要对自己的行为负责，其中企业家要面对巨大的市场风险，一般劳动者只能自食其力。

相对东部沿海发达地区，中西部地区的情况则要简单得多，其基本逻辑是越来越多年轻人外出务工经商，甚至中年人也外出务工经商了。农村留下来的主要有两大群体，一个群体是老弱病残，无法进城务工经商人员，这部分人群中，大部分虽然缺少进城务工经商机会，却具有很好的进行农业生产的经验与能力，这部分没有外出的中老年人就成为农民家庭中的留守务农人员，构成"以代际分工为基础的半工半耕"的中国式小农经济的核心部分。

除留守老年人以外，中西部地区还普遍存在一个通过多种农业经营来获得收入从而仍然可以留守农村的"中农"群体。这个群体的重要特征是，因为父母年龄太大或子女年龄太小，或其他各种原因无法外出务工，年轻夫妻因此通过流转入土地，而有大致 30～50 亩土地的经营规模，或通过牧、副、渔业来获取收入，且这样的收入水平与外出务工收入相差不多。这样一来，在村庄中就形成了一个主要收入来自农村、主要社会关系都在农村、经济收入不低于外出务工收入却又年轻力壮全家留守农村的中农阶层。这个阶层的人数并不多，仅占当前农村人数的 10%～20%，但这个群体的存在极其重要，正是这个群体的存在使中西部地区农村在人财物流出的背景下仍然保持了秩序。

二

从农民分化的角度来讲，中西部地区与沿海发达地区也有很大不同。

先来讲中西部地区情况。某种意义上讲，中西部地区存在着一种去分化的机制，具体来讲就是，几乎所有中西部地区农民家庭收入都是通过"以代际分工为基础的半工半耕"结构来获取的，其中年龄比较大的父母种田，在每户耕地面积相差不大的情况下，种田收入的差距必不会大。同样，在已经形成全国性统一的劳动力市场以后，外出务工收入也不会相差很大。由此，一般农户家庭的收入相差不大，其中最大的家庭收入差距只与家庭周期有关，即当一个家庭劳动力数量最多时收入最多，而非劳动人员占比太大时，这个家庭相对贫困。

中西部地区也有人在外出务工经商中获得了远超过一般务工收入水平，并因此富裕起来。这部分人很快就脱离村庄，融入城市，这个意义上讲，中西部地区进城务工经商成功人员，收入虽然远高于一般村民，这部分人的生活和劳动却已脱离村庄，而不再是村庄一员了。

因此，从农民分化来讲，中西部人口流出地区主要分化为两大集团，一是留守性质的老弱病残群体，二是"中农"性质的中青年夫妇。人数以前者为优，力量以后者为大。

再来看沿海发达地区的情况。沿海发达地区农村与中西地区存在着极大的不同。中西部地区人财物不断地流出，而沿海发达地区，因为经济发展和人口流入，土地和房屋越来越值钱，村民一般都不愿意放弃村社集体成员资格，不会随便离开村庄，即使是发了财的富人，他们可以在城市购房，在城市经营自己的生意，他们却不愿意放弃村民身份，及一般会继续参与村庄公共事务。因此就会有经济收入差距颇大的不同群体参与到村庄政治博弈之中。

如前已述,沿海发达地区,珠三角与长三角存在明显差异。珠三角是以租金收入为主,经营土地就成为最为基本的实践。土地所有权属于集体,农民具有耕地的承包经营权,具有免费获得无偿使用宅基地的权利。当村社集体所有村民具有使用权的土地逐步被当作建设用地用于工商业,并因此而可以获得远超过农业用地的收益时,村社集体与村民之间就会形成激烈的博弈。占据村社集体决策位置的村社干部就可能通过土地模糊的产权特征来谋取利益,甚至成为巨富。一般村民虽然可以通过出租住房以致于通过在宅基地上违规建房来获利,但除非遇到拆迁,这个出租住房所获利益空间有限,由此形成以是否为村社干部的村庄内的经济分层,或正是由于政治分层带来了经济分化。

长三角地区,个体私营经济也好,乡镇企业也罢,基本上都是当地村民从家庭作坊开始,面向市场,逐步扩展,形成了一定规模的经济,其中一些发展为规模巨大的企业。由此,在之前的村庄涌现出了一批企业家,一批富人。一般村民则依然主要靠劳动来获得家庭收入。当村庄中涌现出企业家,且这些企业家的企业仍然与村庄存在千丝万缕联系时,这些企业家经济资源的优势几乎是必然要转向村庄政治的。

三

当前的村民自治就是在以上农民分化的基础上发生的。我们以此来讨论村民自治在不同区域中的不同逻辑。

对于中西部地区来说,村民自治制度是在农村人财物流出背景下发生的,村集体资源较少,村干部只有较少的寻租空间,当村干部无利可图。取消农业税以后，国家不仅不再向农民收税，而且向农村转移资源，其中一些资源要经过村干部来分配，因此也不能说村干部没有任何资源。同时，国家为村干部提供了相对稳定的报酬，虽然这个报酬不足以维持村干部的体面生活，作为补贴还是不错的。

在中西部地区，仍然留村的"中农"因其经济收入在村庄，社会关系在村庄，各种利益关系也在村庄，这些中农就成为最好的村组干部人选。有些人正是因为当了村组干部而留在农村经营农业、副业、商业，而成为农村不多的年富力强的村民。

因此，在中西部农村，村庄选举一般并不激烈，一方面当村干部有少数可以支配的资源，又有不错的报酬，因此对留村中农有一定吸引力；另一方面，村干部职位并非巨大利益，以致可以吸引已经外出村民回来激烈竞争，或留在村庄的"中农"激烈竞选。村庄选举波澜不惊。这与取消农业税前中西部地区农村仍然普遍存在激烈竞选构成了鲜明对比。发生这种变化大致有两个原因，一是当前农村精英大量流失，农村不再成为村庄精英激烈角逐的场域，二是取消农业税前，村集体仍然掌握着巨大的调控村集体资源的能力，包括借向农民收税而搭车收费的权力。取消农业税后，村干部几乎所有权力都被规范甚至取消了。

正因为村干部的权力被规范和取消，当前在中西部地区缺乏进行自治的基本资源条件。村集体没有任何资源，又不允许向农民收取任何资源，国家向下转移资源基本上不经过村社这一级，这样一来，村民自治就丧失了经济基础。固然是村干部不再能贪污做坏事了，而同时则是村干部想为村民办实事也不可能。当前中西部农村村民自治的现状是村委会变成了维持会。

东部沿海发达地区情况则大为不同。无论是珠三角还是长三角，因为不仅不存在人财物流出村庄的问题，相反，因为人口流入和经济发展，村庄集体所有土地资源大幅度升值，相对模糊的村社集体资源就成为村庄精英竞争的目标。因此，这些地区普遍出现了激烈的竞选，贿选几乎成为常态。贿选与其经济发展程度成正比，与土地开发程度成正比。甚至出现企业老板赞助村委会候选人的情况。贿选金额甚至可能高达数百万元。不仅村委会选举中出现了严重而普遍的贿选，甚至村支部选举也出现了贿选。

相对来讲，珠三角地区的村民自治与长三角又有不同。珠三角因为缺少内生的企业家，村干部是因村集体资源而富，村干部因此缺少合法的资源压制一般村民，这就让所有村民都具有参与村庄政治的效能感，因此，在选举中，在野集团与执政集团的竞争是选举主线。执政集团一般有能力维持住现状，但随着在野集团提高贿选金额而不得不水涨船高地花钱买票。

长三角村庄内成长起来的企业家之前并不一定是村干部，但这些企业家的企业越做越大，在村庄内的地位越来越高，他们有足够经济资源来转化为人脉关系，转化为政治资源，他们参加村委会选举，可以轻松击败执掌村庄权力的传统精英集团。大致在1990年代中后期，长三角地区就已经完成了由企业家村干部对传统村干部的替代。

企业家当村干部，他们并不一定有那么多时间和精力，但他们有资源、威信和资本。这样，长三角就出现了主职村干部是企业家，而一般村干部当办事员的村干部内的分化。主职村干部决策，一般村干部坐班办事。企业家当村干部，他们巨大的经济资源使他们在解决村务时既说得起话，又办得成事，他们因此成为村干部的合适人选，乡镇喜欢，村民也欢迎。结果就是，长三角出现了富人治村的不可逆。不是富人当然是不可能当村干部的。富人治村不可逆与村庄内的经济分化，结果是占人口绝大多数的村民缺乏政治效能感，村民不再有能力关心村庄政治和村庄事务，少数不满意的村民通过当钉子户和上访户来表达自己对现有秩序的反抗。这种反抗大多是无效的。

总体来讲，在沿海发达地区，村民自治变成富人治村，一般村民并没有真正通过选举来达到自己目的，实现人民意志。沿海发达地区的村民自治正沿着自己开辟的道路以与我们过去所预期相当不同的方向前进。

在当前农村已经分化，农民出现分层的情况下，泛泛讨论村民自治是不够的。如何深入到实践中理解村民自治制度在实践中的遭遇及其逻辑，是进一步完善村民自治制度的基础工作。

从乡村利益共同体到分利秩序

一

分田到户极大地调动了农民生产积极性，在很短时间，农村形势即发生根本性好转，粮食大幅度增产，农产品供给充分，农民收入快速提高，农村呈现出欣欣向荣的景象。

遗憾的是，仅仅过去几年，农村形势即发生逆转，到 1980 年代后期出现卖粮难，1990 年三农成为严重问题并日渐恶化，到世纪之交，农民负担极为沉重，干群关系极其紧张，农村债务急剧扩大，三农形势极为严峻，三农工作随之变成全党工作的重中之重。2002 年前后开始进行农村税费改革，2006 年彻底取消农业税，并逐年增加中央向农村的转移支付力度，三农问题终于得以缓解。

为什么在短短十多年，三农形势即由治到乱，三农工作即由好到坏，三农即由成绩变成问题了呢？

三农成为问题的一个重要原因恰在于分田到户的成功。分田到户，即将人民公社"三级所有、队为基础"的集体生产与分配的体制打破，将集体土地承包给农户，由农户自主经营，再由掌握经营权的农户"交够国家的、留足集体的、剩下都是自己的"，农民因为有了剩余索取权，而有极强的生产积极性，精耕细作，生产出更多农产品,不仅满足了社会对农产品的需求,而且提高了农户的收入水平。

但是,好景不长,一方面,农民的农业生产积极性导致农产品供给过剩,市场供过于求,农民增产不增收,一方面,农民越来越无法忍受高额的农民负担,而既不愿"交够国家的",又不愿"留足集体的",农民粮食卖不出去,收入没有增加,税费不愿交,而发展型的地方政府又要依靠向农民收取税费来维持政府日常运转和举办公共事业,因此出现了干部向农民强制征收税费,农民消极抵制或积极反抗,干群关系迅速恶化。

理论上讲,分田到户以后,"交够国家的、留足集体的、剩下都是自己的"这样一种制度设计,因为让农民有了剩余索取权,而可以极大地调动农民的生产积极性,是一种正向激励制度。正是因此,在中国几千年历史上的绝大多数时期,土地制度安排都是让农民具有剩余索取权。不过,这一制度安排要有一个前提,即国家和集体(或地主)拿走的不能太多,若拿走太多,农民剩余太少,农民就会消极或积极地反抗。在社会主义国家,因为承包土地是与农民基本生存权紧密联系在一起的,即使农民没有"交够、留足",国家或集体也不可能剥夺农民的承包权。

传统的中国社会,国家从农业中提取较少,一般情况下国家仅从农业收获中提取不到5%的部分,农民占有绝大多数农业剩余,当然,农业剩余还会在农业生产者与土地所有者(地主)之间进行分配。轻徭薄赋使国家与农民关系可以较为缓和,传统国家治理可以保持稳定,一个王朝可以延续二三百年。

近代以来,中国开始由传统国家向现代国家转变,现代化建设需要从农村提取资源用于建设现代性的事业,国家对农村资源的汲取需求快速上升。

国家汲取资源的需求快速上升，但国家与农民进行交易的组织体系仍然是之前传统的制度，国家快速增长的资源汲取压垮了之前传统的国家与农民交易的体系，表现在基层治理结构中，就是杜赞奇所讲的"赢利型经纪"大量代替之前的"保护型经纪"，基层政权出现了越来越严重的内卷化，并最终造成了农民对国家的强力反抗。

在农民人数众多、极为分散且农业剩余很少的情况下，国家要从农村汲取更多资源，其交易成本将高到不可承受，这是温铁军对中国三农问题的经典总结。或者说，国家从农村汲取资源的增加，往往是以更快增加的征收税费成本为代价的，到了一定程度，征税代价超过征税收益。

在赶超型现代化的压力下，国家只能通过向农村汲取资源来完成原始积累时，国家几乎惟一的办法是改变农村社会结构，新中国通过两个办法来完成了这个改变，一是进行土改消灭了地主阶段，将之前地主阶级所获农业剩余转化为国家原始资本积累，二是通过人民公社制度，彻底改造了农民的生产组织方式，从而使国家可以顺利提取农业剩余用于工业化和现代化建设。

应该说，在完成将农业剩余提取为现代化建设原始资本积累方面，人民公社制度是成功的。人民公社的问题是，共同生产共同分配，农民个体劳动与其最终收益不直接挂钩，就难以调动农民个体生产积极性。有一些落后生产队出现了严重怠工问题。正是因此，改革开放以后，通过分田到户，让农民有了剩余索取权，从而调动了农民的生产积极性。

问题是，分田到户以后，农民的生产积极性并没有从根本上改变农民分散且农业剩余比较少的格局，而国家仍然处在快速发展阶段，从上到下都是发展型政府，因此也还要向农村提供资源用于建设。提取资源比较多,农民剩余少且极其分散,如何向农民收取农业税费就成为巨大难题。

二

"交够国家的、留足集体的、剩下都是自己的",国家、基层政权、村级组织和农民这一系列层级中,村级组织占据十分重要的地位,因为代表国家的基层政权无法直面广大而分散的农户,直接与农户打交道的是村级组织的干部,是村干部。村干部是不脱产的农村熟人社会的一员,具有双重身份,既是国家在农村的代理人,又是农民的当家人。村干部可以区分出村庄中的贫困户与钉子户,可以准确掌握每个农户的信息,可以向国家报告村庄中每个农户的情况。国家也正是借村干部来完成向分散且剩余很少的农户的资源提取任务。

在农民有缴纳税费积极性的情况下,村干部协税并不难。村干部一方面为农民提供作为当家人的服务,一方面又作为基层政权的代理人来为国家办事,这两个角色即使有冲突,也不大,可以相对从容地平衡好。随着农民负担加重,农民越来越不愿缴纳税费,村干部协税越来越难,且村民对村干部越来越不满。处在基层政权和农民越来越对立关系夹缝中的村干部就变成了一个吃力不讨好的角色。

之前可以平衡好双重角色的村干部越来越难以从容平衡双重角色的冲突,不愿意得罪村民的村干部退出历史舞台,而乡镇越来越通过给村干部更多利益来诱使村干部冒着得罪村民的风险向农民收取税费。向农民收取税费越难,乡镇政权就越是要有更大力度激励村干部向农民收取税费,因为完不成税费任务,不仅无法建设基础设施发展经济,而且无法维持政府的基本运转,无法为中小学教师发工资。也就是说,完不成税费任务,乡镇政府的工作就会被上级政府"一票否决"。

乡镇鼓励村组干部向农民收取税费，好人村组干部不愿得罪村民，退出村组干部行列，那些想得到好处且不怕得罪村民的狠人来当村组干部，这些狠人村干部因为身高体大、兄弟众多，或本来就是黑恶势力，用拳头来说话，村民畏惧拳头而不得不缴纳税费。

狠人村干部因为可以及时收取税费而得到乡镇政府的奖励。这种奖励，包括税费提成、奖金、对村组干部贪占吃喝的纵容等等。干群矛盾越严重，收取税费越困难，乡镇政府对村组干部协税的激励措施就越多越极端，狠人村干部就越是可能变成坏人村干部。而坏人村干部的任何行为都逃不出村民的眼睛，由此进一步加剧农民的不满与反抗。

如此，在极短时期，在中国一些农村地区（尤其是及首先是中部地区）出现了干群关系的迅速恶化，三农问题一时无解，农村陷入无序。

在这个极短时期的三农形势演化中，乡镇政府、村干部与村民之间，是一个十分重要的值得仔细分析的三角。在形势恶化前，村干部居于乡镇政府与农民之间，他们既是农村熟人社会的当家人，在村庄中获得荣誉，又是乡镇政府的代理人，协助乡镇完成并不特别艰难的任务（包括协税任务）。随着农民负担加重，农村形势越来越紧张，村干部很难再协调好双重角色之间冲突。结果是，在乡镇政府的强力诱导下面，好人村干部退出，狠人村干部代替了之前好人村干部的位置，这些狠人村干部就是杜赞奇所讲"赢利型经纪"，他们与乡镇结合成为利益共同体，这样一个乡村利益共同体就从之前村庄熟人社会的规范中脱离出来，变成不顾一切的酷吏，变成凭借国家暴力和社会暴力来完成税费收取任务的工具，变成不区分农村贫困户和钉子户并因此而使真正缴不起税费的贫困户走投无路只能以死相拼的结构。且这一结构具有极强的自利性，而借收取税费来谋取个人利益。这个过程中，之前村社集体资源被变卖一空，以村社名义借高利贷导致村级负债累累。为完成越来越难完成的税费任务，乡村利益共同体也越结越紧。村民的不满，干群关系的紧张，已致全国火星四布。三农形势严峻到无以复加的程度。当然，这只是全国局部的情况，但正快速发展中。

在这样一个背景下面，国家决定进行农村税费改革，并最终在2006年取消农业税，而且开始向农村进行大规模转移支付。因为不再向农民收取税费，之前通过协税来获得利益的狠人村干部就不再可以获利，乡镇也不再需要狠人村干部来完成从农村提取资源的任务。狠人村干部退出，乡村利益共同体解体，乡村关系再次变得松散，而一些好人再次回到村干部位置上来。

三

取消农业税后，乡与村之间关系的松散导致之前未曾被关注的问题。取消农业税前，一方面，收取税费导致干群关系紧张和乡村利益共同体形成，一方面，向农民收取农业税费的相当一部分是以公共品建设的形式返还给了农户。在向农民磨破嘴皮甚至挥动拳头收税费的过程中，也深刻地理解了农民的诉求（灌溉难、道路差、干部坏、生活苦等等），在农闲时间，乡村都尽可能为农民提供最基本的维持生产和生活所需公共品。取消农业税后，国家不再向农民收取税费，乡镇也不再关心农民生产生活的基本秩序，而分散小农很难通过合作来解决他们在生产和生活中所遇难题，结果是，取消农业税后，农民负担是减轻了，农民生产条件却更差了。

为了解决农村公共品供给不足的问题，国家加大了对农村的转移支付，各种自上而下的资源流向农村。大量资源进入农村缓解了农村公共品的不足，提高了农村生产生活的方便程度。不过，因为中国农村地域广大，不同地区情况千差万别，农村公共品需求的多样性与差异性极大，国家不可能通过一套标准化的格式为农村提供公共品，资源下乡因此要满足农村差异性的条件。

正是这个差异性，使得国家资源在下乡的过程中，必须要有灵活性、特殊性和自主性结合起来，就使地方政府可能在资源分配过程中谋取利益。自上而下的资源如何分配？理想状态当然是谁更需要就分配给谁，实际情况则是，几乎所有村庄和农民都会认为自己最需要资源。既然如此，资源分配就按权力来分，按关系来分，按投入回报来分。掌握资源的地方政府可能将资源用作政绩工程，打造示范点，地方官员将资源用在自己家乡、有关系者上面。

而更普遍的情况则是，既然资源分到哪里都可以，则哪里来争资源，及通过什么关系来争资源，及资源投入最安全方便，掌握资源者即将资源投入到那里。这样，在资源自上而下流转的同时，也就开始自下而上地形成争夺资源的关系网络，这个关系网络通过分享自上而下的资源而越来越稳定，越来越庞大，越来越紧密。这样就形成了一种与之前乡村利益共同体不太一样的新型的、包括人员更广泛、利益联结更紧密和隐密的利益共同体，这个稳定的利益共同体就构成一种分利秩序。

四

在汲取农村资源、收取农业税费过程中形成的乡村利益共同体，因为必须面对农民，而在自我膨胀的过程中也就决定了其必然的自我爆炸。乡村利益共同体结得越紧，农民的不满就越强，干群关系就越紧张，三农形势就越严峻，最终，农村基本秩序无法维系，变革时期也就到来了。改革开放后所形成的乡村利益共同体是通过取消农业税来打破的。

取消农业税后，国家向农村大量转移资源。自上而下转移资源的同时，也滋养壮健了一个越来越庞大也越来越紧密的新的利益共同体，形成了分利秩序。这个分利秩序与之前的乡村利益共同体有极大的不同，即这个分利秩序不是建立在对农民直接的掠夺上，而是建立在对自上而下资源的分享上。这个利益共同体借农民名义来争取国家资源时，他们自己得到好处，而农民也多少得到了自上而下国家资源落地的好处。农民不仅不反对这个利益共同体，而且还要感谢他们呢！因此，在国家资源自上而下转移中形成的分利秩序，与之前向农民收取税费过程中形成乡村利益共同体所内生的自我爆炸机制不同，这个分利秩序因为得到了国家资源的输入而变得相当地隐秘和稳固。

问题只在于，一旦分利秩序形成，在国家自上而下资源输入过程中，结成了利益共同体，这个利益共同体就不只是会要求分享资源，而且会越来越为了自利的目的，而脱离农村实际需要，脱离资源有效配置实际，将资源配置到自己利益最大而资源使用效率很差的地方去。这样，就极大地降低了国家资源配置的效率。

分利秩序的形成，就在国家与农村社会之间形成了一个巨大的阻隔地带，国家与社会之间的联系越来越难。国家向农村转移的资源虽然越来越多的同时，资源使用效率却持续下降。

当前国家资源向下转移的过程中到处都是资源无效配置的例子，当然就不只是偶然的了。

征地拆迁催生派性政治

中国快速经济发展带来城市化的迅速扩张，之前的农村正被纳入到城市建设区内，征地拆迁因此成为几乎每个城市郊区最为常见的现象。征地拆迁就要补偿，就涉及利益分配与利益调整。之前为农业经营而设的制度在巨额征迁补偿下面就会产生不适应症，而征迁过程中出现了大量获利机会，吸引了各种人等进入，在村庄治理中，最典型就是出现了为争夺获利机会而进行的激烈竞选和派性政治。随着征迁的结束，派性政治也就会无疾而终。

征地拆迁有两个重要特点，一是利益巨大，二是土地不可移动。土地不可移动，而城市建设又必须按照规划平面推进，这就使得占据特定位置的农户可能借机索要高价。又因为征迁补偿的利益巨大，钉子户为了获得高价就可能不择手段。越是强调不能强征强拆，钉子户就越是抱有要高价的机会主义心态，倾向通过激烈手段来得到更多利益。经济高速发展和城市快速扩张又使地方政府不可能长时间与钉子户对峙。巨大利益、土地不可移动，以及必须在有限时间内完成征迁任务，就使征迁本身变成了矛盾最集中、冲突最激烈、出现恶性事件可能性最高的领域。这里要注意，钉子户并非指那些合理要求补偿的征迁农户，而是指那些超出合理补偿要求的农户。这样的补偿，地方政府不能给，因为一旦给了，其他农户也会要求补平，补平后就会再产生新一轮的钉子户，以致最后无论多么高的补偿，仍然会矛盾重重。

地方政府要限期完成征迁任务，一个基本的办法是通过权责利的不对称分配来达到目的。所谓权责利不对称分配，是上级要求下级完成任务，至于具体如何完成，上级只是要求不能违法，群众满意，具体办法由下级去想。有些任务按常规办法是很难完成的，但在上级"一票否决"的压力下面，下级就会调动所有积极性来想办法，以及学习其他地方的"先进经验"，从而可以完成任务。上下级关系往往是行政体系内才有的，村干部不是公务员，他们是不脱产的干部，拿误工补贴，权责利的不对称分配对村干部是无效的。责任大，没有利益，村干部就不会有积极性干下去。

地方政府要完成征迁任务，几乎不可能离开真正了解村庄情况的村干部。要调动村干部协助完成征迁任务的积极性，最容易的办法是让村干部从完成征迁任务中获得好处，有三种好处，一是完成任务的奖励；二是包干制，让村干部有剩余索取权；三是在灰色地带获利，比如承揽征地拆迁后项目落地的土方工程。

能够协助地方政府完成征迁任务才有机会得到好处，而有能力协助地方政府完成任务的村干部几乎都是与黑社会有染的狠人，因为这些狠人最有能力对付钉子户。政府怕钉子户，钉子户怕黑社会，黑社会怕政府，这就是魔高一尺，道高一丈，一物降一物。因此，有黑社会背景的狠人天然具有在征迁地区当村干部的优势，他们有能力协助地方政府完成征迁任务，同时又有能力在诸如承揽土方工程等等方面捞取利益。他们既有动力也有能力。

狠人当村干部的途径有二，一是当村支书，二是选村委会主任。当村支书的前提必须是党员，且与黑社会有染的狠人当村支书，给人以不好的观感,乡镇也不愿任命这样的人当村支书。选村委会主任是个好办法。究竟谁当选村委会主任,地方政府不用瞎操心,谁有本事选上谁当村委会主任。

因为征迁所带来大量获利机会,很多村民都希望通过选举当上村干部。因为中国村级选举实行海推预选,正式选举实行差额选举,村委会主任竞选一般都会变成两个有实力者的竞选。征迁带来的大量获利机会使村委会主任一职具有很高的含金量,就会进一步刺激村委会激烈竞争。

两个村委会主任候选人竞选,很快就会变成两个竞选团队的竞争。为了获胜,竞选双方都会通过各种办法来争取村民的支持,为了争取村民支持,竞选双方都组成竞选团队分析形势,出谋划策,行走动员。各种传统和现代的关系都被利用起来服务于竞选。为了争取村民支持,贿选自然而然出现,竞选团队也需要经费。因此,在征迁地区,村委会选举很容易出现贿选,没有钱根本就不可能参加到选举中来。

一般来讲,参加村委会主任选举的两个人,真正铁票并不太多,利益相关人比较多,村民因此一般可以分成三个部分,各占1/3,就是两个候选人各1/3的铁票,还有1/3的中间票。两个候选人竞争,主要是通过各种可能的关系将中间1/3拉入到自己的支持者队伍,其中不惜用钱买票。中间村民对谁当村干部无所谓,若一票可以卖几百元甚至上千元,至少说明买票的人在乎自己。通过高度动员,全村几乎所有村民的投票倾向都已清晰,竞争双方都可以算出各自得票数。至此,因为竞选失败意味着前功尽弃,投票前夜如何策反支持对方的村民,不惜用高价来买对方铁票,就是十分正常的事情了。这反过来又会让竞选双方为了表达对支持自己铁票的感激而发钱固票。一场选举下来,几十万上百万甚至更多钱砸进去了,所有村民几乎一个不落地被划分为不同派系。激烈竞选中各种手段的使用和深度动员形成高度情感化的巨大心理能量，村庄发生撕裂。无论哪一方当选村委会主任，另外一方都是集结起来的反对者，这个反对者在竞选中形成的支持团队和支持群体不会因为失败而烟消云散，他们一定会在接下来的时候，或者事事反对，或者伺机而动。

当选村委会主任者会因为胜选而获得了超过村支书的动员能力，他可能会在村级权力结构中具有超过村支书的优势地位，他当然要积极介入到协助地方政府完成征迁的任务中去，寻找各种获利机会，以捞回选举时投入进去的资金。

村干部协助征迁及在灰色地带谋取利益，地方政府乐观其成。村庄中以落选村委会主任候选人为首的反对派则可能通过上访来反对村干部。一般情况下，地方政府会保护这个正积极协助自己征迁的村干部，从而对上访不予理会。有一些上访不仅有明确证据而且上访的决心极大，地方政府无法不理会，结果就是花钱选上且正积极协助地方政府征迁的村干部被判刑了。

但这并不就意味着反对派的胜利，因为两派的尖锐对立，即使当选村委会主任被判刑或罢免，这一派也可以再派出一个替补来竞争村委会主任。

只要征地拆迁的矛盾存在，以及征地拆迁的获利机会存在，村庄就会有争夺村干部职位的激烈竞争，通过竞争性选举开展的争夺又会在村庄形成动员，从而撕裂村庄。每三年一次的竞争性选举就是对村庄的一次撕裂。这种撕裂会形成积累，就是每个人都被划分为了不同的派系，严重情况下，不同派系老太太都不在一起拜佛。村庄选举及村庄治理因此就会受到这样一个村庄分派的持续影响，从而形成派性政治。

这个派性政治因为征迁而起,也会随着征迁的结束、村庄可能获利机会的丧失而自然而然消失。

需要说明的说,派性政治并非发达地区的常态,更非村庄政治的常态。在中西部缺少利益的村庄,村委会选举无法唤起村民的热情,选举动员也是低度的。倒是存在宗族或小亲族的村庄,因为传统的血缘关系仍然可以发挥作用,而会有派系性质的村庄政治存在。在沿海发达地区,征迁已经完成的村庄,村庄往往高度分化,人数不多的企业老板与一般村民已有分化,且村庄中已经较少需要凭借暴力来获利的机会,这些村庄中的政治就不再是派性或派系的,而是寡头式的,即村庄中最富者在村庄政治决定上达成了共识与平衡。

贫穷的村集体不能承担村治之责

农村基层组织建设的好坏关涉三农问题能否平稳解决，以及中国现代化能否有一个稳定的农村根基。基础不牢，地动山摇。当前农村基层组织建设存在着极大的问题，如何建设好基层组织是一个需要认真思考的问题。

农村基层组织建设一般是党建的部分，因为最为重要的基层组织就是基层党组织，村党支部。因此，中组部和各个省市自治区委组织部都有一个重要职能，即抓基层党建，湖北省甚至要求全省村一级组织每年要有5万元的集体收入，以加强基层组织战斗力。同时，农村基层组织显然也并非组织部门一家的事情，而是涉及各个方面，建设农村基层组织必须多管齐下，共同努力。

一

分田到户以后，尤其是1990年代以来，农村基层组织建设出现了越来越多的问题。取消农业税前，在全国绝大部分农村地区村两委干部的主要工作是收粮派款、计划生育，因为农民负担比较重，又缺少从农民那里低成本收取农业税费的办法，收粮派款成为"天下第一难事"。农民负担日益沉重，干群关系日益紧张。同时，因为有必须完成收取税费的任务，农村基层组织不得不与农民"打成一片"，在与农民的日常接触中，不仅真正了解农民的疾苦，而且农民会以干部能否解决这些疾苦作为交纳税费的讨价还价的筹码，基层组织因此就不能无视这些疾苦，就不能不想方设法解决这些疾苦。为解决农民生产生活中存在着的各式各样的疾苦（生产生活的不便，公共品的不足），村干部借向农民收取农业税费的机会，收取用于农业生产共同事务的"共同生产费"，并有能力组织农民的"义务工"和"积累工"进行公共工程和公益事业建设，农民基本生产生活服务得到了满足。因此，在取消农业税前，虽然总体上三农形势恶化，干群关系紧张，但基层组织仍然具有战斗力，仍然是积极进取的，仍然可以组织农民进行共同生产建设，仍然有能力和动力为农民提供生产和生活的服务。这个时期的基层组织建设可谓喜忧参半。若从完成计划生育等国家任务的角度看，农村基层组织是相当有战斗力的。

取消农业税后，国家不仅不再向农民收取税费，而且有越来越多向农村的转移支付。进行农村税费改革和随后进行乡村体制综合改革，对取消农业税前的形势进行了较为严峻的估计，更多看到了干群关系紧张的方面，认为是农民负担太重引起三农形势的恶化。刚开始进行农村税费改革是减轻和规范农民负担，只是虽然减轻和规范了农民负担，农村税费却仍然难收，干群关系仍然紧张，中央决定取消农业税。中央的认识是，取消了农业税以及各种附着在农业税上的费用以及"两工"，也就不再有农民负担了，也就不再存在因为向农民收取税费而引发冲突，从而也就彻底解决了干群关系紧张的源头。三农问题的恶化也就终于可以制止了。

取消农业税彻底改变了数千年来国家与农民的关系。进入21世纪开始农村税费改革，从减轻和规范农民负担到取消农业税是个历史性的变化。之所以要取消农业税，是因为减轻和规范了农民负担仍然无法缓解干群矛盾，制止三农形势的恶化，因此不得不取消农业税。问题是，为何过去数千年农业税都存在而农村社会却仍然可以维持相当长时期的稳定？当然，到了2000年，中国已经是一个高度工商业化的社会了，取消农业税的条件已经具备了。

取消农业税时，所有眼光与目标是缓解干群矛盾，制止三农形势恶化。按一般预期一旦取消了农业税及附着在农业税上的各种收费，乡村干部几乎不再与农民有发生冲突的机会，因此一定可以大幅度缓解干群关系。同时，中央认为，之所以取消农业税前干群关系紧张，也是因为乡村干部恶意向农民摊派，导致农民负担过重，乡村干部无好人。现在不再要向农民收取农业税费了，也就不再需要国家养活庞大的基层干部队伍了。取消了农业税，国家也养不活庞大的基层干部了。因此开始推进乡村体制综合改革，取消村民组长，合村并组，撤乡并镇，减少村干部，精简乡镇机构，甚至将"七站八所"推向市场（如湖北省乡镇事业单位的"以钱养事"改革），基层组织不再向农民收取税费，同时也退出农民共同生产和公共生活事务。

问题是，取消农业税后一家一户小农根本无法解决生产生活中的各种共同生产和公共生活事务，农业生产秩序和农民生活秩序因为基层组织的退出而更加无序。典型表现是湖北种水稻的农民，之前靠大中水利设施由集体组织进行低成本灌溉，取消农业税后只能依靠一家一户打井灌溉。农村社会陷入自发状态。基层组织最多只相当于维持会。单家独户小农无法解决生产生活中的公共事务，上访要求基层组织来解决问题，基层组织既无动力也无能力介入到农户生产生活事务中来。所谓无动力，是说基层组织工作好坏与能否解决农户生产生活事务没有关系了。过去不解决农户的问题，农户拒绝缴纳税费，现在不收农业税了，农民的生产生活与基层组织有何关系？且过去收农业税是一票否决的硬任务，基层组织必须完成，现在没有这个一票否决了，基层组织何必去做那些一家一户做不了、做不好的麻烦事？所谓无能力，即当前农村基层组织几乎没有任何资源，虽然农村土地是集体所有的，但当前的农地制度一直在强化农户承包经营权而虚化集体所有权，集体所有权完全没有利益也没有权力，基层组织就是想为村民办事也相当困难。更何况，农村税费改革期间，中央要求地方停止向农民清欠（停止清收农业税费尾欠），锁定村级债务。这个停止清欠和锁定债务本来只是策略性的暂停，结果到了十年以后的现在仍然停在那里不动。停止清欠就意味着过去积极完成税费任务的农户吃了亏，而消极拖欠税费任务的农户占了便宜，如此一来搞乱了农村基本的权利义务关系，支持基层组织的群众吃亏，老实人吃亏，而反对基层组织的群众和狡猾人得了好处。听干部的话，跟党走，反而错了。这样一来，基层组织的基本群众队伍就出现了问题。更严重的是，锁定村级债务，其中相当部分村级债务是向村民借的，十多年过去，不仅不还利息，而且还不还本。过去集体所欠一万元现在还是一万元的账，还是没有还。现在的一万元还是十多年前的一万元？而且仍然没有还的计划，有些村民现在已经老了，快要死了，甚至死了还没有还上。一个村有几十户这样的借债给集体却被国家锁定而被亏欠的农户，这些农户就一定会愤怒极了，就一定要借每一件基层组织主持的公共事务来当钉子户，来反对反抗。这种反对反抗是有效的。因此，基层组织想要做事，即使有资源，他们也没有群众，而且还有坚决的反对者，如何做得成事情？

二

取消农业税前,农村基层组织为了完成一票否决的税费收取任务而较为积极主动地介入到农民的生产生活事务中,村庄各个方面都有基层组织辛勤"耕耘"的身影,基层组织与农户是"打成一片"的。取消农业税后,基层组织既无能力也无动力与农民"打成一片",而且是相互脱节,互不关心的。现在的问题是,离开基层组织,单家独户小农能否自发解决生产生活中的各种事务,以及这种自发力量会引导中国农村向哪里去?农村无序力量的扩张将不仅会留下一个农村的乱摊子,而且一定会严重损害中国现代化的根基。

取消农业税后,基层组织退出农户生产生活诸环节的事务,农村社会的无序化倾向快速发展。取消农业税后,三农问题并未立即解决,而是换了一种形式表现出来。首先表现出来的是农业共同生产方面的问题,农民为了灌溉而到上级上访,要求国家解决他们一家一户解决不了的问题。之前依靠基层组织收取农业税费来由集体赡养五保户,现在不再收取税费了,国家就得承担五保户的赡养。正好中央财政有钱,因此开始向农村转移支付,到了现在,国家每年财政支农资金早已超过了万亿。

取消农业税之前乃至数千年以来农村社会都是相对自治的,更是相对自给的,国家很少向农村转移支付,而是从农村收取税费的,现在,不仅不收税费,而且向农村大量转移支付。国家转移给农村的钱用在什么地方?什么地方最需要就用在什么地方。但既然是白来的钱,就一定是什么地方都需要了,难道还会有人嫌钱多了?因此,仅仅凭借需要是不够的,而且要看谁能表达出需要,表达出什么需要。因此,取消农业税后,中国出现了表达—回应型的国家资源下乡:

农民在哪些方面有强烈呼吁，国家就在哪些方面增加下乡资源，哪些人有能力发出强烈呼吁，哪些人就获得更多资源。通过上访来获得国家资源是一种好的办法，因此有了越来越多的"求援式上访"乃至"谋利型上访"。

这样一来，国家向农村社会转移资源就渐失自主性，而变成了救急救火，变成了"会哭的孩子有奶吃"的"奶"了。为了有"奶"吃，各种力量竞相使出浑身解数来争取，既有通过私人关系"争资跑项"，也有通过上访"维权"来谋取利益。大量上访云集北京，维稳就成为问题。落实在基层组织建设上，过去必须完成"一票否决"的税费任务和计划生育任务到了现在变成基层组织如何维持农村稳定，减少到北京的上访，"不出事"成为基层组织的目标。相对"收粮派款""不出事"显然是一种消极的策略，而以国家资源来无原则地安抚上访，就进一步颠倒了权利义务关系，就必然要出更多的事情。

农民上访及农村中出现的生产生活失序，中央当然不满意，要求地方想方设法解决之。在基层组织既无能力又无动力的情况下面，中央和地方强调进一步改善为农民服务的态度和畅通农民反映问题的渠道，并在难以甄别问题的情况下面，形成压力型的要求基层解决问题的制度。基层也就只能将有限的资源用来灭火。与畅通农民上访渠道完全一致的是各地设立市长县长热线和信箱，任何事情甚至夫妻矛盾也可以通过市长信箱热线要求政府解决，结果是，下雨排涝，干部亲自冲在第一线排涝，农民却坐在一边打麻将，还埋怨干部排涝不及时，将自己的庄稼淹死了。农民没有了任何的义务，农村缺少了关于权利义务相匹配的规矩，国家只是想解决一件一件由农民反映上来的事务，却没有真正让基层组织发挥作用，形成基层自主解决事务的能力的战略与策略。结果是，国家将有限资源来应对解决一件一件具体事务过程中形成了基层权责错位，农民刁民化或刁民代替农民，无论多少国家资源都无法解决基层治理问题。

三

基层组织既无意愿也无能力回应农民生产生活需求的一个典型是土地调整。取消农业税后，农业生产的形势发生了很大变化，其中，农户一般都强烈希望能将之前相对细碎分散的地块集中连片，从而形成连片经营。尤其是丘陵水稻种植区，若能连片，农民可以减少接近1/3的劳动力投入，降低1/4的生产成本。可以说，当前从事农业生产的农户，最大的生产上的需求就是希望细碎土地连片经营。湖北沙洋县试图借土地确权来推进农户土地连片，但村干部没有积极性，原因是，将分散细碎的农民土地通过"划片承包"以达到连片经营，要费极大功夫，尤其是当前中央土地政策强调稳定，强调赋予农户更大的土地承包经营权，"划片承包"就必须要让每一个农户满意，只要有一户不满意，他们反对，巨量的"划片承包"工作就等于白费。白费就不如不费。基层组织不能回应农民生产生活中的强烈需要，基层组织建设也当然就不可能有效果。反过来，如果政策支持基层自治，允许基层组织依据农民强烈的"划片承包"诉求组织农户调地，政策允许土地进行调整，有热情的基层组织就可能回应农民"划片承包"的要求，这样的回应就会从农民那里得到热烈支持，基层组织建设因为有能力回应农民生产生活的需要而可以建设得坚强有力，有了坚强有力的基层组织，农村就可能具有内生秩序的能力。

也就是说，当前农村基层组织建设能否成功，核心也许是在农村基层经营制度的设计方面。如果农村基本经营制度设计只是强调农户的承包经营权，而虚化土地集体所有权，则当前中国"人均一亩三分、户均不过十亩"且地块分散为七八上十处的小农是很难自主生成生产秩序的。反过来，如果落实村社集体所有权，让集体所有权具有一定权能，则基层组织建设和村社内生秩序都会有希望。

在湖北潜江调研时，潜江市经管局局长说，凡是有机动地的村庄，有集体资源的地方，村干部就有当头，就有能力办事，村民就有想头，就有荣誉感，村级治理就好办。没有机动地的村庄，村级治理几乎都是一塌糊涂。潜江市是江汉平原的一部分，村社集体缺少除了土地以外的资源。为什么有机动地和无机动地会对村级治理产生如此巨大鲜明的影响？道理其实很简单，有一定机动地，比如10%的机动地，一个有2000亩耕地的村，集体就有200亩机动地，按当地地租行情，200亩机动地出租可以获得10万元集体收入。因为地租收入是稳定的，且租金数量也是公开的，村干部就不可能个人打这块机动地收入的主意，这个机动地收入就可以用来逐年偿还过去所欠集体债务，就可以用来回应农民生产生活中急需解决的公共事务，村民就有积极性通过村民代表会议来讨论如何用好这笔集体收入，村干部也可以考虑如何用这笔收入来完成各种重要事务。

总之，有了机动地租金的这笔稳定收入，村民自治就有了一定的经济基础，村社内生秩序就有了可能。手上没有一把米，唤鸡都不灵。村社集体有了一笔稳定的收入，就可以作一些建设，就有了凝聚力量形成共识的起点。过去党建要求村庄集体通过办企业来获取集体收入，消灭空壳村，在当前市场经济早已成为买方市场，所有人都在市场中寻找赚钱机会的情况，集体办企业没有任何优势，反而因为市场存在巨大不确定性，村干部的道德风险无法克服，而出现集体办一个企业垮一个的深刻教训。相对说来，机动地的租金收入是相当稳定且公开的，不可能出现收入的锐减锐增，这笔收入也就成为了村社集体发展以及基层组织建设最为基本的经济基础。

村社集体希望有机动地，还可以为村社集体新增人口提供土地，村社成员也就一定要关心集体的事业。看起来，村社集体留了10%的耕地没有承包到户，但每户少10%的承包地，对其农业收入几乎没有影响，对其家庭收入更是没有影响。反过来，因为村社集体有机动地及其收入，从而有能力回应农户生产生活的需要，可以解决单家独户农户无法解决的生产生活困难，而可以减少生产支出，增加收入。

潜江市凡是集体有机动地的基层组织都建设得好，没有机动地的基层组织都建设得不好，说明机动地对基层组织建设的极端重要性。问题是，《土地承包法》明确规定，村社集体所留机动地不得超过5%，后续中央政策更是一再明确村社集体不得留机动地，一直以来的农村政策都是强化农户承包经营权而弱化村集体土地所有权，结果就是宪法第八条规定的"农村集体经济组织实行家庭承包经营为基础、统分结合的双层经营制度"被最近十多年的农村政策所消解，农村基层组织建设的制度基础越来越薄弱，农村失去了内生秩序的能力，国家也因此陷入进退两难的困境。

中国农村基层组织建设的最大优势和重要基础正是农村土地集体所有制。离开了集体所有制的土地制度，中国农村就可能不仅难以解决自身秩序问题而且农村问题必然会向城市转移，中国现代化事业将因此受损。

中国很大，不同地区的情况差异极大。国家没有能力为每一个村庄的每一个农户解决生产生活中的公共品供给问题，只有真正让村庄具有主体性与主动性，他们有能力进行自我建设，国家资源的投入才是有效的。建设一个主动的、积极的基层组织是当前三农工作的当务之急，且这个建设的办法很简单，就是要让村庄有10%的机动地，且要让村社集体的土地所有权有所落实。不在村社集体所有权上做文章,而是以为只要让单家独户的农民来自己应对农业生产和农村生活,来自由应对市场,就可以解决三农问题,就真是方向性的错误。当前的农村政策似乎正在犯这样的方向性错误。

赣南的宗族力量与村治

一、赣南的计划生育

（一）

在赣南农村调研，最直观的感受就是人多，尤其是学生多。我家乡的湖北荆门，我上小学时村办小学每个年级有两个班，大约100人，现在四个村办小学合并为一所中心小学，每个年级只有一个班，人数不足50人，就是说，现在每年出生人口大约只有我童年时的1/5甚至1/10了。而赣南调研中，各个村办小学都仍然人满为患，到一个村访问，国家正投入300万元建村办小学教学楼，可见村办小学还有多么昌盛。

赣南村庄人口也是一笔糊涂账，比如，S村，官方统计数字为4048人，参加合作医疗的人数为4100人，村支书估计实际人口大约在4300～4400人之间。Y村分田人口为3790，合作医疗人口4700人，实际人口超过5000人。赣南最大的行政村L村，统计户籍人口8837人，实际人口可能超过1万了。多出来的人口都是超生后还未上户籍的人口。

最为直观的当然还是当前赣南农户家庭的生育。除非极特殊原因，赣南农村农民家庭中没有独生子女，生育三胎、四胎十分常见，几乎没有农户没有生儿子，为生儿子而连生九个的情况也都存在。调研四个村，计划生育以来，每个村都只有最多2～3例纯女户，即只生了两个女儿而没有生儿子的农户，之所以没有生儿子，不是不想生，而是因为突然失去了生育能力，其中包括突然得病失去生育能力，也包括被意外结扎。因为农户生育子女多，最少二胎，普遍三胎，甚至四胎、五胎也常见，所以赣南农村小学生就多，每家都有一堆吃饭的小学生。

问题是，早在1980年代全国就强制进行一刀切的计划生育，落实到江西就是所谓"一孩半"政策，即第一胎生儿子的不再能生二胎，第一胎是女孩的间隔五年还可以再怀第二胎。计划生育是国策，全国都是"一票否决"，在强大的一刀切政策压力下面，全国绝大多数地区计划生育政策都得到了比较彻底的实施，赣南为何普遍超生？计划生育政策为何几乎完全没有起到作用？

(二)

任何一项政策的实施效果都要受制于政策实践对象与政策实施措施的影响。从全国来讲，计划生育政策都得到了比较好的落实，赣南农村计划生育工作显然没有做好，其中原因也就可以从赣南农民这个计生对象和赣南计划生育措施两个方面进行讨论。

赣南是比较典型的宗族地区，尤其以客家人为主。当前赣南地区聚族而居的村庄大都有数百年历史，甚至上千年历史。本次调研的L镇，全镇6万人，16个村居，主要人口为四个大姓，就是说，调研乡镇已经形成庞大的跨村性宗族，这样一种地方聚居的超大宗族结构是过去数百年宗族之间远交近攻激烈竞争的结果。强有力的宗族结构在两个方面对计划生育造成了影响，一是农民的生育观念，二是宗族的行动能力。

从农民生育观念来讲，赣南农村仍然有着极强的传宗接代的观念，按当地农民的说法，他们最怕看到族谱上的"止"字，即有农户未生儿子，在续谱时就只能到此为"止"，"断子绝孙"了。"断子绝孙"就不能延续香火，就完不成"人生任务"，就对不起祖宗先人，死后就无法见到祖宗，就死不瞑目。人生就没有价值，生活就没有意义，日子就不值得过。这是宗教层面上即我们所说本体性价值层面的，是农民人生动力学层面的。

从社会层面来讲，没有生儿子就会落得低人一等，被人同情，让人瞧不起。赣南农村老年人去世办丧事，抬棺是高报酬的活，抬棺人被称做"八仙"，抬一次棺可以有数百元的报酬，但并非所有人都可以当"八仙"，只有结婚了却没有生儿子的青壮年才能当"八仙"，"八仙"的高报酬中包含了对没有生儿子家庭的同情与照顾，更多则是瞧不起。"八仙"是不洁的，是贱民，甚至正月十五之前不可以到其他农户家串门，否则会带来不吉利和霉运。

从养老的角度来看，赣南农村养儿防老，养女则不防老，因为女儿是人家的，嫁出去的女儿泼出去的水。尤其是赣南绝大多数都是规模很大的宗族性村庄，同姓不可能结婚，因此很少有女儿嫁到本村从而顺便照看父母，而多是外嫁到其他村和其他宗族。调研期间，一个80多岁老人生有4个女儿，他却只能住到福利院，一个人孤独生活，死后就只能火葬，而不能土葬也就无法入土为安了。正好在调研结束前一天，这个有4个女儿的80多岁老人只能半夜孤独去世，第二天很久4个女儿女婿才姗姗来迟，虽然住得很近，且福利院院长早就通知他们了。之前一个月4个女儿女婿及亲人没有一个人来看望老人。

这些因素加起来，赣南农民就一定要生儿子。

一旦没有能够生儿子，这样的农户甚至不敢与人正眼相对，人的状态整个的就不好了，就萎了，就自暴自弃了。S村有一农户生两个女儿，因为计划生育中被强制结扎，不再能生儿子，整个家庭就陷入消极，现在才50多岁就被纳入低保户。有一个村，一个农户媳妇生了两个女儿，晚上被镇计生办强制结扎，未能生儿子，村民都以为是村支书向镇计生办通报情况的，村支书压力极大，也一直为此事不安，却一直不明白为何会出现这种意外。这个村支书不久就辞职不当支书了，此后他一直努力搞清楚原因。十多年后他终于弄清楚，原来是上级来驻村的干部看到这个农户媳妇怀孕直接报告镇计生办，镇计生办定点来强制引产结扎的。

影响计划生育实践的另外一个与宗族有关的因素是宗族本身的行动能力。

（三）

在强大的自上而下一刀切的计划生育政策下面，赣南农村当然也要执行计划生育，且也与全国一样是"一刀切"的政策。首先是国家强大的政策宣传，计划生育宣传上面，赣南与全国一样的计生口号是"通不通三分钟，再不通龙卷风"，意思是计划生育工作是强制性的，如果村民不服从，计生工作队就可以采取强制措施，其中最经常出现的是株连亲友，媳妇跑了找丈夫，丈夫跑了找爸爸妈妈兄弟姐妹。什么人都找不到了，跑得了和尚跑不了庙，房子还在那里，就干脆将房子拆掉。当然，拆房子主要是威胁而不是真拆，所以往往是搞掉房子上的一些瓦片，或推倒附属房的围墙。几乎所有村都有房子被拆的情况。只要不是太极端，计划生育工作大都会比较平稳：结扎对象跑到外面偷偷生了小孩，计划生育工作队泄愤地将房子瓦片搞掉了。一般情况下面，计划生育工作声势浩大，对所有人都产生了极大震慑作用。

不过，毕竟赣南是有着很强的宗族行动能力的，即使是国策，基层工作队在进行计划生育时也不能太过分。且村干部毕竟是宗族村庄的自己人，他们今后还要在村庄生活，他们就不能过分得罪村民，而只可能有限度地协助上级工作队。1994年，L镇镇委副书记带计生办工作队来一个村进行计划生育检查兼罚款。找到几户罚款了3000元，村支书认为，镇里来村罚款的目的已经达到了，就不应再无限度地强制。镇委副书记让村干部带工作队到应罚款农户家，村干部就不愿带路，镇委副书记就自己带人入户，到了其中一户，这一户超生，几天前镇里将他家几担稻谷撮走，他出钱换回来了。工作队到他们家看到稻谷，又要撮走，农户不肯，村支书赶来说明情况阻止工作队，镇委副书记在气头上就骂村支书的娘。正好村支书的几个兄弟在一边围观，且支书母亲也在不远处。支书母亲立即赶来质问镇委副书记为什么要骂自己？很多村民趁机喊口号说工作队比国民党还坏，要"杀死工作队"，很快几千人围住了工作队，有人拿着菜刀要杀镇委副书记，几次用刀对着他的脑袋硬砍，幸亏村支书将菜刀挡回去。场面持续很久，一度极为混乱且危险骇人，工作队的人挨打无数，镇委副书记和工作队都快吓死，感到绝望了，终于在村支书强有力的劝说下控制住场面，将计生工作队放走了，而罚款和没收谷物全部留了下来，汽车被砸坏。从此之后，计划生育工作队再也不敢到这个村搞计划生育，而且一旦听说抓来的计生对象是这个村的，也会立即打电话让支书领人。

1995年，镇计生工作队到另外一个村搞计划生育，找不到计生对象，十分恼火，不仅将一个农户的墙推倒，而且搬电视机，将一个70多岁老头的衣服也烧掉了。这个70多岁老头回家看到衣服被烧掉了，非常恼火，拿起锄头与工作队拼命，工作队一看真要拼命，就赶紧跑，而很快就有几百人一边喊号子一边追。工作队为了保命，十几人拼命跑，几百村民在后面追，追了几公里，追到邻村，邻村村支部与工作队很熟，邻村村支书出面劝阻，工作队才获得了一条生路。

不仅在计划生育方面会引发诸如此类的群体性事件，而且在1996年，L镇邻镇因为收屠宰税发生上万农民围攻乡镇政府，将乡镇政府公车烧掉，人也被打的情况。1997年再次出现抗税事件。可以说，在1990年代中期，摊派农民税费和计划生育工作力度很大，农民反弹也大，这种反弹借助宗族的行动能力能达到相当高的强度，足以制造出全国性的大事件来。

这样一种行动能力当然是地方政府不得不顾忌的，如果完全按全国计划生育一票否决来开展工作，这样的计划生育肯定也是搞不好的。因此，赣南计划生育就与全国一票否决的计划生育有重大不同。全国计划生育，不能超生就是不能超生，第一胎是女孩必须间隔五年才能怀第二胎，任何超生都是要罚款且基层干部是要受到处分的。若第一胎生男孩了，再生第二胎，有几例，不仅村支书会被撤换，而且镇委书记也一定要受到处分甚至被撤职。

赣南的计划生育则是算总账的，即上级规定每个行政村必须要达到一定比率的上环率、结扎率和引产率。上环、结扎和引产都是可以进行定量检查的，从理论上讲，只要上环、结扎、引产率上去了，生育率必然就会下降。

上环、结扎、引产都是针对育龄人口的，而实际上赣南有大量育龄人口没有被上级掌握,从而就为行政村一级应对上级要求完成上级任务提供了更大空间。

村干部主要工作是达到上级强制要求的"三率",就是必须要有人去上环、结扎和引产。在强大的计划生育国策压力下面,没有生儿子的农户一定会想方设法躲着生,生了两个女儿,就一定要生第三胎,若第三胎还是女儿,就宁可将第三胎女儿送人再生第四胎,直到生下儿子为止。而那些生了两个儿子或一子一女的农户,按当地习惯本来还要再生,最好是两子两女,但村里要完成"三率"任务,这些已有儿子的农户就去结扎引产。村干部劝他们去的理由是,你们不去,未必让没有生儿子的家庭断子绝孙?这样一劝,本来还想再生第三胎的农户也就不再生了。

因此,在强大的一票否决的计划生育国策下面,在农民强烈的生儿子理念下面,在宗族强有力的行动能力下面,赣南计划生育工作就将不能违反计划生育变成了必须达到三项指标,从而也有效地控制了人口的增长,只是这种控制是将之前一对夫妇生四胎,变成了一对夫妇生二胎半,这虽然与全国绝大多数农村"一胎半"的计生政策还有很大的落差,却仍然实实在在地推进了计生工作。

(四)

赣南对任何计划外生育进行"一票否决"是非常困难甚至根本不可能的,因为农民不仅具有极强的生儿子的愿望而且他们可能借宗族组织来进行大规模群体抗议。因此,赣南计划生育要拿掉乡村干部帽子的一票否决就变成了"三项指标"必须达标,而不是有没有人违反计划生育,也是因此,赣南农村违反计划生育的情况比比皆是。

违反了计划生育就应受到处罚,尤其是要进行罚款,相对来讲,罚款是可以接受的，因为国家政策在那里，且农民毕竟已经生了儿子。村干部对计划生育罚款也有积极性，因为计划生育罚款会有15%留村使用，有一部分村干部工作经费。赣南农村计生罚款的数额一直十分巨大，比如我们调查的一个4000人的村庄，2012~2014的三年，每年收到的计划生育罚款都超过100万元，计划生育罚款不仅成为了村级开支的主要来源，而且是基层政府工作经费的主要来源。2015年开始不允许采取强制措施收计生罚款，且不允许因为未交计生罚款就不能上户口，而使计生罚款基本上不再能够收到。当前赣南农村基层政府没有计生罚款收入而陷入财政困难。

本来宗族村庄中，村干部是村庄熟人社会的一员，是保护型的精英，他们在完成以"三项指标"为考核依据的一票否决的国策时，既保护了农民的生育愿望，又降低了农村的生育率，却又因为他们可以从计生罚款中获利，而使他们渐渐转变成为了赢利型的精英，从计生罚款获利成为了他们完成国家任务的动力，这种获利又迟早会恶化村干部与农民之间的关系。

无论如何，自上而下一刀切的计划生育国策在赣南农村的实施，在短短20年时间，即将之前的一对夫妇生四胎变成了大约的二胎半，这一贡献很大。即使一刀切的政策在遇到地方实际时也是可以有很大变通的，赣南计划生育的实践是一个好的案例。

二、赣南农村的农民负担与干群关系

（一）

在赣南农村调查，问及取消农业税前的农民负担，干部群众都说那个时候农民负担重，正是因为农民负担重而引发若干起大规模的群体性事件,其中调研县1996年发生的黄陂事件和1998年发生的上犹事件引发广泛关注和社会震动。尤其是黄陂事件,涉及好几个乡镇数万农民包围乡镇政府,并出现打砸行为,对当时当地的国家与农民关系调整产生了重要影响。

赣南农民负担大概是在进入1990年代才开始加重的,之所以加重农民负担,是因为中央电视台天天播放要减轻农民负担的新闻,赣南地方干部才发现,赣南农民负担实在太轻了,应当加重以更快推动地方建设。

分田到户之初,与全国农村一样,赣南农村农民人均负担很轻,收取农业税费不成问题,"交够国家的,留足集体的,剩下都是自己的",国家、集体、农民三者关系顺畅。到1990年前后,全国农村已经出现加重农民负担的问题,其中最重要的负担是地方政府为了加快基础设施建设而向农民收取各种摊派集资,"三提五统"也连年增长。到1990年代初,中央已经开始要求减轻农民负担。不过,农民负担的确解决了一些地方财力不足的问题,通过向农民收取税费来加快地方经济发展尤其是建设基础设施,对于满足农民日益增长的公共服务需求是有作用的。

全国农村都在加重农民负担并因此可以在基础设施建设等方面取得较快进展,就直接刺激农民负担相对较轻的赣南农村在加重农民负担上伸手。在短短三四年时间,赣南农民负担就由轻变重,不仅新增了各种农民负担项目,而且之前的负担项目也更重了。其中比较重的负担,除交给国家的农业税没有大幅增加以外,"三提五统"快速提高,之前基本上没有开征的屠宰税、农业特产税、车船使用税不仅开征,而且按村分配了相当重的任务。各种名目繁多的集资尤其是教育"两基"集资数额大、持续时间长,公路铁路建设集资也是层出不穷。到了 1995 年，赣南农村亩平负担已达 200 元，人平负担则超过了 100 元，虽然赣南农民负担远低于我的家乡湖北农村[①]。

所收农民负担最有争议的是牲猪屠宰税。按征收办法，每杀一头猪应当缴纳 50 元屠宰税。问题是，农户都是自己养猪和请人杀猪，国家根本就不可能弄清楚哪一家养了几头猪和杀了几头猪，且猪已杀过了，再去收屠宰税，农民也不愿交，毕竟 50 元在当时是很大的一笔钱啊。

在 1990 年代，农民外出务工很少，主要收入来自种粮食，种粮就要卖粮，卖粮一般卖给国营粮站，乡村干部首先向农户催粮，农户卖了粮并不当场结算现金，而是"户卖村结"，村集体来结算，代扣农民应缴各项税费。因此，当时的农村税费征收工作又叫做"催粮派款"。上面摊派到人到户的税费可以由村集体代扣，而应当据实征收的部分就不好代扣，比如，牲猪屠宰税，有农户没有杀年猪，就不能扣税，但一家一户核实统计，这个工作不只是量太大，代征税的财政所做不了，而是很难掌握完整真实的信息。在实践中，上级就可能下达一个估算的牲猪屠宰税任务到村，这个估算一般以户为单位，比如每户每年杀一头猪，或两户杀一头猪。任务到了村，村一级就按上级估算按户平摊牲猪屠宰税，猪头税变人头税，一些未杀猪的农户也因此不得不缴纳牲猪屠宰税。这样就进一步激化了民怨。

1996 年，调研县的黄陂镇，一个当街赶集的日子，一农户在集市上写一"怨"字放地上引发围观，镇干部来没收"怨"字，引发与农户冲突，引起围观群众不满，突然之间口号四起，数千围观群众

[①] 同时期，湖北农村亩平负担早已超过 200 元，人平负担则普遍达到了 500 元以上。亩平负担与人平负担的差异与各地人均耕地数量有关，赣南人均耕地不足 1 亩，而湖北很多地区人均耕地达 2 亩。

转而追打镇干部并将镇政府包围起来,市县派来工作组,群众仍然不散,且将公安局的警车烧掉了。黄陂事件引发周边四五个乡镇农民包围乡镇政府的连锁效应,农民口号十分激烈,主要针对的是镇委书记镇长和计生办、林业站这些向农民收钱最多的"罪魁祸首"眼中钉。

"黄陂事件"的第二天,市县即紧急通知所有乡镇将超收各种农业税费退还到农户,急急火火,一刻都不准耽搁。黄陂事件之后,调研县停止屠宰税、农业特产税和车船使用税的平摊,而要求据实征收,实际上据实征收是很困难的,也就相当于取消了这三项农民负担。

因为"黄陂事件",调研县1996年以来没有再增加农民负担,一直到进入21世纪进行农村税费改革和取消农业税。1995年就成为当地农民负担最高的年份,而中部的湖北、湖南、安徽等省,1996年以后农民负担一直冲高,直到20世纪最后一年。这期间,全国媒体的中心议题都是农民负担、干群关系。终于,到2001年中央开始进行减轻与规范农民负担的全国农村税费改革试点,并在2006年全面取消农业税和各种面向农民征收的税费。历史的新的一页翻开了。

(二)

1998年到同为宗族性地区的江西崇仁调研,得知两年前(1996年)因为农民负担太重,发生农民包围、火烧数个乡镇政府的恶性事件。几乎每个宗族地区都曾发生反抗税费的群体性事件。而本次调研的赣南乡镇则因为计划生育发生过多次数千人包围计生干部并砸坏计生专车的群体性事件。正是宗族性地区农民强大的行动能力,使地方政府即使为了发展地方经济而进行的各种摊派也无法进行下去,因为这样的摊派很容易引发群体性事件。发生一次群体性事件,就足以警示县市领导,就足以调整部分农民负担政策。这个意义上,越是容易发生或越是发生了因为农民负担而起的群体性事件的地区，农民负担就越是相对规范和相对较轻，越是不发生群体性事件的地区，农民负担就越重和越不规范。李昌平是湖北监利人，他在《我向总理说实话》一书记录湖北监利县农民负担要比赣南农民高得多了，却没有发生农民反抗的群体性事件，而是农民想方设法到外面务工经商，逃离家乡。

在经济条件相差不多的条件下面，农民组织程度越高行动能力越强的地区，农民负担就较轻且较规范，而在农民组织程度较低的地区，农民负担就较高且更不规范。宗族是农民天然的血缘关系基础上的组织，宗族行动能力越强，农民负担越规范和越轻。原子化程度很高的湖北绝大部分农村，农民负担就很重且很不规范。

（三）

赣南农村多为宗族性村庄，聚族而居的宗族村庄具有很强的封闭性，政策落地离不开村干部，问题是，村干部本身就是村庄熟人社会的一员，又不是国家干部，而只是不脱产干部，村干部当然就没有必要非得一切服从国家，无条件地完成上级安排的各项任务。

调研乡镇在1990年代的一项制度是调派有能力的人跨村当书记，并将完成国家任务作为判断村支书工作好坏的惟一标准。跨村当书记可以相对不顾忌村民的感受，只是村支书仍然是农民身份，他们没有工资只有误工补贴，他们凭什么要积极执行上级决定完成国家任务？

对于能较好完成国家任务的村支书，乡镇可以作进一步安排，比如调派到乡镇事业单位任职，这样就可以有一个超出了村庄熟人社会的未来预期。最为重要的则是，村干部完成国家任务可以得到奖励。比如，按时完成税费任务，村干部可以获得完成税费任务总额

5%的工作经费，若一个村一年有40万税费任务，村干部就可以分享2万元工作经费，按五个村干部算，每个有5000元，在1990年代，这笔钱可谓巨款。按时完成税费任务还有其他奖励。国家任务越难落地，工作越难开展，县乡就要为村干部设下越多越大的激励，以调动村干部完成任务的积极性。县乡通过制度安排来调动村干部完成任务积极性，从而，在具有强大宗族行动能力的地方产生了与原子化程度很高的湖北农村一样存在的乡村利益共同体。

只是与湖北原子化地区略有不同，在赣南农村，村干部若完全陷入乡村利益共同体，而不能平衡好农民的利益，这样的村干部就很容易被村民抛弃，村干部与村民的关系就会更加紧张。

清远农村的自治下移

一

2014年广东清远启动以"三个整合""三个重心下移"为主要内容的农村综合改革,"三个整合"即"土地资源、涉农资金、涉农服务平台"的整合,"三个重心下移"即"党组织建设、村民自治、公共服务"三个重心下移。清远农综改力度之大,探索范围之广,在全国并不多见。下面重点讨论村民自治重心下移的问题。

清远农综改设计的"村民自治重心下移",就是将当前行政村一级的村民自治下移到自然村一级,行政村改为农村综合服务站,主要为农民提供各种服务,而充分发挥自然村一级的自治作用。通过落实自然村一级的村民自治,调动自然村一级进行乡村建设的积极性,充分发挥自然村一级的主体性和主动性,增强农村社会的活力。自然村是熟人社会,范围不大,居住相邻,利益相连,无论是公共品需求表达还是一般事务的处理,在自然村一级都相对容易。尤其是,清远市农村绝大多数自然村都是聚族而居的宗族村庄,传统以来宗族组织在社会治理中都发挥着很大作用。当前清远农村,宗族组织仍然在农村公共品建设和组织农民生活中发挥着重要作用,如果能够利用传统组织资源的优势将村民自治落实到自然村,就可能将村民自治做实,就可能更大程度调动村民积极性来建设好村庄。而且，清远市已有很多自然村自发开展了远超过国家投入的村民自治、村民自己建设自己家园、改善自己生产生活条件的成功实践。清远市因此于2014年在三个乡镇选择进行了村民自治下移到自然村的试点，并计划2017年在全市推开。

清远市将村民自治下移到自然村，与村民自治起源于广西合寨的历史有高度契合性。分田到户以后，基层组织涣散，农村社会治安和各种基本公共品供给出现问题，广西合寨自然村农民自发组织建成村民委员会，村民以此来进行自我管理和自我服务。合寨村民自治的创举被吸收进入《村民委员会组织法》，变成对全国基层组织建设的指导性文件。1988年开始试行的《村委会组织法》上明确写有"村委会一般在自然村一级"。

不过，在《村组法》的实践中，分田到户以后，自然村一级的村民小组在全国绝大多数地区的功能都已萎缩，甚至行政村一级的重要性也大为下降，行政村一级的主要作用也是完成上级布置的收粮派款、计划生育任务。从建制上看，行政村一级还保留有村干部，村民小组一级则大多只保留了一个村民小组长，一般不发挥作用，因此，在自然村一级进行村民自治，选举村民委员会，似完全没有必要甚至没有可能。因此，全国试行《村组法》时，除极少数省区（比如广东、云南和广西）以外，绝大多数省市自治区都是在行政村一级实行村民自治，进行村委会选举。正是因为全国绝大多数地区都在行政村一级进行村民自治，1998年正式颁布实施的《村组法》将村民自治单位上收到行政村一级，并要求在自然村一级进行村民自治的广东、云南、广西在行政村一级建村委会。广东省1998年之前行政村一级叫做管理区，由乡镇下派干部。《村组法》正式颁布实施以后，广东省将行政村的管理区改为村委会，正式开始在行政村一级进行村委会选举，实施村民自治。

从法律上讲，1988～1998年（《村组法》试行的十年），广东、广西和云南在行政村一级设管理区，在自然村一级进行村民自治，是完全没有违反《村组法》的，从实践上看，之所以这三个省与全国绝大多数省市区在行政村一级实行村民自治不同，而是在自然村一级实行村民自治，是与这三个省区行政村规模比较大，且自然村一直有自治传统有关。广东、广西农村在传统社会就有比较强大的宗族组织，绝大多数村庄都是宗族村庄，聚族而居形成的自然村往往有着相当数量的宗族公产，宗族在村庄公共品供给方面起着相当重要的作用，因此，在自然村一级实行村民自治，顺理成章，自然而然。而云南省村庄多为少数民族村庄，自然村一级的自治能力也相当强，这正是《村组法》试行期间云南省在自然村一级实行村民自治的原因。

二

广东清远农村，自然村一级具有很强的自治能力，这种自治能力是与其宗族认同与宗族活动乃至宗族性组织紧密相关的。在我们调研的英德市九龙镇，全镇300多个自然村都是宗族村，改革开放以来，几乎所有自然村都维修或重建了宗祠，其中一些自然村修建祠堂的花费超过百万元，而一个自然村的人口数往往只有200～500人，修建宗祠动员起来的资金每户超过1万元是很正常的事情。清远进行村民自治下移试点的西牛镇，自然村的宗族组织与宗族行动能力与九龙镇完全一样。

九龙镇楼仔自然村，全村大约500人，吴姓，建村已有近300年，历14代人，改革开放以后，因为旧屋场过于狭窄，全村村民议决从旧屋场搬到新屋场，围绕村里修建的祠堂建成了新村。进入21世纪，楼仔村民认为30年前建的祠堂相对周边自然村新建祠堂已过于陈旧，决定重建祠堂，预定建祠堂的时间为2017年动工。2015年开始分三年集资，每人2000元，第一年交700元，第二、三年再分别交600元，每年腊月二十五交钱，对经济特别困难农户可以延期交钱，但不能不出钱也不能少出钱。因为这是祖宗的大事。

楼仔村在2015年开始动员村民进行村庄环境建设，主要是清理自然村门口坪的杂草，修建广场和篮球场。2015年一年全村投入4000个义务工进行环境建设，并按人进行了集资。2014年为了建设楼仔村，村民推举成立了以房头为基础的理事会，选出13名理事，理事会会长由在外工作退休的67岁的吴亚记担任。除理事会以外，自然村还设有一个村主任，两个副村主任，均当选为理事会成员。此外，楼仔村还成立了经济合作社，是独立法人。自然村村主任与村经济合作社社长合二为一。

目前楼仔村正在做的两件大事，一是修祠堂的准备，二是正在进行的村庄环境建设，主要是已投入4000个人工的村口坪建设。无论是修祠堂、建设环境还是村经济合作社进行的涉农资金整合，都是在以房头为基础的楼仔村理事会领导下面进行的。为了账目清晰，理事会设了三个独立的出纳，分别掌管祠堂建设、门口坪建设和村经济作合作社的经费。祠堂建设和门口坪建设经费是专款专用，一事一结。经济合作社的经费有两块，一是上级拨款，二是整合涉农资金，主要是整合直补到户的农业综合补贴和生态公益林补贴。楼仔村每年可以整合的资金有2万元。

楼仔自然村属于金鸡行政村，不属于村民自治单位下移的试点村。不过，楼仔自然村显然具有相当强的自治能力，2014年推举公务员退休的本村人吴亚记当理事会会长并成立理事会以来，楼仔村爆发出强大的动员能力，在很短时间即改变了村庄面貌。

清远市基层自治下移到自然村的试点是在英德市西牛镇。我们到西牛镇新城自然村调研，也很有趣。

新城自然村有128户，573人，都姓曾。新城自然村有耕地560亩（水田300亩，旱地260亩），山林地1228亩。1985年旧祠堂太旧，村民提议重建。结果，旧祠堂拆掉后，仅仅打好地基就没有钱来建设。1985年新城村将集体鱼塘承包出去，每年有1万多元承包费。到了1997年，累计有了10多万元集体收入，再向每家按灶进行集资，共筹得24万元，重新建了祠堂。

为建好祠堂，1997年新城村专门成立了一个以房头为基础的10人代表议事会，生产队的队长、副队长、财经、会计都是议事会成员。很快建好了祠堂，但欠下了7万多元外债。1998年建好新祠堂后议事会并未解散，而是开始筹划建新村。1999年为还外债和进行新村建设，议事会决定将之前分到户的山地全部收回，重新发包，共收回1000亩山地，按每年40元/亩发包，每年可筹得4万元。

1998～2009年，代表议事会每年会召开2～3次，讨论重大事项，形成各种决定，提出各种展望。每年腊月二十六召开全体村民会议，代表议事会在村民会议上总结全年工作，提出新年计划。

经过10年准备，新城村2009年开始实施一个五年新村建设规划。首先对以房头为基础的代表议事会扩容，由之前的10人扩大到15人，2010年新屋场第一批住房建设，到2014年，全村几乎所有新房建好，全都是两层钢混楼房，远比之前的土砖房好得多了。全村共建97栋新房。建新房的同时，代表议事会开始进行配套公共建设，比如道路硬化、自来水、下水道、绿化以及修建广场、对村前塘进行整理，等等。在此期间，除了集体有限收入以外，代表议事会多次向村民筹资筹劳。

2012年上级在新城村开会，认为代表议事会的做法很好，建议成立一个村庄理事会，因此，之前没有明确称谓但自1998年以来已运作十多年的代表议事会就改称为村庄理事会，并从理事会中产生出来村主任、财经、会计。2014年清远市在西牛镇试点村民自治由行政村下移到自然村，新城村通过选举产生了新城自然村村民委员会。从2009年开始，以前的村主任（村民组长）、财经、会计在2014年后改称为村委会主任、财经、会计，每年有600元报酬，代表议事会（以及后来改称的理事会）成员则没有任何报酬。自1998年建祠堂以来不计算农户自己建房的投入，新城村公共投入累计达到300万元左右。仅仅在2012年以后很有限的时间，上级政府帮助投入大约50万元资金。经过20年的建设，新城自然村成为了远近远闻名的美丽乡村，村庄基础设施良好，建设规划有序，干净卫生，环境优美。

从以上进行了村民自治下移到自然村的西牛镇新城村和村民自治还没有下移到自然村的九龙镇楼仔村，以及我们在清远调研到的更多村庄的情况来看，以宗族型自然村为基础的清远农村基层具有相当强的资源动员能力和社会建设能力，在改革开放以后，这种能力首先表现在自然村维修或重建祠堂的能力上面。九龙镇和西牛镇各有大概300个自然村，几乎每个自然村都在1990年前后维修或重建了祠堂，资金动员能力动辄超过百万元。每年清明拜山祭祖都是户户参与，多数村已经形成利用清明或春节自发召开全体村民会议的惯例，一些自然村自发将还没有分到户的集体山场、塘堰整合起来出租发包以获得集体收益。以清明祭祖和春节拜年（正月初三的添丁宴）为基础形成的农户轮值制度，在很多自然村都有良好坚持。在修建祠堂或者进行村庄环境建设过程中，涉及筹资筹劳事项，一般都会成立临时性的以房头为基础的代表议事机构进行统筹，这个机构与作为行政村下级村民组长的办事机构有很大差异，核心是这个代表议事机构具有广泛的代表性和权威性，因此可以就村庄重大事项进行提议与决策。一些村庄因为常年有重大事项，使因事成立的代表议事机构体制化了，从而真正形成了在自然村一级的村民自治。正是因此，西牛镇在自然村一级搞村民自治，自然村一级有良好对接能力，就顺利对接上来。借助上级的村民自治制度安排，以前没有正规名称或名称各异的以房头为基础的代表议事会改称为村庄理事会，在村庄理事会基础上形成一个日常性由村民直接选举的村委会，就使之前的代表议事会名正言顺地进入到体制性的基层组织系列，从而可以进一步提升自然村一级的自治能力，规范自治活动，引导自治方向。

三

清远是山区，耕地有限，因此，自然村的规模一般都不大，自然村的人口多在200～400人，最大的有500人，最小的只有100人，正是人民公社时期生产队的范围。清远农村行政村的规模又比全国平均规模稍大。全国行政村人口一般在1000～2000之间，而清远行政村规模一般在3000～5000人。因此，清远行政村下面的自然村数量往往很多。我们调研的英德市九龙镇、西牛镇和阳山县江英镇，乡镇下面一般有10～20个行政村，每个行政村下面有大约20个自然村。

清远农村行政村规模太大，下面自然数太多，加之又多是山地，村域面积极大，因此，行政村范围往往远远超出熟人社会范围，在行政村一级实行村民自治，效率大打折扣。相反，清远农村本来就有自治的传统（宗族），以及社会主义制度所形成的土地集体所有制，这个集体所有的单位正是自然村一级，宗族自组织能力与人民公社时期的生产队传统以及土地集体所有制，就使清远农村的自然村一级很容易组织起来进行以自我建设、自我服务和自我管理为特征的自治。村民组一级的自治降低了行政村一级的压力，行政村一级由管理向服务转化。

清远市农综改的设想中，村民自治从行政村一级下移到自然村，正是试图从两个方向上进行的努力，一是自然村一级进行自治，行政村一级改为农村社区综合服务站，不再是自治单位，而变成为农民提供各种综合服务的机构。强化自然村的自治功能，弱化行政村的行政功能。甚至行政村的名称都要取消而改称农村社区。

仅就清远农村来讲，因为自然村一级具有很强的内生组织能力，有相当丰富的内生组织资源，自然村一级进行村民自治具备有条件，可以成功，甚至可以自治得相当好。不过，从全局和全国来讲，情况有些复杂。从全局来看，当前中国正处在快速城市化背景下面，农村人口正快速流出农村，流入城市，清远市农村的情况与全国一样，甚至清远农村人口流出速度比全国更快更彻底，因为清远农村多是山区。调研的三个乡镇，每个乡镇都有若干自然村出现了严重空心化，甚至一个自然村400多人，平时真正留在村庄生产生活的只有10多位老人，且这种情况远非个例。将来还会更多。从全国来讲，自然村或村民小组一级自治资源相当有限，自治能力严重不足，将村民自治下移到自然村根本就不可能。也就是说，清远市目前将村民自治下移到自然村，可以说正逢其时。尤其一些具有旅游资源、交通方便的自然村，若借国家资源向下转移的机会进行美丽乡村建设，就会更有村民自治在自然村一级发挥作用的空间。

从全国来讲，人民公社时期形成的"三级所有、队为基础"的体制落实到现在，就是乡镇、行政村、村民组（自然村），一个乡镇一般会有20个左右行政村，一个行政村一般有10个村民组，或者说，正常情况下，一个乡镇会有200个左右的村民组（自然村），在自然村具有较强自治能力的情况下面，行政村一级主要起到上传下达作用和组织协调作用，若自然村缺少自治能力，行政村就必须要在组织村民自治方面发挥作用。

清远农村通过下移村民自治到自然村，激活自然村的自治能力，就可以大大减少行政村组织村民自我管理和自我服务的压力，行政村更多起到上传下达的作用。不过，即使在清远农村，自然村一级的自治可以发挥作用，这样一种自治也主要是自我管理和自我服务，是作为当家人来发挥作用，而在国家行政管理或完成国家任务方面，自然村一级的自治很难有所作为。自然村是聚族而居的，这个自然村是宗族这个"大私"与村民组这个"小公"的结合单位，自然村村一级的自治强化了以房头为基础的宗族这个"大私"的力量，相对排斥村民组这个"小公"。在清远农村调研，可以清晰地感受到自然村一级自治所带来的村庄的封闭性而非其开放性。在办理村民自己的事务上自治是有效的，在完成国家任务方面自治是低效的。

因此，行政村一级就不可能只是服务，也不只是上传下达，而要起到真正意义上的管理作用。行政村一级具有双重功能，一是管理，二是服务。所以，即使村民自治下移到自然村了，行政村也不能取消，无论其服务功能还是其管理功能还有待加强。

一个乡镇下面有二三百个自然村，无论如何，乡镇是无法直接管理二三百个自然村的。

因此，清远市农村综合改革将村民自治从行政村下移到自然村，是依据清远农村实际做出的正确决策，对于确立农民主体地位、激活农民建设村庄积极性都有重要作用。但村民自治下移到自然村并不表示行政村一级功能的弱化，更不意味着行政村一级应当撤销。最好的办法是，行政村一级建制仍然保留，体制也保留，甚至通过选举来产生村委会，以及实行"民主选举、民主决策、民主管理、民主监督"以及"三个自我"都完全保留，但在内容上可以将部分村民自治功能下移到自然村。相对来讲，自然村一级的村民自治，形式则可以更加灵活，机制上可以更加多样，以适应自然村多样化的实践。

或者说，当前清远推行的村民自治下移到自然村的改革，在行政村一级体制上基本保持不动，但部分自治功能下移到自然村。自然村一级的村民自治，重在实效，形式上则可以相对灵活多样，这样的农村综合改革就既容易保持与全国体制的统一性，又适应清远农村的独特性，可进又可退。形式上，这样的改革好像没有大的变化，实质上，因为激活了农村既有的传统组织资源而可以在农村建设中大有作为。

鲁中的小亲族与村庄政治

一

在鲁中马桥镇调研，发现村庄中普遍存在派性斗争。康杨村支书说："怎么可能有村庄在任干部没有对立面，有村庄没有派性斗争呢？"西史村支书说："村庄只有永恒的利益，没有永恒的朋友"。马桥镇52个行政村，几乎所有村庄都有激烈的竞选，并且，村干部任职时间往往不长久。在任村主职干部也往往缺少之前当村干部的履历，多是由商而政，富人治村。当上两届村干部，村庄就形成了强大的对立面，村干部就当不下去，新的一班人马就上台来了。

鲁中地区属于经济发达地区，经济发达必然利益密集，发达的本地经济不仅为当地农民提供了就业机会，而且产业发展为农村精英提供了大量第二、第三产业获利机会，从而产生了一批收入远高于一般农民的富裕能人。这些富裕起来的村民逐步有能力也有意愿借村庄政治平台实现自己的利益。尤其是主职村干部不仅掌握一定的资源，而且可以极大地扩张关系网络，提高个人信用，更大程度上实现个人利益。正是因此，2000年前后鲁中农村老式村干部陆续被新富裕起来的村庄精英替代，这些进入到村庄政治舞台的经济精英往往没有当过村干部，而是由经济到政治的直接转身。

构成鲁中村干部替代的社会基础是鲁中农村实践着的宗族制度，我们称之为小亲族。正是小亲族制度为鲁中村庄政治提供了展开的社会基础。

马桥镇有大约5万人口，分52个行政村，平均每个行政村人口约为1000人，不过不同行政村的人口差异很大，最大行政村人口接近3000人，最小行政村只有大约200人，不同行政村人口规模的差异在人民公社时期即如此，之所以未合村并组，是因为行政村一般是按自然村进行的建制，有的自然村规模大，行政村就大，有的自然村规模小，行政村就小，合村就不只是要合行政村，而且要将两个或多个过去不同建制的自然村合在一起，这样管理难度就很大。因此，山东大多数农村一直未进行大规模的合村并组，行政村建制保持了相当的稳定。

马桥镇行政村很少是单姓村，而往往是多姓村，每个村庄又往往会有一二个大姓，不过，在村民生活中真正起作用的并不是姓氏，而是五服范围的本家。所谓本家就是父系血缘上未出五服的自家人，一般五服内的本家多则30多户，150口人，少则七八户，三四十口人，本家人数太少就可能较晚分支，而保持六服、七服的血缘认同。五服内的本家人不仅在观念上认为是一家人，存在着血缘亲情，而且在实践上存在着各种亲密的互助往来，尤其是红白事上本家十分重要。红事上，本家不仅要参与，而且有待客的义务，而白事中，本家晚辈必须披麻戴孝，磕头哭丧。年节尤其是春节，本家拜年，晚辈是要磕头的。正是红白事互助和年节互动为本家认同提供了实践的基础，强大的本家不仅可以对内提供互助，而且对外具有强大竞争力。本家人数比较多的小亲族必是村庄强势小亲族，主职村干部一般都得由村庄比较大的小亲族的人担任。

有些本家男性后代不是太多，五服以内的户数太少，这样的本家就倾向联合，即在六服、七服血缘范围内共同举办红白事，和按本家安排年节活动。持续进行的红白事互助和年节互动，就使得扩大了的本家产生出同于五服范围的本家认同，也就构造出了作为一个认同与行动单位的小亲族。人口太多的本家则倾向提前分裂，超出五服即不再共同举办红白事和年节仪式，时间既久，本家认同自然消散，一致行动能力也就不再存在。分离的本家与本家之间即使同姓且分裂不久，各个本家小亲族也是相对独立地在村庄舞台上竞争。一旦对内不再合作，本家内部认同也就消失了，一致行动也就不存在了。

这样一来，一个1000人左右的村庄就往往会容纳有十多个互不隶属各自独立的小亲族，这些小亲族对内合作，对外竞争，成为活跃在村庄政治舞台的基本单元，这是理解鲁中乃至华北地区村庄政治的关键。

五服以内的本家在红白事上尤其要通力合作。无论红事还是白事都是农户家庭中的大事，仅靠自己家庭无力办好。扩大的五服血缘范围本家是协助办理红白事的最好合作单位。办红白事等大事，人太少不行，太多也不好办，一个合适的规模是二三十户，七八十人。这就是为什么比较大的本家就要分裂，比较少的本家则倾向联合的原因。

一个本家，经常集体办理红白事及年节互动，就需要有人来协调和安排。本家内辈分比较高，年龄比较长又热心善协调的德高望重的长老就自然而然地产生出来，每有大事，本家就向长老请教，或每有大事长老就会主动出现，或安排，或协调，出主意，想办法。这样的长老必须要有公心，能力要强，方法要巧。每一个小亲族内都必须得有这样的德高望重的长老。

二

1990年代以来，农村经济分化越来越大，村庄出现了越来越多通过在外打拼而致富的能人，这些能人收入高，关系广，精明能干，这些新崛起的年富力强的经济精英就逐步成为可以帮本家人在外打通关节，疏理关系，或提供工作信息、借贷支持的本家代表人物，正是通过这些年富力强的代表人物，本家可以更好地对接外部世界，而崛起的年富力强的能人也有能力协调本家内部的关系。

这样一来，鲁中农村就出现了一批基于各个小亲族内部整合基础上的精英人物，这样的精英人物热心本家事务，公正公平，善于交际，能说会道。他们对内协调本家关系，解决本家问题，主持本家事务，安排本家红白事务，对外代表本家利益参与村庄竞争。每一个本家至少有一个甚至有几个代表性的人物，村庄活跃着大批这样的精英人物，这些精英人物是各个小亲族内部筛选出来的，是代表本家利益的。正是这些由各个小亲族筛选出来且代表各小亲族利益的村庄精英在村庄政治舞台上的合纵连横，构造了鲁中乃至华北村庄政治的特征。

一般来说，村庄政治尤其是村庄选举是要数票数的，只有二三十人的小家族想选上村干部，难乎其难。村庄选举一般是大家族之间的竞争，各个有实力的大家族通过合纵连横获得一些小家族的支持，以在村庄选举中获胜，这样合纵连横显然不是通过所有村民来进行的，而是在代表各个小亲族的村庄精英之间进行的。一个善于妥协甚至善于利益输送的大家族的精英就更可能当选村干部。个人良好的经济条件、高超的交际手段以及比较大的家族势力基础是当选村干部（主职村干部）的基本前提。没有经济实力不仅无法获得本家族代表人物的身份，也无法在村庄政治的合纵连横中进行利益输送。这就是为什么只有富人才能当得上主职村干部的原因。

当上村干部之后，本家庭的力量显然无法形成稳定的执政基础，村庄中遇到各种难事都可能得罪村民，得罪一个村民往往就会得罪这个村民所在的小亲族，从而形成强有力的对立面。同时，在村庄竞选中落败的较大家族的代表时时处处等着当选村干部犯错，一旦犯错，他们就以此说事，就会想方设法分化之前形成的精英结盟及其背后的小亲族支持，结果就是，当选的村干部很难在任上长期稳定任职，村庄普遍存在着以在任村干部为首的一派，和以落败精英为首的一派，两派各有支持者及其背后的小亲族群体基础。因为村庄中存在着多达十多个小亲族，不同小亲族在其代表人物的合纵连横策略下面分化组合，从而形成了村庄政治中对立两派之间的复杂斗争策略。村庄演绎出了各种堪称惊心魂魄的政治斗争的故事。

小亲族地区，在村庄内存在着比较复杂的自己人与外人的区分，这些自己人与外人又都同住一个自然村中，就使得村庄政治策略变得十分重要，甚至每个村民都可能高度政治化，说话要看对象，而不能口无遮拦。在中部原子化地区，家庭以外都是外人，但这些外人并没有高度组织起来，因此，每个人都可以自由言说。在宗族地区，村民聚族而居，村庄内都是自己人，自己人内部讲话也不需要用太多心计与策略。华北小亲族地区，因为同一个自然村既有自己人又有外人，说话办事就一定要看场合，就需要讲策略，就要有心计。正是最善于讲策略、有心计且经济条件好的人成为了自己所在小亲族的代表人物，这样的代表人物参与到村庄政治中来，村庄政治有戏剧性的一面就是必然的了。

三

鲁中派性斗争与浙江农村派性斗争有着本质的区别。从以上讨论可见，鲁中派性斗争的基础是小亲族，浙江农村派性斗争则往往是以经济社会分层为基础的。具体地说，浙江农村多为原子化地区，村庄富人群体通过人情等等公共性竞争来将一般村民边缘化，村庄派性斗争变成为争夺村庄政治权力的富人之间的竞争。因为缺少传统血缘关系的支持，浙江富人获得村民支持的办法有二：一是利用自己的经济能力来建立与一般农户之间的经济输送与政治支持的交换，二是赤裸裸的贿选。这个过程中，村民越来越去政治，村庄政治变成富人之间的斗争或游戏。鲁中派性斗争中，村民通过小亲族进入到村庄政治中，从而更加政治化而不是去政治。在浙江，往往只有完全边缘化的个体村民会去上访，鲁中农村，农民却可能以村干部触犯了集体利益而集结起来到上面上访告状。

理解小亲族结构是理解鲁中乃至理解华北村庄政治的关键。鲁中经济发展所形成的利益密集及农村社会分层，进一步推动了小亲族结构在村庄政治中的活跃表现。

六

村治的动力

To Make
Better
Villages

中国村治模式必须多样化

中国制度的一大优势在于其调整与适应能力。改革在中国具有政治正确性，作为一个后发外生型现代国家，最近数十年中国一直处在快速转型中，这也决定了中国基层治理制度不可能一成不变。任何试图一劳永逸地建立一个完善稳定的基层治理制度的企图都是注定要失败的。不同时期、不同发展阶段、不同中心任务，以及不同的主要目标工作人群，决定了不同的基层治理体制与治理机制。相对来说，基层治理体制属于比较结构的因素，不可能随时变动，因此在治理机制方面就会有适应性的调整或创新。适应基层治理需要而在治理体制与机制上的调整或创新就是基层治理现代化的过程。

一

在中国快速的现代化过程中，农村基层治理所面对的形势与任务有着巨大差异。仅讨论改革开放以来的情况，基层治理可以划分为若干时期或类型，不同时期有不同的中心工作，不同的目标人群，不同的治理机制。

2006年取消农业税前，基层治理的主要任务是收取农业税，尤其是中西部农业型地区，农业税费是地方财政的主要来源，不能按时收齐农业税费，地方政府就无法按时拨付教育经费，就不能确保行政机关运转，因此，县乡村的首要工作是完成农业税费任务。在农民人数众多、剩余很少、十分分散的背景下，向千家万户收农业税费并非易事，尤其是农民负担比较重，农民不愿缴纳农业税费时，收取税费很快成为"天下第一难事"。地方政府为了按时收取农业税费，就要调动基层积极性，就要对付"钉子户"，就可能采用工作组，甚至进农户家撮谷子、搬电视机、牵耕牛，而一般好人村干部显然难以用如此手段对付本乡本土村民，狠人因此代替好人当上村干部，乡村干部结成利益共同体。结成利益共同体的乡村干部为完成税费任务，就更加强势地对付钉子户，更加不愿区分贫困户与钉子户的差异，由此导致干群关系极为紧张，三农问题迅速恶化。面对日益恶化的三农形势，国家通过取消农业税来缓解干群关系，也改变了基层治理的主要目标与任务。

取消农业税以后，国家不仅不再向农民收取税费，而且开始了以工辅农、以城带乡、向农村大规模注入资源的过程。国家向农村注入资源大体有两种方式，一种是普惠式的，即按人口、田亩或其他标准化的条件转移资源，比如农村养老保险、低保、合作医疗、农业综合补贴。一种是项目式的，由地方申请，部门审批。相对普惠式的资源下乡，项目制具有更大的灵活性，因此，争资跑项、"跑部钱进"就是必然的了。因为项目下乡缺少客观标准，自上而下的项目资源下乡容易形成"分利秩序"，项目下乡的结果一是基层组织的眼睛向上，而与乡村社会相对分离，出现了"悬浮政权"的情况，二是项目资源的使用出现了内卷化。项目下乡对基层治理最大的影响是基层组织与乡村社会的利益连带关系变得松散。基层组织的主要工作由之前的收取农业税费变为维持农村社会稳定。"不出事"成为基层治理的目标。

以上两种类型是中西部地区的情况。沿海发达地区，因为经济发展比较早，农业税时期，村社集体往往有工商业收入，农民负担少且农民有能力负担。取消农业税后，基层治理的重点也与中西部有很大差异。

在 2004 年前，土地管理较为宽松，沿海地区村村点火、户户冒烟，村集体将农地非农使用基本不受约束。沿海发达地区利用区位优势进行了一场高速的乡村工业化，几乎每一个村都有大片农地变成厂房，农村工业发展，经济发展，农民洗脚上田，就业由以农为主变成了第二第三产业就业与收入占压倒性优势。因为可以相对自由地将农地变为建设用地，农地与建设用地界限不是很清晰，也就不会有建设用地的高价，也就很少发生征地的冲突。反过来，农地非农使用提高了土地产出的附加值，即使过去集体所有的乡镇企业改制为私人企业，村庄本身的就业仍然是工商为主，且村社集体可以从使用集体土地的企业收取租金，村集体因此有远多于中西部农村的资源。也是因此，在取消农业税前，中西部农村工作的要点与焦点是村干部协助县乡收取千家万户农民的税费，沿海发达地区则可能根本就不存在向农民收取税费这个问题。

沿海发达地区农村相当自由地将农地变为建设用地，从而形成了当前中国 3000 万亩的所谓农村集体经营性建设用地，按《土地管理法》，根本就不应该出现集体经营性建设用地的说法，因为《土地管理法》第 43 条明确规定，"任何单位和个人进行建设，需要使用土地的，必须依法申请使用国土地"。农村集体经营性建设用地及其上面的第二第三产业使沿海农村变得富庶，且村社集体具有比较稳定的收入。

这些地区村级治理中存在的问题是，已经具有明显财产属性的土地资源以及各种村社集体资源如何分配，这些地区宅基地明显具有财产属性，一块宅基地私下交易价值几十万元，而按宅基地政策，宅基地是无偿获得免费使用的，一户一宅。既然宅基地这么值钱又无偿获得，就会有人通过人为分户来获得宅基地，以及在可供分配宅基地有限的情况下面，有限宅基地应该分给谁不分给谁呢？既然村社集体有资源，那么谁可以分享这些资源？外来媳妇可不可以分享？外嫁女可不可以分享？超生子女可不可以？私生子女可不可以？离婚妇女可不可以？在巨大利益刺激下，之前相对简单粗糙的制度就暴露出各种漏洞。如何填补这些漏洞？是通过村规民约吗？问题是有人已经上访去了，且上访户以法律来寻求援助，甚至直接告到了法院，甚至法院已经判决了，村规民约还能起作用吗？可以说，当前沿海发达地区村级治理的一个焦点就是如何解决村社集体资源的分享问题。由于有了太多的上访，国家因此试图通过清产核资和股权量化改革来解决这些难事。

2004年前后，一方面之前"村村点火、户户冒烟"工业化的负面后果凸现，各种矛盾呈现，工业产能过剩已趋明显，另一方面，耕地浪费情况也引起了重视，修订后的《土地管理法》开始进行更加严厉的土地用途管理，乡村工业快速发展的势头被控制，工业进园区成为全国共识。因此出现了全国性的建设工业园区高潮。

工业进园区，就是建设工业园区，就是搞开发区建设。建设开发区就不能再如过去分散搞建设，而必须平面推进，整村征地拆迁，这样的开发区建设模式仍在全国大中城市郊区上演，其中有两个典型镜头，一是因为土地不可移动而几乎必然出现坐地要价的钉子户，如何拔掉钉子户是征地拆迁背景下地方治理的一项重要工作；二是征地拆迁带来大量利益如何分配，引发激烈博弈，甚至引起群体上访或群体性事件。因此，征迁背景下的乡村治理，中心工作可能是围绕利益补偿而对付钉子户和摆平群体上访，核心是有效地公正公平地解决土地利益分配中的激烈博弈。

最近几年，中央提出美丽乡村建设，浙江省主要包括环境整治、五水共治、三改一拆等等。并且，与全国美丽乡村建设有很大不同的是，浙江美丽乡村建设是真抓实干，是不留死角，是一票否决的，某种意义上，美丽乡村建设成为了当前浙江基层治理的中心工作。

美丽乡村建设的关键是要涉及千家万户，因为美丽乡村建设首先是要为每一个农户建设美丽的家园，让农民生活在整齐有序、干净卫生、绿树成荫的环境中。"既要金山银山，又要绿水青山"，美丽乡村建设这种涉及千家万户的中心工作决定了地方政府必须要与农民"打成一片"，同时又必须将农民动员起来参与到改变自己生活环境的工作中来。一方面要有千家万户的主动性主体性，让千家万户积极参与到美丽乡村建设中来，一方面地方政府又要按上级要求完成不留死角的"一票否决"的美丽乡村建设工作。浙江似乎希望通过"网格化"管理和引入第三方评估来完成此项中心工作。效果尚待观察。

除以上五种农村发展阶段或中心工作类型以外，还有一种值得讨论的类型，这就是成都市通过将资源下放到村一级，让村民通过议事会来决策、管理和使用资源，从而解决村级治理中的公共治理问题。相对于全国自上而下惠农资源要么通过普惠方式直接发放到农户，要么通过项目来形成自下而上竞争资源，成都市进入新世纪以后，每年拿出一定数量的资源（每村 20 万～ 30 万元）直接分配到村一级，由村一级通过村民议事会来决定如何使用这笔上级转移下来的资源。按成都的办法，这笔钱不能分掉，而只能用于村庄公共工程和公益事业建设，成都市还具体列举了若干大类若干小类的建设目录。由村民议事会通过民主讨论形成决定，然后使用资源。这样一种将自上而下资源下沉到村一级使用的模式可以称为"成都模式","成都模式"因为给了村社集体使用资源的决定权,就可以充分调动村社集体使用资源的主体性和主动性,从而可以使自上而下的资源与农民千差万别的公共品需求偏好结合起来,创造出一种具有能力的乡村治理的可能性。

我们对以上六个农村发展阶段或类型进行分析,讨论六个阶段或模式下面基层治理的工作目标、中心任务、针对人群以及其中的乡村治理体制与机制的差异,可以列表如下:

发展阶段或类型	工作目标	中心任务	目标人群	工作方式	激励手段	特征
税费时期	国家任务	收粮派款	钉子户	强制	包干制	乡村合谋
项目下乡	维持稳定	资源分配	上级部门	争资跑项	不出事	分利秩序
村办工业	发展经济	兴办企业	边缘群体	竞争	利益	能人治村
开发区	招商引资	征地拆迁	钉子户	强制	包干制	灰黑势力
美丽乡村	乡村建设	环境整治	千家万户	动员	责任制	少数决定
成都模式	乡村建设	基础设施	全体村民	协商民主	责任心	多数决定

二

上表试图说明,不同发展阶段或不同农村类型,基层行政体制就会有不同的中心工作,不同的工作重点,也就要针对不同的目标人群及采用不同的治理模式。治理模式的核心是采用何种方式来激励和调动村干部的积极性,以及处理与村民的关系。

中国正处在快速发展进程中,后发外生型现代化,发展才是硬道理,问题是发展有不同阶段和不同类型,在中国这样的国家,全国基层行政体制都是一样的。国家如何推动经济发展并采用最好的基层体制来适应发展需要,或我们一般讲的如何实现基层治理现代化,就是一个需要正式面对的问题。

基层治理现代化这个词汇总会给人一种想象，就是有一种最好的、最先进的基层治理制度和机制在那里，我们就是要将这样一个最好的基层治理制度与机制找出来，然后放到实践中，四海皆准。实际上，基层治理现代化可能不只有一个抽象的好的治理制度，而是基层治理制度和治理机制在不同基层治理目标下进行的适应与创新。这个世界上没有一个一劳永逸不讲条件适合于任何环境的好制度，而只有存在于具体时空条件和服务于具体目标的好制度。尤其当前中国正处于快速经济发展和社会转型阶段，更是不可能将基层治理制度固定下来。

中国经济发展和社会转型有着很强的自上而下的推动力量在起作用。这种推动力量的一个重要传递机制是自上而下的行政体系，除了行政命令以外，这个传递通过责权利层级不对称分配来调动地方尤其是基层积极性，是转型时期中国行政体系的一个重要特点。这样一种责权利层级不对称分配通常是上级要求下级在完成中心工作时，第一，完成任务；第二，不能违法；第三，让群众满意，而实际上，因为中心工作很难完成，不说要让群众满意，就是找到不违规的完成任务的手段也极难。比如，中央对地方征地拆迁提出的要求就是，第一，必须完成征迁任务，不然经济不能发展城市不能扩张，第二，不能强拆，而越是中央强调不能强拆，因为土地不可移动的特点，就越是容易出现钉子户坐地要价，不满足他的无理要求他就坚决不同意拆迁的情况。这个时候，地方行政要完成任务就必须在机制上进行创新，这些创新往往是在灰色地带游走。

责权利不对称分配其实也是一种机制创新，具体地讲，这一机制创新在基层的表现就是依托县乡村体制，可以有效解决转型时期强动员所必须完成的任务。其好处是可以应对信息不对称问题，因为在信息不对称的情况下，下级可以找到各种应付上级的理由来敷衍上级，上级通过责权利不对称分配来让下级充分发挥主观能动性，以解决问题完成任务。

责权利不对称分配使得基层为完成中心工作就必须结合当时的条件进行机制创新，包括工作方法的创新。随着工作重心和任务压力的变化，基层也会本能地调整基层治理制度，进行体制、机制创新。在工作重心和任务压力十分明确、对环境条件十分清楚的情况下，有着巨大压力和焦虑的基层往往可以爆发出巨大的创新能力，出其不意地、巧妙地完成任务。这就是基层治理的创新。只是基层往往知其然，不知其所以然，一个地方在完成中心任务时的创新很快就会被同样受到任务压力的其他地方学习借鉴过去，基层治理创新因此由点到面，而更高层级乃至中央终于会发现这些创新的经验，因此，上升到全国，以期指导全国的基层治理实践。

问题是，如前已述，全国农村有不同的发展类型，也可能处在不同的发展阶段，从一个具体时空中产生出来的基层治理创新可能完全不适合其他地方，但由于中央重视，通过国家力量来推进基层治理制度的全国实践，导致严重不适应症，典型表现就是形式主义的产生。

从理论上，我们可以建立不同类型的基层治理实践模式，然后进行基层治理体制与机制的比较，问题是，实践往往还有复杂得多的情况。比如，虽然浙江省当前的农村工作是以"美丽乡村"建设为中心的，但是，实践上，浙江基层治理中至少同时有三个基本的目标，一是经济发展，包括征迁，所以就要对付钉子户，二是保持社会稳定，就要摆平上访户，三是进行美丽乡村建设，就要动员千家万户。三个目标之间也许还存在着一定的冲突。基层治理如何解决这种既动员又压制的关系，尚有很多工作要做。

内生与外生：两种乡村治理的动力机制

一

湖北省委组织部电话邀请我到 D 县调研行政村改革情况。电话说，D 县将全县所有人口在 1000 人以下的村都合并成为 1500～3000 人的村，这样就可以有更大的选人用人空间，可以只要更少的村干部，可以提高村干部的待遇，可以有更加正规化的村级干部队伍及可以让村干部坐班以让"农民办事不出村"，等等。D 县是山区，1000 人以下的村合并为 3000 人的行政村，村域面积大概就有了 10 多平方公里，而 2015 年暑假我到绍兴柯桥村的安昌镇调查，10 万人口（含 6 万外来人口）的安昌镇，镇域面积只有 18 平方公里。如此之大的村，村干部与村民的距离就无比遥远了，村民办事就更加不方便了，在行政村和村民之间恐怕又得再划一个层级出来建设了。总之，在我看来，D 县行政村合并无必要。

那么，D 县为什么要进行行政村改革，合并小的行政村，扩大行政村规模呢？其中一个原因恐怕是希望通过行政村的扩大，减少村干部，提高村干部待遇。之前是两个村，每村 5 个村干部，现在两个村合并为一个村，村干部就可以由 10 个减为 5 个，之前每个村干部每年的误工补贴 1 万元，现在不增加上级补助的情况下面，村干部误工补贴就可以达到2万元。有了2万元的收入，村干部就可以更有积极性，村里也更留得住能人来当村干部。合并前，村干部每年1万元误工补贴，相对于当前青壮年农民进城务工经商运气好一年可以获得3～5万元的收入，村干部误工补贴显然太少，如果没有其他副业收入，村干部就一定成为了本村经济条件最差最办不成事也说不起话的人，村庄中有能力的人自然也就当不下去村干部。合并后，村干部误工补贴涨到2万元，比过去稍好一点，但相对外出务工经商的收入还是低了不少。因此就要再涨补贴，再给保障。问题是，一直以来，村干部都不是正规的职业，而是不脱产干部，按正规脱产干部给村干部报酬会导致严重问题。因此，调动村干部积极性的办法也许不是提高村干部误工补贴，而是从那些仍然在农村获得副业收入的农民中选拔，这样选拔出来的村干部，误工补贴不高，却因为有固定副业收入而可以安心当好村干部，为村民服务。D县试图通过提高村干部报酬来调动村干部积极性的办法值得商榷，通过合并行政村来减少村干部以提高村干部工资的改革就更值得商榷了。

D县行政村改革及其背后的村干部报酬及村干部积极性问题并不是假问题，因为其中涉及乡村治理的动力机制问题，即村干部为什么有积极性去完成职责，去负责任？

二

2015年暑假在浙江宁海县桃源街道调研，发现桃源街道几乎每一个村的村委会选举都竞争激烈，激烈程度可以说已达白热化。桃源街道是宁海县城的近郊，城区主要的发展方向，最近10年，桃源街道承担了大量县级重点工程的落地。工程落地就要涉及征地拆迁，就要进行建设。征地拆迁是"天下第一难事"，问题是，征地拆迁也是有补偿的，与其说征地拆迁之难是农民要维护自己受到损害的权利，不如说是突然而来的巨大利益如何分享激起了激烈的博弈。征地拆迁后，项目落地，落地就要搞建设，就要有土方工程，这些土方工程几乎不用要任何技术和资质，只要拉几个人组建一个施工队就可以搞得了，就能赚钱。谁来搞项目落地的土方工程？外地人搞不了，强龙斗不过地头蛇。本地人中也只有既强势又掌握行政资源的村里人才搞得了，村干部掌握行政资源，本村强势的有狠气的人通过竞选村干部，当上村干部又有狠气，他们就理所当然来搞这些土方工程，来赚这个只赚不赔的钱。所以，桃源街道村委会选举竞争会白热化。

不仅宁海桃源街道村委会选举竞争白热化，而且在几乎所有我调研过的浙江经济发达地区村委会选举竞争都是白热化的，在广东珠三角调研的村委会选举竞争也是白热化的，在所有大中城市近郊的村委会选举竞争都是白热化的。选举竞争白热化，是因为其中有巨大利益，这个利益当然不限于村干部承包土方工程这样最初级的利益。在经济发达地区，村干部身份具有政治性，绍兴市柯桥区一个村支书讲，我的工资是8.8万元/年，我的面子（书记身份）值88万元还不止，因为可以凭借村干部身份与政府打交道，来增加生意信用，来获得远超过工资收入的各种便利。在中西部地区，农民进城后，宅基地就放弃了。经济发达地区，村社集体的土地有很强的财产属性，浙江农村一块宅基地可以卖到50万甚至100万元。村干部掌握着宅基地的分配权，这本来也是很大的利益。

诸如珠三角、长三角等经济发达地区的农村和大中城市郊区农村，因为经济发达、城市经济辐射，而具有很多的利益可能性，这些地区，我们称作利益密集型地区，这些利益密集型地区，村干部可能并不关心误工补贴多少，甚至很多村支书放弃误工补贴而愿意当村干部，其中原因就是村社集体中仍然有着可以实现的巨大利益。这并不是说村干部一定要从村社集体中贪腐，而是他们可以借助村干部的身份来实现贪腐以外的利益，比如相对灰色地带的村干部承揽村庄内项目落地的土方工程，以及有了村干部身份而更容易在办厂经商中获得信用，当然也更容易与政府部门进行沟通等等。

三

更进一步看，在利益密集型地区，经济发展带来大量的往往是附着在土地上的利益，如何分享这些利益就需要博弈，对经济发展利益的争夺形成了强烈的乡村社会运动的动力，一方面是有利益可以分享，一方面如何分配利益的规则正通过激烈博弈而处于形成中。博弈是当前乡村利益分配的内生变量，乡村社会具有强大的内生动力。

在一般的中西部农业型农村地区，农村人财物正流出农村，进入城市，农村出现了空心化，村庄利益很少，村庄缺少可以争夺的新增利益，村干部也很难从职位上获得好处。在中西部农业型农村，村委会选举中几乎不可能出现贿选，谁当村干部无所谓，村庄有能力的人不愿意当村干部，村干部既无能力实现自己的利益，也很难为村民谋取利益。之所以有人愿当村干部，是因为村干部毕竟还有误工补贴，还掌握着一些自上而下分配而来的资源，比如低保指标、困难救济。这些中西部农村地区缺少内生利益的博弈，乡村社会内生动力严重不足。除非提高村干部的误工补贴，村庄精英就不愿当村干部，也当不起村干部，因为村干部的误工补贴远低于外出务工收入，而村干部也要养家糊口，他们不愿也不能成为村庄最贫困群体。当然，如果村庄正好有从农村副业获得收入的"中坚农民"，则这些中坚农民是适合担任拿不高误工补贴的村干部的。

当前中国正处于快速变化的时期，无论是快速发展的东部沿海利益密集地区，还是中西部人财物正在快速流出的农业型农村地区，农村社会各个方面都在发生深刻变化。这种变化同时又是规划中的变化，是中国现代化进程的一个部分。中国规划的现代化必须要对这种变化有积极地调整和介入，这种调控和介入要与乡村治理的动力机制结合起来，前提是我们要深刻认识中国乡村治理的动力机制。

四

乡村治理的动力机制其实来自两个不同的方向，一是自内而外、自下而上的动力机制，一是自上而下、自外而内的动力机制，且正是两者结合形成了当前中国乡村治理动力机制。这两种方向的动力机制在利益密集型地区和一般中西部农业型农村地区的表现又是截然不同。

先来看自内而外、自下而上的动力机制。在利益密集型地区，因为村社集体有大量可以分配却又未形成明确分配规则的利益，村庄形成了激烈的利益博弈，从而产生了村级治理最基本的动力，典型表现就是村委会选举竞争的白热化。利益密集型地区，经济发展带来经济分化、社会分层，村庄内产生的办厂经商致富的老板群体因其经营与村干部身份的利益契合，进一步加剧了村委会选举的竞争，以及村支部、村民代表选举的竞争。村干部的竞争只是其中表现之一，背后是利益竞争，这些竞争形成利益斗争、形成派性政治、形成利益结盟、形成斗争失败者向国家的求援、形成上访以及国家通过制度输入而进行的干预，典型是宁海县纪委出台监督村干部权力行使的"村级小微权力清单36条"，以及在浙江乃至全国有广泛影响力的所谓村级事务的"五议决策法"。利益密集型地区因为利益分配而产生了强大的动力，问题是如何掌握这个动力方向，不致于让这种动力成为盲目力量，成为破坏力。"五议决策法"和"小微权力清单36条"就是要规范引导这种动力,以让这种动力变成乡村治理中可以驾驭的建设性力量。

在中西部农业型农村地区,因为缺少利益,也就缺少对利益的激烈争夺,加之进城务工经商明显比留村当村干部拿误工补贴的收入要高,就使得村庄社会缺少动力。当前全国中西部农业型农村地区,大量青壮年劳动力离开农村进城务工经商去了。但仍然有少数村庄精英可以从农村副业获取收入,他们仍然有在农村生存下来的能力,这部分村庄精英就成为天然的村干部人选。村干部的误工补贴不高,但这些有副业收入的人,他们的主要收入并不依靠当村干部的误工补贴,所以误工补贴高低并不是最关键的。因为误工补贴不高,且村庄中缺少足够的可以谋取的利益,当村干部更多是出于责任,是因为党性,是上级政府的信任,甚至就是为了讲感情——乡镇领导多次来家里喝酒要求给个面子。因为动力不足,所以就不需要用复杂制度(如"五议决策法"或"村级小微权力清单")来规范权力,即使有这样的复杂制度,因为缺少利益及利益争夺,这样的复杂制度也不会有人援引,也就会成为墙上制度、书面制度,而不会对乡村治理发生实质性的影响。

因为中西部农业型地区乡村治理中村庄内生动力机制的不足,地方政府就势必希望借助提高村干部的报酬,将村干部纳入到正式的官僚体制里面,从而通过责权利的不对称分配形成基层治理的动力。但是,这种提高村干部报酬从而将村干部纳入到正式官僚体系的努力,就可能将从来都是高度流动的、非正规的、不脱产的村干部变得缺少了流动性,这会带来严重后果。D县通过合并行政村来提高村干部就更是问题多多了。

试图通过将村干部纳入到正式官僚体系以形成基层治理动力机

制,这就涉及自上而下、自外而内的乡村治理的动力机制。虽然中国村庄一级是实行村民自治,但这个村民自治并非绝对的,而是属于国家治理的一个有机组成部分,村级治理的规则由国家制定,村干部工资由地方政府核定,甚至村财镇管。村级组织严格地说不属于国家官僚体系的组成部分,行政村却是中国行政体系的末梢,村干部也受到乡镇的指导。中国基层治理有一个十分重要的制度安排,就是通过自上而下的责权利不对称分配来调动地方和基层的行政积极性。具体地讲,自上而下的官僚体系中,权责利分配是不对称的,越是下级,责任越大,权力利益越小,上级可以对下级进行无限追责,下级面对权力利益比较少而责任比较大的责权利不对称分配的格局,就不得不极大地爆发出创新的动力,通过各种各样的机制创新来完成上级下达的任务。官僚体系内部,下级对上级下达责任无限大的任务,无能力抗拒,只能接受。

但村级组织是自上而下的官僚体系以外的自治地区,某种意义上,国家不能通过责权利的不对称分配来调动和规范村干部积极性(动力),不过,在利益密集型地区,因为村庄内有着极大的内生动力,自上而下的责权利不对称分配就可以结合到对村庄内生动力的规范来使用,而在中西部农业型地区,有限的办法自然就是提高村干部报酬。至于绍兴柯桥区近年来大幅度提高村干部报酬,推进村干部的职业化正规化,则是试图双管齐下,以达到调动村干部进行美丽乡村建设这一新时期的浙江发展任务。

中国正处在快速发展阶段,之所以可以创造出中国奇迹,很重要的原因是中国发明了各种调动地方积极性的机制。理解乡村治理的动力机制,既是理解中国奇迹的重要方面,又是进行更加自觉的机制创新以及制度创新的前提。

上级与下级：责权利不对称分配问题

一

在第八届县乡干部论坛上，很多县乡干部抱怨基层责权利严重不对称，责大权小利少，认为要调动基层积极性，必须做到责权利一致。责大权小利少的局面不可持续。实际上，自笔者进入农村研究以来，20 年过去了，基层干部抱怨责大权小利少的情况一直没有间断，却一直也没有实质性的改变。这本身就是一个值得研究的问题。

按照行政学的基本原则，每一个行政层级都应当是责权利相对称的，相一致的，这样才能真正调动积极性，提高行政效率，也才可以持续有效地行政。但是，中国的情况似乎有很大不同，就是越是下级，越是有无限责任而只有比较小的权力和比较少的利益。在取消农业税前，地方财政的重要来源是农业税费，若不能按时足额收取农业税费，地方政府甚至无法按时发放教师工资，而在农业税费比较重、农民缴纳税费意愿不太高时，向农民收取税费就成为"天下第一难事"。地方政府为了及时足额收取农业税费，向乡村干部下达完成税费任务时间表，乡村干部不能按时完成任务就会受到处分，甚至"就地免职"。为了完成任务，乡村干部可能采取强制措施，从而引发群体性事件，地方政府因此要求，"任务要完成，不能违法，不能出现恶性事件"，剩下的几乎只有乡村干部向农民说好话这样一条路。说好话不管用，甚至根本找不到人，而收取税费任务必须按时完成。不采取强制措施肯定完不成任务，就肯定会受到上级处分甚至会被"就地免职"，因此不得不采用非常手段和强制措施，只要这些非常手段和强制措施没有引发恶性事件，又完成了税费收取任务，这样的非常手段就是值得的。若非常手段引发恶性事件，上级就会责怪，就会来查处，甚至"就地免职"，乡村干部就只能自认倒霉了。也就是说，在必须完成税费收取任务，又几乎没有正常收取税费手段的情况下，不采取非常手段肯定完不成税费任务，因此肯定会挨批，采取非常手段虽然可能因引发恶性事件而挨批，却也很可能这次对"钉子户"的非常手段起到作用，完成了任务，又没有出现群体性事件，从而不挨批。相对前者必然挨批评受处分甚至撤职，后者就只是或然性的，还有很大可能侥幸成功而不挨批评不受处分，甚至因此获得升迁。乡村干部当然就倾向选择后者。实际上，取消农业税前的很长一个时期，全国相当部分农村基层干部都处在这样的两难中，不得不采用非常手段来完成任务。实际上，采取非常手段完成任务引发恶性事件的机率可能只有1%甚至1‰，所以，虽然采用非常手段完成收取税费任务的情况十分普遍，发生恶性事件的情况却相对少得多。向农民收取税费虽然艰难，却一直还可以收上来。

  与收取农业税费并列为天下第一难事的是计划生育。全国人民都对应当实行计划生育有共识，不然中国的土地养不活中国的人口。但具体到农民，生儿子传宗接代，这是祖祖辈辈的宗教，是人生意义之所在。不让农民生儿子，这是要命的事情。基层干部搞计划生育，不让农民生儿子，农民就会想方设法躲着生。不让农民躲着生，他就找你拼命。在计划生育这件"天下第一难事"上面，没有道理可讲。

国家当然不能说搞计划生育可以采取任何手段，可以拆农民房子，可以株连亲戚朋友，可以采取强制措施结扎流产，但国家对基层计划生育一票否决，超生就要让基层干部免职。基层就只能将责任层层分解到人，基层干部就因此面临两难：不采取非常手段，计划生育任务肯定完不成，就肯定要被处分甚至被免职；采取非常手段就有可能造成恶性事件。当然，相当大的一种可能是采取非常手段完成任务了却没有引发恶性事件。一般情况下，只有采取非常手段造成引发严重舆论后果的恶性事件，才会被处分甚至撤职。基层干部因此倾向于采取非常手段，因此在特定时期就有关于计划生育的几乎是不可思议的标语，诸如："宁添一座坟，不生一个人"之类，以及计划生育中一度十分普遍的强制措施和非常手段。拆房子、牵牛、抱电视、撮谷子，简直是鬼子进村了。这个非常时期，计划生育是国家中心工作，国家对计划生育中的过火行为也有较高容忍度。经过大约20年"野蛮"的计划生育运动式治理，农民生育观念大变，"多子多福"和"传宗接代"的传统观念发生极大改变，生育行为也发生极大改变。当前，全国大部分地区只是经过一般性的计划生育管理就可以达到计划生育目标，因此，国家开始放松计划生育的管理，而对基层干部用非常手段进行计划生育造成恶性事件的容忍度大大降低时，基层干部也越来越倾向用常规手段做计划生育工作。

在当前中国正处在快速城市化的时期，经济发展和城市扩张一定会有大量农地被征收为建设用地。农地非农使用的巨额增值收益如何分配就成为征地过程中的焦点。处在特定土地区位上的农民一定希望获得更大的土地利益，征地拆迁因此容易引发冲突。一方面要征地拆迁，且规模很大，一方面要尽可能减少恶性事件的发生，尤其是不能让恶性事件的舆论目标对准上级。上级对下级、中央对地方、地方对基层的要求就是，"任务必须完成，手段必须合法，群众必须满意"，至于三个目标之间是否冲突，那就要看基层的智慧了。基层在征地拆迁中当然会形成很多实践的智慧，但总体来讲，只要征地拆迁就可能出事，若怕出事而不征地拆迁，中国就不可能完成城市化，经济就难以持续发展，上级就不满意，就会以怠政来处分下级。下级采取非常手段征地拆迁，可能既完成了征地拆迁任务，又没有引发恶性事件。且实际上，绝大多数征地拆迁中，地方政府都采取了非常手段且未引发恶性事故就成功完成了上级交办的其实可能是相互冲突的三个目标任务。而若不幸采取非常手段引发恶性事故，这个恶性事故就是由地方政府个别官员"擅自"采取非常手段造成的，因此是违法违纪的，因此是要处分查办的。通过牺牲下级官员，上级维护了其合法性，又完成了必须完成的任务。一旦中国城市化完成，大规模的征地拆迁就不再需要，征地拆迁中采取非常手段的需要也就不高了。

上面列举的收取农业税、计划生育、征地拆迁，都是各个时期地方"天下第一难"的工作，都是通过运动式治理来解决的，其中最为有趣的是贯穿着这样一个逻辑：上级对下级的要求是"既要，又要，还要"，"既要完成任务，又不能违法，还要群众满意"，总而言之是上级要求下级完成任务，却没有给下级可以完成任务的手段、权力，也几乎没有与完成如此之艰难任务所匹配的利益，下级因此面临动辄得咎的困局，下级只可能靠碰运气来试用非常手段，以从困局中解脱出来。采取非常手段，就可能引发恶性事件，从而被处分，不过这只是有可能而不是必然会发生。不采取非常手段，不积极想办法创造性地完成上级交办的任务，则肯定是要被处分。与其消极肯定被处分，不如积极去想办法。想办法才有机会，才可能碰到运气。正是这样一种上级对下级的责权利不匹配的分配，极大地调动了下级在行政中的积极性与动力机制，从而创造性地完成了在其他国家几乎是不可想象、不可思议的艰难任务。

中国正处在史无前例的快速发展时期和社会转型时期，加之中国地域辽阔，不同地区发展不平衡，情况十分复杂，全国很难形成一个规范的办法来解决各个地方的问题，在解决地方问题中形成的办法也很难上升为全国的规范性办法。就是说，在快速转型时期，中国治理的制度化是很难的，信息不对称会进一步加剧治理制度化的困难。中国的国家治理因此采取了一种很有趣的解决信息不对称和治理制度化不足的办法，就是进行责权利不对称的分配，越是下级，责任越大，权利越小，越是上级，权利越大，责任越小，这样一种责任向下分配、权利往上保留的体制调动了地方的积极性，使地方为了避祸而积极想办法，地方因此在实践中创造性地想出来很多办法，包括其中非常手段，潜规则，灰色手段。其结果是，这些非常手段解决了国家治理中很多几乎是不可能解决的问题，中国因此获得经济发展的奇迹。同时，这些非常手段也一定会引发恶性事件，形成遗留问题。

又正是因为在责权利分配上的不对称，一旦非常手段引发恶性事件，其责任主体就当然是地方。越是下级，所要面对问题就越多，所要采取措施就越要偏离规范要求，处理事件就越是可能出问题及担责任，越是上级，就越是可以获得非常措施所带来政策目标的积极后果，而越是可以将非常手段所造成恶果的责任转嫁到下级。

现在的问题是，上级是好人，这是建立在终端执法者不是人的执法行为基础上的。没有街头执法者在实践中对复杂情况的积极甚至智慧应对，没有基层责大权小利少、为避祸（避免被处分）的积极行政，就不可能有中国经济的快速发展，就不可能有中国现代化的实现，也不可能让上级有做好人的可能。上级因此一定要明白，下级是为了上级而做出的牺牲。上级千万不要以为越是下级的官员干部就越是浑蛋坏人。

同时,地方也应当明白,在转型时期,如果责权利层层匹配,基层实践中出现的问题就会层层向上转移,最终搞得中央每件事件上承担责任,就不只是让中央灰头土脸的问题,而是会造成中央合法性的丧失和中央权威的丧失。在中国快速转型时期,中央权威与合法性正是中国可以弥合分歧、办成几乎无法办成各种事情最基本的前提。

也是在这个意义上讲,在未来相当长一个时期,中国不同级行政中的责权利分配不对称还会持续,且正是这种不对称构成了中国奇迹的要害。

二

综上,可以做如下总结。

基层干部抱怨说现在责权利严重不对称,动辄得咎,上级对下级是既要,又要,还要,其实任何人都不可能同时做到这三点。

转型时期,规则之治极难。快速发展,快速变化,利益分化和多元化,复杂化,就使很多直接面对群众的基层,权小责大。为了办成事,就可能出事;不办事上级不满意;办事出了事,上级不仅不满意,而且要处理。基层因此在灰色地带走钢丝。

灰色地带走钢丝,很容易出现问题,出了问题,就出现"基层无好人"。

问题是,这些地带根本就不是好人可以做得成的事情。所以基层干部对中国发展极其关键。

同时基层为中央担责任、担担子。总不能将所有责任推到中央,不然中央合法性就没有了,其结果是中央没有权威和合法性,一切改革发展都不可能。

这一问题表现出来，就是中央好地方坏。这与干部素质没有关系，而是与快速变动时期的国家发展战略安排有关系。

这个意义上讲，基层干部受委屈是必然的。上级也不能占了便宜还卖乖。要认识基层的实际情况。

这个意义上，转型时期，责权利相统一，以及转变政府职能，在不同层级的含义也是不同的。

中国行政体制中存在的层级责权利不对称现象，不同于一般行政学原理中的层级责权利对称的官僚制度安排，可以称为责权利在不同行政层级不对称分配原理，简称责权利不对称分配原理。这个原理是理解中国政治与行政实践的重要的中层概括。这个原理与运动式治理、压力型体制、锦标赛体制，以及群众路线、上访制度等，构成了中国特色治理制度的重要部分，值得专门研究。

基层创新造就中国奇迹

一

改革开放以后，中国经济持续快速增长，原因很多，其中一个重要原因是地方政府具有极强的推动经济发展的动力和能力。从动力的角度来看，不同地方政府推动经济发展，成为其政绩的重要组成部分，在所谓"锦标赛"体制的激励下，全国不同地区的地方政府各尽所能，从而推动了地方经济的发展并因此创造了中国奇迹。从能力上讲，地方政府发展经济无非是两条，一是招商引资，二是项目落地。能否成功招商引资，又往往与项目能否顺利落地有关。项目能否顺利落地需要有体制性力量来支撑。中国地方政府具有极强的让项目落地的能力。正是项目可以顺利落地，为中国经济持续增长的奇迹创造了条件。

具体地讲，任何一个项目的落地都需要进行土地征收和房屋拆迁，都要涉及复杂的利益调整，都会遇到因为土地不可以移动所产生的钉子户。如何顺利征迁并有效应对钉子户？当前中国基层治理中，有以下一些体制和机制性力量在起作用：

第一，责权利的不对称分配，即越是基层，责任越大，权力和利益越小。正是责权利的不对称分配极大地激发了基层进行体制、机制创新的能力。

第二，基层体制的创新，比如通过设立片长、联村干部、工作组、包干、约谈、进度公示等等来激发体制活力。

第三，通过任务包干制来调动村干部积极性。具体就是，在县乡—村—村民的结构中，县乡将任务和利益打包到村，由村干部来负责完成任务同时获得利益。村干部是村庄熟人社会的一员，这种包干制实质上就是让村干部有了剩余索取权。县乡默许村干部为完成任务而从既有结构的灰色地带获取利益，且鼓励有能力完成任务的可能涉黑的狠人来当村干部。

其中第三是村级权力的运作。基层治理中，项目落地最后要落到村里，因此村级权力及其中的利益博弈就很重要。但总体来讲，中国奇迹的主动方面在基层治理体制和机制方面，在前面两个方面。其中关键的方面是责权利的不对称分配。

二

我们通常会说，中国现在的发展可谓日新月异，一天一个变化。这些变化不是等靠要来的，而是实践出来的。尤其是城市建设和项目落地都要涉及利益调整，而凡是利益调整都必是极其复杂的事情，利益调整必然引发矛盾，解决这些矛盾的办法就是制度创新和机制创新。

2015年暑假到浙江省宁海县桃源街道调查得知，桃源街道共有98个工作人员，管42个村社。我们感到震惊的是，2015年，小小桃源街道竟然有80多个县级重点建设项目，加上之前的跨年度县级重点项目，桃源街道同时有140多个县级重点建设项目正在进行中，所有这些重点项目都实行责任制，无论是由县领导牵头负责还是由街道领导牵头负责，主要的落实人和责任人都无例外地是街道，所有重点建设项目都设立了项目建设工作小组，有专门的组长，由县和街道领导兼任，有小组成员，由街道工作人员和村干部兼任。桃源街道总共98名工作人员，同时负责140个重点建设项目，这样小的政府是如何来完成如此巨大数量的县级重点建设项目，并摆平理顺其中复杂的利益关系的？这就涉及以下三个方面的问题：

第一，街道为什么要承担几乎是无限的重点建设项目任务的责任？访谈中得知，所有项目都有责任人，且所有项目都有建设进度计划和项目完成时间，不能按时完成任务，项目责任人是要受到处分的。与几乎是无限的必须要完成的责任相比，承担项目责任的桃源街道的领导以及具体负责所在项目建设任务的责任人却可能只有十分有限的权力和资源。按时顺利完成项目任务一般没有奖励，不按时不顺利完成项目任务则必有严厉惩罚。

也就是说，在创造中国经济发展奇迹时，普遍存在责权利的不对称分配：在基层，责任是无限的，而权力和利益则是有限的。责大权小利少。街道必须充分调动所有资源来完成任务，想出各种办法来完成任务。

第二，街道可以想出的办法首先就是进行制度创新，组成各种各样的结构来适应上级任务的要求。桃源街道首先将所有街道干部分成四个大的工作组，每个工作组负责若个重点建设项目，大组下面再设小组，每个项目都有小组负责。

其次是充分依托街道下面过去在42个村社所设片区，充分发挥片区的作用。

再次是在每个村设一名"联村干部"，由"联村干部"协调村干部参加到各个相关点重点建设项目的工作中。

这样，街道加村干部，就创造出了各种各样的适应性的结合，以最有效地调动可用资源来保证重点建设项目的按时顺利完成。

第三，机制方面的创新。为了按时顺利完成任务，各种重点建设项目的责任小组都会在机制上想办法。机制上想办法，可能违规，却不一定违法，在各种灰色地带进行机制创新。比如，征地拆迁中遇到钉子户，就找到钉子户的各种关系，包括亲戚朋友兄弟姐妹来做工作。如果钉子户的兄弟姐妹在政府部门工作或拿财政工资，这就好办了，就可以再协调县里的相互部门找到钉子户的兄弟姐妹施加压力，要求他们做钉子户工作。有些地方甚至会要求必须做工作让钉子户答应拆迁，否则就不要来上班。这样的连带责任当然没有道理，但地方政府可以说，你作为国家工作人员或党员，就有为国家分忧的责任。这话有点似是而非，却也不能说全无道理。再比如，建设重点工程，一户钉子户不愿拆迁，就妨碍了工程进度，其中一个办法是制造出事故，比如工程车"不小心"碰倒了房子，并且地方政府支付比一般拆迁户更高的补偿，其中原因是工程车"不小心"碰倒房子时，房子里还有家具没有搬出来，受到了损失。这个时候很少会有房子被碰倒的钉子户不接受补偿。既是无奈，也多得了补偿，算是顺水推舟。

在巨大的责权利不对称分配压力下面，在已经最大化了的体制创新条件下面，为了完成任务，基层政府就会在灰色地带进行大量的机制性的创新，这些创新一旦被实践证明有效，就会极快地传播复制，就成为了强有力的基层治理能力的来源。正是这些灰色创新空间的存在，而使中国基层治理能力的弹性极大。转型时期，灰色空间的存在十分重要，如果所有事情都依法治理，所有事情都透明公开，转型时期的各种利益纠葛、复杂矛盾，就永远不可能摆得平理得顺。

三

在责权利不对称的情况下面,基层要完成几乎无限的责任,就必须在机制方面进行创新,这种创新都是在灰色地带进行的。灰色地带的创新,运气好的话,任务完成了,什么麻烦都没有留下来;运气一般,任务完成了,麻烦事情有一点点;运气差的,任务完成了,麻烦一大堆,甚至出现了引起严重社会后果的麻烦;当然,运气最差的是,任务没有完成,麻烦还有一大堆。在巨大责任压力下面,既然完不成任务就会问责,那就想方设法完成任务。完成任务要在灰色地带创新,就可能引发负面后果,甚至出现了群体性事件或发生了人命案,比如出现了自杀的情况。出现了这样大的事故,这样的"创新"当然是不成功的,也是要被问责的,典型的就是当事人受到处分。相对于完不成任务肯定会被问责,还不如去创新试一试,这个创新当然是有风险的,但也有可能冒了点险,却完成了任务。即使没有完成任务,或冒险造成严重后果,也不过是被处分。与其百分之百地被问责,不如可能因冒险或创新失败而受处分。

上级当然是不愿意下级去乱冒险的,机制创新不等于冒险。因此,上级就必须通过问责来对创造或冒险失败进行控制。问责是必须的。下级在完成任务的过程中出了问题必须受到处分。正是必须完成任务及尽可能降低创新引发问题的权衡,使下级在完成任务、控制风险及如何创新上进行仔细考量,只是胆子大是不行的。这个意义上讲,所有责大权小利少的下级都具有极强的学习其他人在机制创新经验的积极性。同时,上级也必须要求下级在完成任务与防范风险之间找到平衡,而不能一味加大压力。万一出了事故,上级也必须保护这个冒了风险的下级,不然,其他人就会寒心。保护的办法是政治下、经济上，或调换工作岗位。

上级要求下级完成任务，下级为了完成任务而在创新中出了问题，点子低没办法。上级则一方面要"打"，一方面要"保"。"打"就是处分，处分是台面上的和政治上的，"保"是台下的和经济的。只有保而没有打，或保过了，下级就会过于冒险，过于冒进，搞出很多恶性事件来。不保护，下级就没有动力去创新去冒险，来完成上级交办的任务。正是"打"与"保"的平衡，使责权利不对称所激发出来的基层治理机制的创新保持在高水平和高质量上。众多的基层治理机制创新，就使中国基层几乎是不可思议地完成各种"天下第一难事"，可以让各种项目建设顺利展开，从而最终创造了中国奇迹。

所有自上而下的任务最终都要在基层治理中与群众面对面，中国经济发展的奇迹，城市建设的日新月异，其中一个重要原因是，自上而下的责权利的不对称分配使基层在巨大的责任压力下面，在边缘地带灰色地带进行制度创新和机制创新，且这种创新的成功经验会极快地复制传播，而成为全国性的经验，从而在基层治理上形成了静悄悄的革命。因此，中国基层治理几乎是完成了其他任何体制都不可能完成的压缩现代化的动员与建设任务。

图书在版编目（CIP）数据

治村/贺雪峰著. —北京：北京大学出版社，2017.5
ISBN 978-7-301-28118-5

I. ①治… II. ①贺… III. ①农村问题–研究–中国 IV. ①F32

中国版本图书馆CIP数据核字(2017)第035798号

书　　　名	治村 Zhi Cun
著作责任者	贺雪峰　著
责 任 编 辑	王立刚
标 准 书 号	ISBN 978-7-301-28118-5
出 版 发 行	北京大学出版社
地　　　址	北京市海淀区成府路205号　100871
网　　　址	http://www.pup.cn　新浪微博：@北京大学出版社
电 子 信 箱	sofabook@163.com
电　　　话	邮购部 62752015　发行部 62750672　编辑部 62755217
印 刷 者	涿州市星河印刷有限公司
经 销 者	新华书店 880毫米×1230毫米　A5　10.25印张　246千字 2017年5月第1版　2021年10月第6次印刷
定　　　价	49.00元

未经许可，不得以任何方式复制或抄袭本书之部分或全部内容。
版权所有，侵权必究
举报电话：010-62752024　电子信箱：fd@pup.pku.edu.cn
图书如有印装质量问题，请与出版部联系，电话：010-62756370